Border Crossings
Grenzverschiebungen und
Grenzüberschreitungen
in einer globalisierten Welt

Shalini Randeria (Hrsg.)

Border Crossings

Grenzverschiebungen und
Grenzüberschreitungen
in einer globalisierten Welt

vdf Hochschulverlag AG an der ETH Zürich

Interdisziplinäre Vortragsreihe der Eidgenössischen Technischen
Hochschule Zürich und der Universität Zürich

Coverabbildung:
Urheber: Sgt. 1st Class Gordon Hyde, upload by user: Wikifreund, Germany
Quelle: http://www.ngb.army.mil

English: A small fence separates densely populated Tijuana, Mexico, right, from the
United States in the Border Patrol's San Diego Sector. Construction is underway to extend
a secondary fence over the top of this hill and eventually to the Pacific Ocean.
Deutsch: Ein kleiner Zaun trennt das dicht bevölkerte Tijuana in Mexiko im Bild auf der rechten
Seite zu sehen, von den Vereinigten Staaten von Amerika in der Region um San Diego, USA.
Der Grenzschutz mit weiteren Zäunen wird bis zum Pazifischen Ozean ausgebaut.

Bibliografische Information der Deutschen Nationalbibliothek
Die Deutsche Nationalbibliothek verzeichnet diese Publikation in der
Deutschen Nationalbibliografie; detaillierte bibliografische Daten
sind im Internet über http://dnb.d-nb.de abrufbar.

Reihe Zürcher Hochschulforum, Bd. 42
© 2016
vdf Hochschulverlag AG an der ETH Zürich

Das Werk einschliesslich aller seiner Teile ist urheberrechtlich geschützt.
Jede Verwertung ausserhalb der engen Grenzen des Urheberrechtsgesetzes
ist ohne Zustimmung des Verlages unzulässig und strafbar. Das gilt
besonders für Vervielfältigungen, Übersetzungen, Mikroverfilmungen und
die Einspeicherung und Verarbeitung in elektronischen Systemen.

ISBN 978-3-7281-3140-9
www.vdf.ethz.ch
verlag@vdf.ethz.ch

Inhalt

7 Danksagung

SHALINI RANDERIA
9 Grenzverschiebungen und Grenzüberschreitungen in einer globalisierten Welt

I Eurozentrismus und Orientalismus: theoretische Annäherungen an zwei grundlegende Grenzziehungen

JOHANN P. ARNASON
21 Der Eurozentrismus und seine Widersacher
Kritische Bemerkungen zu einer unfruchtbaren Kontroverse

SADIK AL-AZM
37 Crossing Borders: Orientalism, Islamism and Postmodernism

II Bedrohungen durch «das Fremde» und neue Grenzziehungen

JEAN AND JOHN L. COMAROFF
57 Nations with/out Borders
Neoliberalism and the Problem of Belonging in Africa, and Beyond

GADI ALGAZI
83 Viele Mauern, keine Grenzen
Leben im Schatten der «Separationsbarriere» in der besetzten Westbank

III Grenzüberschreitungen I: Handelsliberalisierung, Wirtschaftswachstum und Geschlechterbeziehungen

BRIGITTE YOUNG

115 Entgrenzung der globalen Handels- und Finanzmärkte
Makroökonomischer Zusammenhang zum Dreieck «Handel – Gender – Finanzen»

CARINA LINDBERG & JOHANNES JÜTTING

135 Gender, Globalisation and Economic Development in Asia

IV Grenzüberschreitungen II: Körper, Familie und Geschlechterkonstruktionen im transnationalen Raum

SIGNE HOWELL

155 Transnational Families: Changes in Adoption and the Diffusion of Western Norms

JUDITH SCHLEHE

179 Äussere und innere Grenzen
Genderkonstruktionen und die Rede vom Geld in transnationalen Liebesbeziehungen

INGRID KUMMELS

195 Grenzen über den Körper: das Sakrale im sozialistischen Kuba

V Zur Aushandlung von Grenzen der Pluralität und Toleranz

RAINER FORST

223 Toleranz: die Herausforderung neuer Grenzziehungen für westliche Demokratien

ANDREA BÜCHLER

237 Kulturelle Identität und Familienrecht
Modelle, Chancen und Grenzen familienrechtlicher Pluralität

259 Autorinnen und Autoren

Danksagung

Ich möchte mich bei der Kommission für interdisziplinäre Veranstaltungen der UZH und ETHZ (KIV) für die finanzielle Unterstützung der Ringvorlesung im Sommersemester 2007 bedanken, auf die der vorliegende Band zurückgeht. Frau Deborah Keller und Herr Prof. Dr. Georg Kohler von der KIV haben stets mit Rat und Tat hilfreich zur Seite gestanden. Ursprünglich konzipiert als eine Reihe zu Globalisierung und Gender, wurde sie thematisch erweitert, um eine grössere regionale wie disziplinäre Vielfalt berücksichtigen zu können. Dem universitären Forschungsschwerpunkt (UFSP) Asien und Europa der Universität Zürich, insbesondere dessen damaligem Leiter Prof. Dr. Ulrich Rudolph, gilt mein ganz besonderer Dank für die wertvolle Kooperation bei der Ko-Finanzierung, Mitorganisation sowie Durchführung der Ringvorlesung. Ferner gilt mein Dank Frau Dr. Inge Ammering, Geschäftsführerin des UFSP, sowie meiner Kollegin Frau Prof. Katharina Michaelowa, Institut für Politikwissenschaft, für ihre Mitarbeit an der Ringvorlesung.

Zudem möchte ich dankend den wichtigen Beitrag des Kompetenzzentrums Gender Studies der Universität Zürich (KGS) und seiner damaligen Geschäftsführerin Frau Daniela Dombrowski für die organisatorische Unterstützung der Vortragsreihe erwähnen. Ich schulde einen besonderen Dank Frau Susanne Strässle, Herrn Dr. Evagelos Karagiannis, Herrn Tobias Bernet und Herrn Dr. Carlo Caduff, ehemalige Mitarbeiterin und Mitarbeiter meines Lehrstuhls an der Universität Zürich, die gemeinsam mit Frau Nadia Mouci und Frau Helga Lanfranchi, Sekretariat meines

Lehrstuhls, zum Gelingen der Vortragsreihe wie auch der vorliegenden Publikation substanziell beitrugen. Last but not least möchte ich mich bei Frau Angelika Rodlauer vom vdf Hochschulverlag für die geduldige Betreuung der Veröffentlichung bedanken.

Shalini Randeria

Grenzverschiebungen und Grenzüberschreitungen in einer globalisierten Welt: zur Einleitung

Grenzen – physische wie symbolisch-imaginierte, manifeste wie metaphorische – haben in jüngster Zeit an wissenschaftlicher, politischer und öffentlicher Bedeutung gewonnen. Nationalstaatliche Grenzen werden durch staatliche sowie nicht staatliche Akteure – eine Unterscheidung, die zunehmend verschwommener wird – radikal infrage gestellt. Migration stellt eine Herausforderung für die Grenzen von Nationalstaaten und der EU dar, wirft aber auch wichtige Fragen der Inklusion im Inneren der Nationalstaaten bzw. Fragen der Zugehörigkeit zum Demos auf. Die hier versammelten Beiträge aus verschiedenen Disziplinen (etwa Wirtschaftswissenschaften, Geschichte, Politikwissenschaften, Ethnologie, Soziologie oder Rechtswissenschaften) behandeln in diversen Feldern Grenzziehungen, -verschiebungen und -überschreitungen in einer globalisierten Welt.

Die Beiträge umfassen ein breites Spektrum von Forschungsthemen, das von transnationalen «Fremdlingen» in Südafrika über Adoptionsprozesse in Norwegen, religiöse Körperpraktiken und Medialität im sozialistischen Kuba sowie Liebesbeziehungen bzw. Sextourismus in Indonesien bis hin zu Prozessen der Einzäunung in der Westbank und der Verschränkung von Handelsliberalisierung mit Geschlechterdiskriminierung reicht. In den vier theoretischen Beiträgen im ersten wie im letzten Teil des Bandes werden Begriffe wie Eurozentrismus, Orientalismus und Toleranz ergründet, die mit der grundlegenden Grenzziehung zwischen dem

«Eigenen» und dem «Fremden» eng verknüpft sind. Aber auch Modelle von Toleranz und vom Umgang mit Pluralität werden erörtert, die das Integrationspotenzial von Recht unter Berücksichtigung rechtskultureller Diversität ausloten. Die empirischen Beiträge nehmen unterschiedliche Methoden in Anspruch, um Einblicke in die ambivalenten Auswirkungen der Globalisierung auf eine Vielfalt von Grenzregimes zu bieten. Mehrere Autoren thematisieren die geschlechtsspezifischen Auswirkungen dieser komplexen Prozesse, die je nach Kontext verschiedentlich verlaufen. In vielen Aufsätzen geht es um Fragen der kulturellen Identität sowie von Grenzen der Diversität und Differenz. Alle Autoren erinnern uns, dass Grenzen nicht *a priori* gegeben, sondern Ergebnis diverser sozialer Praktiken und ihrer Institutionalisierung sind. Ferner erinnern sie uns, dass die globalisierte Welt, in der wir leben, keineswegs entgrenzt ist; Grenzverschiebungen und -überschreitungen gehen mit neuen Grenzziehungen einher.

Der erste Teil des Bandes ist der historisch-theoretischen Diskussion von Begriffen gewidmet, die mit der «imaginierten Geografie» des Westens (Edward Said) und der damit einhergehenden Grenzziehung zwischen dem «Eigenen» und dem «Fremden» untrennbar verbunden sind. Johann Arnason und Sadik al-Azm eröffnen neue Perspektiven, indem sie zwei weitverbreitete Begriffe, die oft zu verflachten Schlagworten verkommen sind, nämlich Eurozentrismus und Orientalismus, kulturphilosophisch wie historisch-philosophisch ergründen. In seiner Untersuchung des Okzidentalismus und Orientalismus beschäftigt sich Al-Azm mit der Essenzialisierung des radikal Anderen und tut dies überraschend in Verbindung mit Denkfiguren der Postmoderne. Beide Autoren machen auf unterschiedliche Facetten der historischen wie gegenwärtigen grenzüberschreitenden Diffusion westlicher Werte mit ihrem Anspruch auf Universalität aufmerksam.

Arnason untersucht den Eurozentrismus als historisches Phänomen und setzt sich mit seiner berechtigten wie unberechtigten Kritik auseinander. Er bemängelt, dass Letztere oft das eurozentrische Vorurteil bloss ins Gegenteil verkehrt, indem konstatiert wird, dass die Europäer weniger aus eigener Kraft erreicht, sondern lediglich aus aussereuropäischen Errungenschaften wie Eroberungen Vorteile gezogen hätten. Sein Beitrag untersucht aus historischer Perspektive Europas Rolle und Platz in der Geschichte und stellt die Frage, ob es einen europäischen Sonderweg mit globalen folgenschweren Auswirkungen gegeben habe. Er zeigt auf, wie der Versuch, den historisch bedingten Sonderweg Europas mithilfe teleologischer Entwicklungslogik in «einen geschichtsphilosophisch legitimierten Sonderstatus umzudeuten», stets mit Vereinfachungen und Verklärungen einherging.

In seinem Beitrag zeigt Al-Azm verschiedene unerkannte und überraschende Affinitäten zwischen Orientalismus und Okzidentalismus im «Islamismus» und Postmodernismus auf. Die Aufdeckung von überraschenden Bedeutungsbezügen und intellektuellen Parallelen stellen die Grenzziehung zwischen aktuellen Spielarten der Zwillingsbegriffe Orientalismus-Okzidentalismus, auch wenn sie ungleichen Alters sind, infrage. Zugespitzt könnte man seine These folgendermassen zusammenfassen: Es gibt eine (unheilige) Allianz von Postmoderne und Islamismus in Spielarten des Orientalismus und Okzidentalismus. Al-Azm hebt den paradoxen Charakter eines Versuchs hervor, auf einer Wissenschaft des Okzidentalismus im arabischen Raum aufzubauen, die den Westen so erforscht, wie zuvor der Orientalismus den exotischen «Osten». Denn für seine Anerkennung als Wissenschaft muss er sich der Mittel und Methoden der Wissenschaft westlicher Provenienz bedienen.

Wie Arnason argumentiert Al-Azm, dass ein derart essenzialisierendes Vorgehen die althergebrachte Dichotomie nur weiter fixiert und damit indirekt den Orientalismus bestätigt. Nach Al-Azm eignen sich einige differenzierte islamistische Theoretiker Avantgarde-Konzepte der Postmoderne an und fordern den epistemologischen Bruch mit dem Westen, um eine vermeintliche islamische Authentizität zu erreichen. Für diese Theoretiker ist der Islam ein geschlossenes Diskursuniversum, das mit dem entsprechenden westlichen nicht zu vereinbaren sei. Auch Heidegger erfreut sich grosser Beliebtheit bei diesen islamistischen Denkern, bedienen sich doch diese seiner Ideen, um ein Konzept der (vereinenden und essenziellen) islamischen Authentizität zu legitimieren.

Die Beiträge von Jean und John Comaroff sowie von Gadi Algazi im zweiten Teil behandeln neue Grenzziehungen in Südafrika bzw. Israel in spezifischen gesellschaftspolitischen Kontexten, in denen die Auflösung und Infragestellung nationaler Grenzen «das Eigene» bzw. «Einheimische» zu bedrohen scheint. Die Comaroffs spüren das neue Setzen und Durchsetzen von Grenzen durch staatliche oder populäre Diskurse und Praktiken in Situationen der Angst und Bedrohung. Sie zeigen, dass Grenzziehungen und Herrschaft bzw. die Frage nach Zugehörigkeit nicht *a priori* existieren, sondern erst in der Praxis etabliert werden. Wer dazu gehört und wer nicht, verändert sich je nach situativer, relationaler Grenzziehung zwischen Dazugehörigen und Aussenseitern immer wieder. In dem Masse, wie nationale Grenzen an Bedeutung verlieren, erfolgt eine neuerliche Besinnung auf das «Einheimische», geschürt von Ängsten vor Verlust, wofür die anderen, im Inneren wie auch jene, die von aussen kommen, verantwortlich gemacht werden und daher entfernt werden müssen. In einer Zeit von Ambivalenzen und Unsicherheiten vor dem Hintergrund neoliberaler Grenzenlosigkeit werden Sinn und Sicherheit durch die Eliminierung bzw. Vertreibung der «Fremdlinge» hergestellt.

Am Beispiel der Mauer in der Westbank verdeutlicht Gadi Algazi den Unterschied zwischen überschreitbaren Grenzen, die Koexistenz und Interaktion zulassen und einseitig passierbaren Zäunen oder Barrieren, die als Machtinstrument zur Abgrenzung und Exklusion errichtet werden. Seine Darstellung der Geschichte der Grenzverschiebungen und Errichtung von Siedlungen und Zäunen in Israel seit den 1950er-Jahren ruft in Erinnerung, wie eng diese Praxis mit einer Politik der Enteignung verbunden war und bleibt. Zudem deutet er auf die Einschreibung, Übertragung und Übertragbarkeit kolonialer Denk- und Handlungsmuster hin. Algazi stellt eine enge Verbindung zwischen der Verschiebung von Grenzen durch die Siedlungspolitik des israelischen Staates und seinem Rückzug aus sozialen Verpflichtungen innerhalb der eigenen Grenzen in den 1990er-Jahren her. Denn die Kürzung der Sozialleistungen für arme Bevölkerungsschichten von neuen Immigranten und Israelis ging mit dem Schaffen von Anreizen für das Bewohnen der Siedlungen einher. Der Beitrag verschränkt die neoliberalen wirtschaftlichen Transformationen in Israel mit der Verschiebung von Grenzen nach aussen und im Inneren des Staates. Detailliert beschreibt und analysiert der Autor die Verflechtung von neoliberaler Wirtschaft und Firmenmanagement mit der religiösen Ultra-Orthodoxie, einer kolonialen Siedlungspolitik und dem Abbau des Wohlfahrtstaates.

Der dritte und vierte Teil des vorliegenden Bandes behandeln geschlechtsspezifische Problematiken aus einer Vielzahl von disziplinären und methodologischen Perspektiven. In ihren Beiträgen zum dritten Teil des Bandes thematisieren Brigitte Young und Carina Lindberg/Johannes Jütting die Globalisierung der Märkte und ihre Auswirkungen auf bestehende (vormals national etablierte) Geschlechterdiskriminierung. Lindberg/Jütting argumentieren, dass Geschlechterdiskriminierung wirtschaftliches Potenzial in einem globalisierten Markt verschenkt. Mangelnde Bildung und Gesundheitsversorgung für Frauen führt zu ungenutztem *human capital* und zu beschränktem Zugang zur Arbeitswelt. Wie Amartya Sen, der indische Nobelpreisträger für Ökonomie, sieht er den Staat als Hauptakteur für die erforderlichen Reformen in den Sektoren Bildung und Gesundheit sowie für die rechtliche Gleichstellung von Frauen und den Schutz ihrer Rechte. Dabei macht er auf eine wichtige Lücke in der Erfassung nationalstaatlicher Daten aufmerksam. Denn solange in nationalen Statistiken die Variable Geschlecht nicht erfasst wird, um eben die Geschlechterunterschiede und -diskriminierung sichtbar werden zu lassen, gäbe es keine Handhabe für die nötigen *Policy*-Veränderungen.

Brigitte Young kritisiert zudem die «Genderblindheit» von neoklassischen Theorien und überhaupt Theorien des ökonomischen Mainstreams, weist aber auch die verbreitete feministische Sicht auf den Handel und die Finanzmärkte zurück, gemäss der Frauen als die «ewigen Verliererinnen» der ökonomischen Veränderungen dargestellt werden. Auf die bekannte These des indischen Freihandelstheoretikers Jagdish Bhagwatis, dass Marktöffnung Genderdiskriminierung abbaut, da Diskriminierung nur in einem geschlossenen Raum keine wirtschaftlichen Nachteile hervorruft, entgegnet Young, dass heute eine geschlossene Weltökonomie existiert, in der – die These Bhagwatis zwar bestätigend, aber über diese hinausweisend – wiederum Diskriminierung keine wirtschaftlichen Nachteil zeitigen muss, da sie global verbreitet ist. In einem durch die GATS-Verträge liberalisierten Markt sind die Aussichten von Frauen aufgrund der «fiskalischen Schraube» zunehmend unter Druck geratender Staaten dennoch ambivalent: Beschäftigungs- und Wachstumspotenziale im Dienstleistungssektor können die höhere weibliche Arbeitslosigkeit abbauen, doch sind in den neuen Niedriglohnjobs Frauen überdurchschnittlich vertreten und schlechten Arbeitsbedingungen unterworfen. Daher könne die Frage, ob Handelsliberalisierungsprozesse Genderungleichheiten verstärken, erhalten oder abbauen, ihrer Meinung nach trotz einer geschlechtsspezifischen Analyse der Liberalisierung der Märkte nicht grundsätzlich beantwortet werden.

Auf diese zwei wirtschaftswissenschaftlichen Kapitel, die eine geschlechtsspezifische Analyse mit statistischem Datenmaterial stützen, folgen im vierten Teil des Bandes drei ethnografisch gesättigte Beiträge von Signe Howell, Judith Schlehe und Ingrid Kummels. Hier stehen Themen wie Körper und Sexualität, aber auch Identitäten in Beziehungen bzw. Familien sowie neue Paarformationen im transkulturellen Kontext im

Mittelpunkt. Howell untersucht die neuen Formen der Familiengründung in Norwegen aufgrund neuer transnationaler Adoptionsmöglichkeiten. In einem kulturellen Kontext, in dem Familie gemeinhin biologistisch und in Abstammungsbegriffen verstanden wird, werden Normalisierungsprozesse mithilfe bestimmter Ritualisierungen nötig, um doch eine «richtige» Familie zu werden. Hier geht es um mehrfache Grenzverschiebungen und -überschreitungen, und zwar nicht nur um nationalstaatliche (auf der Suche nach Adoptivkindern), sondern auch um solche zwischen Natur und Kultur. Denn Adoption tangiert die Grenze zwischen biologischer/«realer» und sozialer/«fiktiver» Verwandtschaft unmittelbar.

Howell thematisiert, wie die Identitäten der Kinder in verschiedenen Phasen von De- und Rebiologisierung unterschiedlich geformt werden. Im Gegensatz zu der Studie von Gadi Algazi und Jean und John Comaroff, wo es um die Ausgrenzung der als «Nicht-Eigene» Definierten geht, handelt es sich in Howells Beispiel um Fremde, die zu «Eigenen» gemacht werden. Diese Transformation geschieht nicht nur auf nationalstaatlicher Ebene durch den Erwerb von Staatsbürgerschaftsrechten, sondern auch auf der Ebene der Familie durch Adoption. Howell weist aber auch auf einige Paradoxien dieser Eingliederung hin: Das Kind ist bürgerrechtlich bei seiner Ankunft in Norwegen «tabula rasa», alles wird geändert, debiologisiert (Familienzugehörigkeit, Staatszugehörigkeit, Rechtsstatus), aber die neuen Normen der Adoptionsagenturen beinhalten ebenso eine Rebiologisierung mit Berufung auf die kulturellen Wurzeln im Heimatland des Kindes. Der Unterschied zu der Integration von Migrantinnen und Migranten ist auffallend.

Howell beobachtet überdies die Entwicklung neuer Formen von Gouvernementalität: Über den Transfer von Kindern (zwischen Ländern, Familien) entscheidet heute letztlich allein der Staat. Nationalstaatliche Gesetze sind hier entscheidend aufseiten beider staatlichen Transaktionspartner. Kinder werden von einer Seite «abgegeben» und in andere Staaten neu inkorporiert, aber in einer ganz anderen Art und Weise als im Falle der Migranten oder Flüchtlinge. Der Staat in Europa sichert ethnischkulturelle Kontinuität und Homogenität, indem transnationale Adoption (als letzte Möglichkeit) zugelassen wird, erst wenn Bemühungen um eine Adoption im nationalen Rahmen erfolglos geblieben sind. Aber auch der Staat im Süden setzt der Adoption Grenzen und versucht sie möglichst auf ein Minimum zu beschränken. In dem Beitrag wird die Bedeutung von internationalem Recht ebenso thematisiert, das von Ländern des Südens als asymmetrisch, westlich geprägt und imperialistisch wahrgenommen wird. Transnationale Adoption verändert nicht nur persönliche Bindungen, sondern auch Länder- und internationale Beziehungen. Jedenfalls erweist sich transnationale Adoption, ungeachtet der weitverbreiteten Illegalität in diesem Bereich, als ein Feld, wo Staatsmacht und Grenzkontrolle ganz offenbar noch sehr intakt sind. Auch wenn Staaten in diesem Kontext nicht grundsätzlich schwach sind, weisen Kritiker auf Kinder (wie Eizellen, Embryos oder Spermien) als neue Ware in einer asymmetrischen globalen Ökonomie hin, in der transnationale Ströme vom Süden in den Norden fliessen, wo auch die «Welthandelsbedingungen» und die «Spielregeln» im Allgemeinen festgelegt werden.

In dem Beitrag von Judith Schlehe geht es auch um transnationale Beziehungen intimer Art, die neue Identitäten, Rituale und Diskurse schaffen. Wie im Falle der Adoption in Norwegen kommt es auch bei Heiratsmigration in Südostasien mitunter zur Hervorhebung und «Zelebrierung» von Differenz, letztlich aber auch zu «Normalisierungsbestrebungen». Denn der andere soll nicht (ganz) anders sein. Schlehe weist darauf hin, dass im Rahmen globaler Verflechtungen sich nicht nur sichtbare, äussere Grenzen verschieben. Auch «innere», imaginierte Grenzen werden auf unterschiedlichste Art und Weise reproduziert, durchkreuzt oder unterminiert. Transnationale Liebesbeziehungen in Indonesien werden hier untersucht, um Möglichkeiten und Grenzen globalisierter Begegnungsformen zwischen den Geschlechtern und zwischen den Kulturen anhand von gegenseitigen individuellen wie gesellschaftlichen Imaginationen zu analysieren. Diese Beziehungen zwischen Frauen aus westlichen Ländern und indonesischen Männern sind durch postkoloniale Strukturen, Globalisierungsprozesse und die internationale Tourismusindustrie vielfältig geprägt.

Schlehe deckt in diesem Zusammenhang orientalistische und okzidentalistische Konstruktionsmuster, aber auch aktuelle politische und wirtschaftliche Probleme neuer Ungleichheitsverhältnisse auf. Die Grenze zwischen Sextourismus und romantischer Liebesbeziehung ist hier fliessend, ebenso wie die zwischen materiellen Interessen und Romanze. Auch wenn soziale und kulturelle Grenzziehungen sich dekonstruieren lassen, können Differenzen in Prozessen des Wandels nicht negiert oder vernachlässigt werden. Schlehe hebt in ihrer Studie die Gleichzeitigkeit von grenzüberschreitenden Verflechtungen und neuen Grenzziehungen in den Begegnungsräumen und Lebenswelten transnationaler Paare hervor.

Ingrid Kummels geht in ihrem Beitrag der Renaissance des Sakralen im sozialistischen Kuba nach und untersucht ethnografisch primär körperliche Inszenierungen im Spiegel internationaler medialer Aufmerksamkeit. Wie werden von Akteurinnen und Akteuren Entgrenzungen, aber auch neue Grenzsetzungen im Bereich populärer Kultpraktiken vorgenommen, die sowohl vom Staat als auch von der katholischen Kirche gesetzte Grenzen verändern und überwinden? Wie wird der Körper eingesetzt, um sich von offiziellen religiösen Klassifikationen abzugrenzen und religiöse Gegenöffentlichkeit zu schaffen? Sie geht dem vermeintlichen Widerspruch zwischen anachronistisch wirkenden religiösen Körperpraktiken und den globalisierten medienpolitischen Rahmenbedingungen, unter denen die Grenzen religiöser Subjektivitäten auf Kuba neu konstituiert werden, nach. Der gegenwärtige religiöse Wandel mittels der Aneignung moderner audiovisueller Technologien wird als eine neue Spielart von Medialität untersucht, die neben älteren Spielarten (wie etwa bei Besessenheit) existiert. Kummels weist in diesem Zusammenhang insbesondere auf die Bedeutung transnationaler Netzwerke wie auch auf die Rolle staatlicher Medienpolitik und der internationalen Presse hin.

Der Schlussteil des Bandes umfasst zwei theoretische Beiträge aus der politischen Philosophie und der Rechtswissenschaft, die die Notwendigkeit gemeinsam geteilter Normen und Regeln für den Umgang mit Diversität in modernen demokratischen Gesellschaften hervorheben. Rainer Forst geht dem «Zauberwort» der Toleranz – dessen Definition und Tragweite umstritten ist – im Kontext der neuen fragwürdigen Kampfrhetorik vom «religiösen Weltbürgerkrieg» nach. Toleranz umfasse eine Ablehnungskomponente, eine Akzeptanzkomponente und eine Zurückweisungskomponente. Der Begriff sei normativ an sich unbestimmt und müsse daher in allen drei Komponenten jeweils mit Prinzipien und Werten gefüllt werden. Die Frage nach unserem Verständnis von Toleranz und der ihr zu setzenden Grenzen werfe auch Licht auf die Grenzen westlicher Toleranz und der Identitäten westlicher Demokratien. Wie Arnason nähert sich auch Forst seinem Thema historisch an. Er verortet die Grundlage der Idee von Toleranz und unveräusserlichen individuellen Rechten zwar in christlichen Gesellschaften, zeigt jedoch, wie Toleranz gegen die Macht der Kirchen und der religiösen Staatsgewalt errungen werden musste. Hierbei unterscheidet er zwischen zwei zentralen historischen Toleranz-Konzeptionen: bei der vertikalen *Erlaubnis-Konzeption* lässt eine Autorität Devianz zu, solange die Autorität nicht infrage gestellt wird. Dieser disziplinierenden und repressiven Erlaubnis-Konzeption von Toleranz stellt Forst eine horizontale, demokratische *Respekt-Konzeption* gegenüber. Hier wird Toleranz als Haltung der Bürger zueinander verstanden, eine Haltung, die sich auf gemeinsam geteilte Normen gründet. In diesem Fall sind die Bürger sowohl Tolerierende als auch Tolerierte, Recht setzende und dem Recht unterworfene gleichberechtigte Bürger.

Die Respekt-Konzeption der Toleranz weist nach Forst den besten Weg durch aktuelle gesellschaftspolitische Konflikte. Als wichtigste Komponenten dieser Toleranz-Konzeption erachtet er zum einen das Recht der Personen, dass die Normen und Gesetze, denen sie unterworfen sind, ihnen gegenüber adäquat gerechtfertigt werden, und zum anderen eine komplexe Form der Selbstüberwindung und Selbstrelativierung. Die Grundlage wechselseitiger Toleranz sollte laut Forst von allen geteilt werden und sich auf nicht zur Disposition stehende Prinzipien gründen. Denn Toleranz und Menschenrechte können nur geteilt genossen werden. Daraus ergeben sich einige Herausforderungen für westliche Demokratien. Es gilt zu erkennen, welche Grundsätze des Zusammenlebens essenziell und welche Werte und Normen revisionsbedürftig sind, und wie Prinzipien in pluralistischen Gesellschaften neu interpretiert werden müssen, um allen gerecht zu werden.

Andrea Büchler lotet in diesem Kontext das Integrationspotenzial des Rechts für die Anerkennung kulturrechtlicher Pluralität aus. Sie fragt nach den Grenzen solcher Anerkennung kollektiver kultureller Identität, die in der Lage wäre, der Diversität von Rechtsverständnissen in einer modernen, pluralen Gesellschaft Rechnung zu tragen, ohne wichtige Errungenschaften wie Geschlechtergleichheit aufzugeben. Angesichts der zunehmenden Migration und des damit einhergehenden Rechtspluralismus in allen Gesellschaften sei es wichtig Regeln zu finden, die ein Zusammenspiel unterschiedlicher Rechtsverständnisse und Normen ermöglichen. Sie erteilt damit der Idee einer nationalen Leitkultur der dominanten Bevölkerungsgruppe eine klare Absage und setzt sich stattdessen für einen Dialog zwecks Aushandlung gemeinsam geteilter Normen ein. Büchlers Plädoyer für ein offenes, multikulturelles Familienrecht lenkt unsere Aufmerksamkeit auf die signifikanten Differenzen innerhalb einzelner Gesellschaften statt auf jene jenseits der nationalstaatlichen Grenzen.

Dieser weitgefächerte, multidisziplinäre Band weist zum einen auf die neue Zentralität von Grenzen hin und macht zum anderen ihre Komplexität wie Ambivalenz im Zeitalter der Globalisierung im Konkreten fassbar. In diesem Sinne leistet er einen Beitrag zum neuen interdisziplinären Feld von *Border Studies*. Die einzelnen Beiträge untersuchen die (Re)-Produktion von Grenzen, aber auch die neuen Konstellationen ihrer Konstituierung, und schärfen den Blick auf transgressive Übergänge und Überschreitungen verschiedenster Art. Es werden nicht nur kolonial konstituierte Raumordnungen sowie Denk- und Klassifikationsmuster infrage gestellt, sondern auch die Bedeutung von Grenzen für die Konstitution politischer Subjekte behandelt. Zudem analysieren viele Autoren die Implikationen dieser manchmal manifesten, manchmal subtilen Veränderungen von Grenzen für Geschlechterbeziehungen kritisch. Schliesslich liefern alle wichtige Einsichten in unterschiedlichste Grenzverschiebungen und -überschreitungen, die heute parallel zu neuen Grenzziehungen bzw. Wahrnehmungsgrenzen verlaufen.

I Eurozentrismus und Orientalismus: theoretische Annäherungen an zwei grundlegende Grenzziehungen

Johann P. Arnason

Der Eurozentrismus und seine Widersacher
Kritische Bemerkungen zu einer unfruchtbaren Kontroverse

Mein Thema ist der Eurozentrismus als geschichtliches Phänomen und als Gegenstand einer nicht immer angemessenen Kritik. Zuallererst ist aber die Beziehung dieser Fragestellung zum allgemeinen Thema dieses Bandes kurz zu klären. Es geht um Grenzen, Grenzziehungen und Grenzüberschreitungen, d.h. um verschiedene Aspekte der kulturellen Selbstkonstitution menschlicher Gesellschaften. Wenn es den Eurozentrismus überhaupt gibt, hat er mit verkürzenden Grenzziehungen und verweigerten Grenzüberschreitungen zu tun. Anders ausgedrückt: Es handelt sich um einseitige Abgrenzungen und Selbstverabsolutierungen gegenüber der aussereuropäischen Welt im Allgemeinen und den anderen eurasischen Kulturwelten im Besonderen. Diesen ganz vage formulierten Vorgriff müssen wir aber auf einen konkreteren Zusammenhang beziehen.

Es gehört zum guten Ton, den Eurozentrismus zu kritisieren. Die Gründe liegen auf der Hand: Die geschichtlichen Erfahrungen des zwanzigsten Jahrhunderts haben das europäische Selbstverständnis und das entsprechende überlieferte Geschichtsbild auf eine so massive Weise erschüttert, dass grundlegende und früher selbstverständliche Voraussetzungen problematisiert werden müssen. Wenn ich von einer unfruchtbaren Kontroverse spreche, ist damit also nicht gemeint, dass der kritische Ansatz unbegründet wäre. Es geht vielmehr um die Art und Weise, wie er definiert und entwickelt wird. Die militantesten Widersacher des Eurozentrismus sind manchmal versucht, ihre Aufgabe zu vereinfachen; das Ergebnis ist dann eine unvermittelte Umkehrung des eurozentrischen Vorurteils. Wenn behauptet wird, die Europäer hätten aus eigenen Kräften nichts geleistet, sondern nur von anderswo eingetretenen Rückschlägen und Krisen profitiert (so Frank 1996), so handelt es sich offenbar um eine Stellungnahme, die weit über empirische Anhaltspunkte hinausgeht: Beabsichtigt wird eine umfassende und apriorische Entwertung des europäischen Anteils an der Weltgeschichte. Und wenn diese kompromisslose These dahingehend korrigiert wird, dass die Europäer zwar eigenständig gehandelt hätten, aber nur aufgrund einer rassistisch verhärteten Identität und einer besonders ausgeprägten Aggressivität gegenüber anderen Kulturen (so Hobson 2004), hat sich an der zugrunde liegenden Intention nicht viel verändert. Die Kritik des Eurozentrismus wird, ohne dies offen zuzugeben, als eine Sache der richtigen – schärfer formuliert: politisch korrekten – Einstellung formuliert: Ein adäquateres Geschichtsbild soll durch einen Wechsel des Standpunktes erreicht werden. Die neue Perspektive wird heute am häufigsten als «postkolonial» bezeichnet. Der Missbrauch, der heute mit diesem Etikett getrieben wird, sollte aber die wichtige Problematik, auf die der Eurozentrismus – richtig verstanden – verweist, in Vergessenheit geraten lassen. Darauf wird noch zurückzukommen sein.

Die oben kritisierten Beispiele sind extreme Fälle. Sie können nichtsdestoweniger als Ausgangspunkte für eine allgemeinere Überlegung dienen. Die Kritik des Eurozentrismus verfehlt ihr Ziel, wenn sie auf sofortige, pauschale und primär gesinnungsmässige Korrekturen reduziert wird. Es kommt darauf an, die Überwindung der eurozentrischen Verzeichnungen und Fehldeutungen als eine langfristige Aufgabe zu verstehen. Dabei wird die Unterscheidung zwischen mehreren Ebenen der Problematik ebenso wichtig sein wie die Rekonstruktion komplexer geschichtlicher Zusammenhänge und die Vermeidung vorschneller oder einseitiger Werturteile.

Dieser Thematik möchte ich mich zunächst auf einem Umweg nähern. Die Kritik des Eurozentrismus gilt heute, wie gesagt, meistens als im Prinzip legitim. Es gibt jedoch Ausnahmen, und es wird vielleicht für die Diskussion nützlich sein, die Gründe näher zu betrachten, die in solchen Fällen geltend gemacht werden. Das markanteste Beispiel ist – soweit mir bekannt – der französische Ideenhistoriker Rémi Brague, der u.a. ein vieldiskutiertes Buch über die europäische Identität geschrieben hat (Brague 2002). In einem späteren Aufsatz greift er den modischen Anti-Eurozentrismus an und lehnt die ganze Fragestellung als ein Miss-verständnis ab. Er beginnt mit einem Zitat aus dem genannten Buch: «No culture was ever so little centred on itself and so interested in others as Europe ... Eurocentrism is a misnomer. It is even the contrary of truth» (Brague 2002, S. 133 in Brague 2006, S. 257). Die nachgelieferte nähere Begründung dieser These lässt sich in drei Schritten rekonstruieren. Erstens gibt es nach Brague einen «Zentrismus», den wir als eine allgemeine Eigenschaft der menschlichen Kulturen und letztlich der Lebewesen überhaupt auffassen können. Er hängt mit der Konstruktion einer Eigenwelt zusammen, die schon auf der biologischen Ebene stattfindet und auf der sozialen stärker hervortritt. Aus der Logik dieser Konstruktion ergeben sich selbstbezogene und unvermeidlich verzerrte Darstellungen jeder alternativen Eigenwelt. Bei einer Kultur, die im Machtkampf mit anderen so erfolgreich war und auf der globalen Ebene so dominant wurde wie die europäische, ist mit einem dementsprechend potenzierten Zentrismus zu rechnen. Das ist aber für Brague nur ein Unterschied des Grades, und eine Analyse, die sich auf diesen Aspekt beschränkt, kommt über Trivialitäten nicht hinaus. Die eigentliche Besonderheit Europas ist anderswo zu suchen.

Der zweite Schritt bezieht sich auf einen spezifischen, historisch entstandenen Wesenszug der europäischen Kultur: ihre «Exzentrizität» bzw. «Sekundarität». Europa als Kulturwelt war, wie Brague meint, in einem ganz ungewöhnlichen Masse von anderen Kulturen abhängig, und es war sich dieser Abhängigkeit auch akut bewusst. «What I called ‹eccentric identity› is a feature of European culture, nay its backbone. To the best of my knowledge, cultural secondarity and eccentricity do not exist except in Europe» (ibd., S. 259). Diese europäische Eigenart kommt, näher betrachtet, in dreifacher Weise zum Ausdruck. Zunächst wird die eigene Kultur – anders als in den herausragendsten älteren Hochkulturen – nicht als Zentrum der Welt aufgefasst. Es geht hier nicht um ein geometrisch-geographisches Zentrum, sondern um einen sinnhaften Referenzpunkt, ein axiologisches Zentrum. «Now, such a centre, for the medieval man, is definitely not Europe, but again the Middle East: for the Jews and Christians, it is Jerusalem; for the Muslims it is Mecca» (ibd., S. 259). Diese im wörtlichen Sinne exzentrische Sichtweise ermöglicht radikalere Formen der Selbstdistanzierung. «I contend that Europe is the only culture that ever became interested in the other cultures» (ibd., S. 260). Diese Behauptung muss allerdings, wie Brague betont, dahingehend eingeschränkt werden, dass sie sich nicht etwa auf die europäische Kultur als Gesamtsubjekt bezieht. Entscheidend ist, dass dieses aktive Interesse an anderen Kulturen und die Bemühungen, sie zu verstehen, langfristig wirksam und durch einflussreiche Gruppen vertreten wurden. Dazu gibt es, wie Brague meint, anderswo keine Parallelen: Einzelne Gestalten, wie Herodot bei den Griechen und Al-Biruni in der islamischen Welt, haben keine Schule gemacht (was Herodot angeht, liesse sich darüber streiten). Besonders deutlich wird die Originalität dieses europäischen Interesses an dem bzw. den Anderen, wenn es auf das Selbstverständnis zurückwirkt: «There are several levels of interest. The deepest one consists of understanding that the other one is interesting also because of the light it throws back on the observer» (ibd., S. 261). Es gibt eine lange europäische Tradition des «endeavouring to look at oneself through foreign eyes» (ibd., S. 261). Die bekanntesten Beispiele (wie etwa Montesquieus *Lettres Persanes*) sind im Umkreis der Aufklärung entstanden und bringen einen wichtigen Aspekt dieser intellektuellen Bewegung zum Ausdruck; der Abbruch – oder zumindest die Marginalisierung – der Tradition in einer folgenden Phase hängt mit umfassenderen Veränderungen der europäischen Geisteswelt zusammen.

Die dezentrierte und offene Einstellung gegenüber anderen Kulturen ist keine Errungenschaft der Moderne: Sie geht auf vormoderne europäische Wurzeln zurück. Brague hat versucht, die Sekundarität und Exzentrizität der europäischen Kultur von der römischen Begegnung mit der griechischen Welt abzuleiten. Die Althistoriker haben aber m. E. gezeigt, dass die römische Tradition gegenüber der griechischen gar nicht so sekundär war, wie diese Argumentationslinie voraussetzt, und im Hinblick auf die hier zu diskutierende Frage ist es auch nicht notwendig, auf römische Ursprünge zu rekurrieren. Entscheidend ist vielmehr die post-römische Entwicklung. Europa ist für Brague (und darin kann man ihm nur zustimmen) primär ein Produkt des westlich-christlichen Mittelalters, und die diesbezüglichen Ausführungen können wir als einen dritten Schritt seiner Argumentation verstehen. Bei mittelalterlichen Autoren finden sich schlüssige Belege für das ganze Spektrum der «exzentrischen» Orientierungen – einschliesslich nicht nur der «ability to look at oneself from afar», sondern auch der «ability to put into the mouth of the other one arguments against oneself» (ibd., S. 263). Pierre Abelard war ein früher und besonders eindrucksvoller Vertreter einer Denkweise, die auch in der Spätphase des Mittelalters zur Geltung kam.

Bragues Hinweise auf anti-eurozentrische Tendenzen des mittelalterlichen Denkens sind überzeugend, und weitere Beispiele wären leicht zu finden. Eine der markantesten Formulierungen ist übrigens in meiner Muttersprache geschrieben; ich möchte sie hier in einer deutschen Fassung zitieren. Der Prolog der Edda von Snorri Sturluson enthält u.a. einen kurzen Überblick über die damals bekannte Welt; dort heisst es: «Das ganze Gebiet von Norden und über die Osthälfte bis ganz nach Süden wird Asia genannt; in diesem Teil der Welt gibt es überall Schönheit und Pracht und Fruchtbarkeit des Bodens, Gold und Edelsteine; dort ist auch die Mitte der Welt, und so wie dort die Erde schöner und in jeder Hinsicht besser als an anderen Orten ist, so waren auch die Menschen mit allen Gaben am besten ausgestattet, mit Weisheit und Kraft, Schönheit und allerlei geheimen Fähigkeiten» (Lorenz 1984, S. 47–48). Wer dies geschrieben hat, ist unter den Spezialisten umstritten; es stammt jedenfalls aus dem dreizehnten Jahrhundert, und ich kenne keine bündigere Zusammenfassung des Asienbildes, das dann in der Neuzeit entzaubert wurde.

Ich habe Bragues Thesen deswegen relativ ausführlich diskutiert, weil sie meines Erachtens ein wichtiges Korrektiv zur bisherigen Debatte um den Eurozentrismus darstellen. Seine Schlussfolgerungen sind aber nicht unproblematisch, und ich möchte vor allem einen kritischen Gesichtspunkt hervorheben, der für die weitere Diskussion zentral sein wird. Es geht, kurz gesagt, um die Frage, ob die europäische Exzentrizität nicht in einen Zentrismus zweiten Grades umschlagen kann, bzw. an einem Wendepunkt des europäischen Denkens umgeschlagen ist. Aus der Offenheit gegenüber anderen Kulturen wird dann ein Umweg, der zu einer radikaleren Form der Selbstverabsolutierung führt. Das besondere Interesse an fremden Lebens- und Denkformen wird in einen Sonderanspruch auf überlegene Einsicht umgedeutet; die europäische Perspektive erscheint als ein privilegierter Zugang zur Wahrheit der Anderen und des Ganzen, das beide Seiten umfasst. Diese Neubestimmung des europäischen Verhältnisses zur Vielfalt der Kulturen gipfelt in der Legitimierung durch eine Logik der Vernunft, der Freiheit und/oder des Fortschritts, die sich in der europäischen bzw. westlichen Welt auf adäquatere und vollständigere Weise realisiert als anderswo.

Ein solcher Umschlag ist gegen Ende des 18. Jahrhunderts eingetreten, nach der durch gesteigerte Offenheit charakterisierten Phase der Aufklärung, und im 19. Jahrhundert weiter radikalisiert worden. Jürgen Osterhammel hat ihn in seinem vorzüglichen Buch über die Entzauberung Asiens eingehend analysiert (Osterhammel 1998). Der Titel unterstreicht die Zweideutigkeit, die schon bei Max Weber mit dem Begriff der Entzauberung verbunden war: Wachsende Kenntnisse der andren eurasischen Kulturwelten gingen mit einer zunehmenden Missachtung oder Verflüchtigung ihres Eigensinns einher. Damit wurde der Weg für die Einbeziehung fremder Hochkulturen – in erster Linie Chinas und Indiens – in eurozentrische Welt- und Geschichtsbilder geebnet. Das ist freilich nicht die ganze Geschichte. Es hat Gegentendenzen gegeben, und insbesondere die besten Vertreter der Orientalistik haben immer wieder versucht, ein adäquateres Bild zu gewinnen. Die einseitige und häufig auf krasser Ignoranz basierende Kritik des «Orientalismus» hat das nicht wahrhaben wollen. Diese Problematik müssen wir aber jetzt beiseite lassen (für eine ausführlichere Darstellung s. Irwin 2006); der Schwerpunkt unserer Diskussion liegt anderswo.

Hegels Geschichtsphilosophie war ein unübertroffener Ausdruck des potenzierten Eurozentrismus, der im frühen 19. Jahrhundert Gestalt annahm. Wirksam wurde sie vor allem durch ihre Fortsetzung mit anderen Mitteln im klassischen Marxismus. Das *Manifest der kommunistischen Partei* gehört zu den eurozentrischsten Texten, die es überhaupt gibt; es erübrigt sich, die bekannten Stellen zu zitieren. Bei Marx ist diese Perspektive trotz späterer Nuancierungen dominant geblieben. Es gehört aber zu den frappierendsten Paradoxien der modernen Geschichte, dass dieses eurozentrisch angelegte Deutungsmuster von Ideologen, Bewegungen und Staaten (darunter sogar rekonstruierten Imperien) rezipiert wurde, die gegen die weltweite europäische Hegemonie ankämpfen wollten. Sowohl aktive Teilnehmer wie auch kritische Beobachter haben versucht, die Diskrepanz durch Umdeutung der Ursprünge zu entschärfen: Die Unterschiede zwischen europäischen Ländern und Regionen in der Frühphase der Industrialisierung wurden dann auf denselben Nenner gebracht wie das globale Entwicklungsgefälle des 20. Jahrhunderts, und die deutsche Revolution, die Marx angekündigt hatte, erschien als ein vereitelter Vorläufer der Umwälzungen, die später versuchten, die «advantages of backwardness» in globalem Massstab geltend zu machen. Solche Analogien sind nicht überzeugend; es verhält sich eher so, dass europäische Erfahrungen und Denkfiguren – vor allem solche, die mit der Dynamik bzw. der Dialektik des Fortschritts zu tun haben – auf die aussereuropäische Welt projiziert worden sind und nicht nur theoretische Deutungen, sondern auch ideologische Handlungsorientierungen in folgenreicher

Weise verzerrt haben. Die Probleme, die sich daraus ergeben, sind z.B. in der diskontinuierlichen und noch lange nicht abgeschlossenen Debatte über die Anwendbarkeit eines europäisch gefärbten Revolutionsbegriffs auf China deutlich geworden.

Das Zwischenspiel eurozentrischer und anti-eurozentrischer Tendenzen in der Geschichte des Marxismus ist ein komplexes und faszinierendes Thema; hier ist es aber eher als negatives Beispiel von Interesse. Es ist in der marxistischen Tradition nie gelungen, die Fragestellung auf angemessene Begriffe zu bringen. Ein kritischer Anschluss an Max Weber könnte sich, wie ich noch zu zeigen versuchen werde, als aufschlussreicher erweisen. Um diesen Argumentationsschritt vorzubereiten, müssen wir aber die Problematik, um die es geht, etwas expliziter umreissen. Es sind zunächst drei Ebenen zu unterscheiden. Auf der *historischen* stellt sich die Frage nach Europas Platz und Gewicht in der globalen Geschichte; die Kritik des Eurozentrismus hat es hier mit verzerrenden Grundannahmen und Deutungsmustern zu tun, die durch ausgewogenere historische Analysen zu korrigieren wären. Auf der *hermeneutischen* Ebene geht es darüber hinaus um Fragen des Verstehens und des Fremdverstehens im Hinblick auf die spezifischen Probleme des Verhältnisses zwischen europäischen und nicht-europäischen Kulturen und um die in diesem Zusammenhang besonders gravierende Einengung des Fremdverstehens durch Projektionen eigener Sinngebilde und Wertorientierungen. Davon ist noch die dritte, *normative* Ebene zu unterscheiden; hier werden universale Erkenntnis- und Geltungsansprüche thematisiert, und der kritische Ansatz zielt auf institutionelle und kulturelle Prozesse, die zur Universalisierung partikularer europäischer Prinzipien und Orientierungen geführt haben.

Es versteht sich von selbst, dass ich hier nicht auf alle drei Ebenen eingehen kann. Die folgenden Bemerkungen beziehen sich auf den historischen Problemkomplex, den wir in einem gewissen Sinne als primär auffassen können: Nicht, dass mit den historischen Fragen *ipso facto* auch die anderen beantwortet würden, aber die historische Analyse betrifft den realen Rahmen, in dem die anderen Probleme auftreten und in Angriff genommen werden. Um die Stossrichtung der Diskussion genauer zu bestimmen, ist es sinnvoll, mit zwei – wie mir scheint – unproblematischen Feststellungen anzufangen; sie werden den Kontext der weiteren Überlegungen präzisieren.

Wenn wir zunächst die Frage stellen, ob es einen europäischen Sonderweg mit weltweiten Auswirkungen gegeben hat, so ist nicht einzusehen, dass sie anders als bejahend beantwortet werden könnte. Die europäische Expansion, die vor rund 500 Jahren in ihre entscheidende Phase eingetreten ist, hat globale Konstellationen kultureller, politischer und ökonomischer Art in einmaliger Weise verändert (transozeanische Imperien hat es vor diesem geschichtlichen Wendepunkt nicht gegeben); sie hat aber auch genauso innovative und folgenreiche Reaktionen hervorgerufen. Wenn das zugegeben wird, muss auch nach der internen Vorgeschichte dieser globalen Wende gefragt werden. Es geht nicht darum, eine Vorprogrammierung der europäischen Hegemonie durch die «Europäisierung Europas» im Mittelalter zu behaupten (so bezeichnen heute einige Historiker den Prozess, aus dem Europa als distinkte Geschichtsregion hervorgegangen ist). Es ist aber eine zumindest plausible Hypothese, dass in dieser Phase einige Voraussetzungen der späteren Entwicklung geschaffen wurden.

Andererseits ist es ebenso unbestreitbar, dass es wiederholte und einflussreiche Versuche gegeben hat, den historisch bedingten europäischen Sonderweg in einen geschichtsphilosophisch legitimierten Sonderstatus umzudeuten. Die emphatischsten Ansprüche dieser Art wurden, wie oben bemerkt, durch Konstruktionen einer progressiven Entwicklungslogik begründet, die in der europäischen Geschichte zu einem wenn nicht einzigartigen, so doch privilegierten Ausdruck gekommen sein sollte. Diese Denkmodelle werden von heutigen Kritikern als essentialistisch bezeichnet; daraus ist aber ein solches Allerweltsschimpfwort geworden, dass ich es hier lieber vermeiden möchte. Beschränken wir uns also auf die Feststellung, dass der europäische Sonderweg von ideologischen Vereinfachungen und Verklärungen begleitet wurde, deren Nachklänge auch nach der Diskreditierung der stärksten Versionen das europäische Selbstverständnis und die weithin akzeptierten Geschichtsbilder beeinflussen können. Die klassischen Spielarten des Eurozentrismus werden heute nicht mehr ernsthaft vertreten, und die Versuche postkolonialer Polemiker, einen versteckten Eurozentrismus der heutigen westlichen Geschichtswissenschaft zu entlarven, finde ich nicht überzeugend; aber das heisst nicht, dass sich eine klar definierte Alternative durchgesetzt hätte. Die Kritik des Eurozentrismus ist, wie ich am Anfang betont habe, eine langfristige Aufgabe, und es wird nützlich sein, bei jedem einzelnen Schritt auch die begrifflichen Voraussetzungen zu reflektieren.

Im Folgenden wird es natürlich nicht um ein Gesamtbild des europäischen Sonderwegs gehen. Das wäre nicht nur im Rahmen dieses Beitrags unmöglich, sondern m. E. auch aus sachlichen Gründen unangebracht. In den letzten 10–15 Jahren sind in mancher Hinsicht neue Dimensionen der komparativen Geschichte erschlossen und neue Perspektiven eröffnet worden. Die Diskussion befindet sich jetzt in einem Übergangsstadium, dessen Ergebnisse allmählich reifen und synthetischere Ansätze ermöglichen werden. Die Gesichtspunkte, die ich jetzt geltend machen möchte, sind in dem Sinne metatheoretisch, dass sie mit Fragen der Begrifflichkeit und des Vorverständnisses zu tun haben: Wie sollen wir den europäischen Sonderweg denken, wenn wir die bekannten, aber nicht schon deswegen adäquat begriffenen Irrwege der Ideologisierung vermeiden wollen? Das ist zugegebenermassen ein weites Feld, aber ich möchte wenigstens drei Aspekte hervorheben, die mir besonders wichtig scheinen.

Der erste lässt sich am besten durch einen direkten Hinweis auf Max Weber definieren. In der letzten (wenn auch aus seiner Sicht provisorischen) Zusammenfassung seines Forschungsprojekts, am Anfang der Einleitung zu den religionssoziologischen Aufsätzen, beginnt Weber mit einer kurzen Charakteristik seiner Untersuchungen zum europäischen bzw. okzidentalen Sonderweg. Die weltgeschichtlich signifikanten Tendenzen und Resultate, die es zu verstehen und erklären gilt, subsumiert Weber unter die Begriffe der Rationalität und der Rationalisierung (dass er eine gründliche Klärung dieser Kategorien schuldig blieb, steht auf einem anderen Blatt). Auf der Ebene der eigentlichen historischen Erklärung geht es aber darum, die «Verkettung von Umständen» zu rekonstruieren, die den Sonderweg markiert hat. Es lohnt sich, bei dieser Formulierung zu verweilen – nicht zuletzt deswegen, weil sie mit den heute gängigen Karikaturen Webers unvereinbar ist. Ein Erklärungsmodell, das auf einer «Verkettung von Umständen» basiert, ist ja das gerade Gegenteil essentialistischer oder teleologischer Ansätze. Die Vielfalt der Umstände schliesst auch monokausale Erklärungen aus, selbst wenn sie durch die Formel der letztendlichen Determinierung abgemildert werden. Im Falle des okzidentalen Sonderwegs erscheint also die Suche nach einem Schlüsselfaktor oder einem entscheidenden kausalen Nexus als irreführend. Und es ist nicht anzunehmen, dass die Umstände, um die es hier geht, je durch eine endgültige Liste erschöpft werden könnten: Das Beste, das wir zu erreichen hoffen können, ist eine graduell erweiterte und vertiefte Einsicht in historische Konstellationen und Sequenzen.

Hier ist aber noch die Frage zu stellen, wie sich die zitierte Formulierung und die Deutung, die sie nahe legt, zu Webers eigenen konkreten

Analysen und zur Entwicklung seines Ansatzes verhalten. Einerseits steht es ausser Zweifel, dass Weber nach der – häufig zu Unrecht isoliert gelesenen – Studie über die protestantische Ethik seinen Bezugsrahmen auf eine Weise erweitert hat, die eine prinzipiell pluralistische Formulierung implizit erfordert. Eine Vielfalt kultureller, politischer und ökonomischer Faktoren wird in Betracht gezogen. Die allgemein benannte Verkettung von Umständen kann sinnvollerweise als ein veränderliches Geflecht der drei genannten Komponenten verstanden werden, wobei keine einen letztendlichen Primat beanspruchen kann, aber jede in spezifischen Zusammenhängen in den Vordergrund tritt. Andererseits steht das starke Interesse an der Wirtschaftsethik der Weltreligionen – allgemeiner formuliert: den Wechselbeziehungen zwischen dem religiösen und dem wirtschaftlichen Leben – einer konsequenten Ausarbeitung des pluralistischen Konzeptes entgegen. Wir haben es also mit einer Reflexionslinie zu tun, die über die abgebrochene Werkgeschichte hinausweist. Das wird noch deutlicher, wenn wir weitere analytische Dimensionen berücksichtigen. Es liegt nahe, eine weltgeschichtlich wirksame Verkettung von Umständen auch als eine Verbindung interner und externer Faktoren aufzufassen. Damit wird jedoch ein Feld betreten, mit dem sich Weber kaum beschäftigt hat; es soll hier unter einem spezifischeren Blickwinkel diskutiert werden.

Die Verkettung von Umständen hat auch eine zeitliche Dimension: Wir müssen mit Ursachen- und Wirkungsketten rechnen, die sich über lange Zeiträume – ggf. mehrere Geschichtsepochen – erstrecken, ohne dass das Gesamtergebnis als vorherbestimmt bezeichnet werden könnte. Frühe historische Phasen können Voraussetzungen für spätere Durchbrüche schaffen, und neue Entwicklungen können dazu führen, dass an ein älteres Erbe unter neuen Gesichtspunkten angeknüpft wird und latente transformative Potenziale zutage treten. Der europäische Sonderweg ist, anders ausgedrückt, als ein langfristiger Prozess zu betrachten. Dieser zweite Aspekt lässt sich auch im Anschluss an Weber erörtern. Die bereits erwähnte Erweiterung des Weberschen Projekts nach der grundlegenden Studie über die protestantische Ethik hat nicht zuletzt zu einer intensiveren Beschäftigung mit älteren Episoden und Entwicklungssträngen geführt. Besonders wichtig ist die Studie über die okzidentale Stadt, deren Resultate wohl der späteren Diskussion besser standgehalten haben als die immer noch bekannteren Thesen über die protestantische Ethik. Weber hat auch die Bedeutung des antiken Judentums für die europäische Geschichte betont und in seine zivilisationsvergleichenden Analysen einbezogen, während ein kurzer Hinweis auf vergleichbare griechische Quellen der okzidentalen Kultur nie weiterentwickelt wurde. Aufs Ganze gesehen ist aber diese Seite des Weberschen Ansatzes fragmentarisch geblieben, und ein integriertes Konzept eines langfristigen Prozesses ist nicht zustande gekommen. Spätere Autoren sind auf diesem Wege weiter gegangen; allen voran wäre Norbert Elias zu nennen, dessen bahnbrechende Arbeit über den Prozess der Zivilisation zwar in vielerlei Hinsicht angreifbar ist, aber im Hinblick auf die langfristige Dynamik der Staatsbildung und ihrer gesamtgesellschaftlichen Auswirkungen doch der ganzen Diskussion neue Perspektiven erschlossen hat.

Diese Problematik kann ich hier nicht *in extenso* behandeln. Auf einen spezifischen Fragenkomplex, nämlich die mittelalterlichen Voraussetzungen des europäischen Sonderwegs, möchte ich aber noch kurz eingehen. Die Historiker, die nach solchen Voraussetzungen fragen, bestreiten nicht die anfängliche Marginalität der westeuropäischen – bzw. westlich-christlichen – Zivilisation gegenüber den anderen eurasischen Kulturwelten, und die Kritiker des Eurozentrismus rennen offene Türen ein, wenn sie auf diesem Tatbestand insistieren. Es geht darum, dass auch im Rahmen einer peripheren Formation Entwicklungen stattfinden und geschichtliche Faktoren auftreten können, die für spätere Änderungen der globalen Macht- und Kulturkonstellationen Weichen stellen. Das gilt für verschiedene Aspekte der westlich-mittelalterlichen Welt. Ihre technologische Innovationsfähigkeit ist durch vergleichende Studien über andere Zivilisationen (insbesondere die islamische und die chinesische) relativiert worden, aber als Teil des Gesamtbildes ist sie immer noch relevant. Von der Bedeutung der mittelalterlichen Stadt war – im Zusammenhang mit dem Werk Max Webers – schon die Rede. Besonders wichtig ist das distinktiv westlich-christliche Ergänzungs- und Spannungsverhältnis zwischen Papsttum und Imperium. Diese mittelalterliche «Spaltung der Spitze», von Heinrich August Winkler als Urform der Gewaltenteilung bezeichnet, hat einen soziokulturellen Raum eröffnet, in dem sich andere Formen des Pluralismus entfalten konnten. Dem ist allerdings hinzuzufügen, dass diese Konstellation nicht einfach als Trennung der weltlichen und der sakralen Macht verstanden werden kann (beide Aspekte waren auf beiden Seiten vorhanden, aber in unterschiedlicher Weise kombiniert). Und auch der Kontrast zu benachbarten Zivilisationen war nicht so einfach, wie ältere Deutungen angenommen haben (die Vorstellung von einem byzantinischen «Cäsaropapismus» hat sich als ebenso unhaltbar erwiesen wie die Behauptung, in der islamischen Welt habe keine Differenzierung der politischen und der religiösen Welt stattgefunden).

Schliesslich sollte – mit Rücksicht auf den dritten Punkt, der noch zu erwähnen sein wird – die mittelalterliche Phase der europäischen Expansion nicht unterschätzt werden. Hier ist zunächst zwischen der Ausbreitung von Zivilisationsmustern (die trotz andersartiger Episoden an der nördlichen und östlichen Peripherie des westlichen Christentums überwog) und der Expansion durch Eroberung zu unterscheiden. Militärische Expansion war jedenfalls ein wichtiger, wenngleich nicht überall dominierender Aspekt der «Europäisierung Europas»; sie hat Traditionen, Mentalitäten und Eliten geprägt, die dann in der folgenden globalen Phase eine Schlüsselrolle gespielt haben. Die Kreuzzüge waren der spektakulärste und mythenträchtigste, aber nicht der wichtigste Teil dieses Prozesses. Erfolgreich waren sie nur dort, wo die Mobilisierung durch eine religiöse Zentralinstanz mit der Expansion bereits existierender Staaten zusammenfiel. An der nahöstlichen Front sind sie gescheitert, aber zur gleichen Zeit ist die Machtbalance im Mittelmeerraum definitiv zugunsten westlicher Mächte geändert worden.

Der dritte und letzte Gesichtspunkt, den ich kurz skizzieren möchte, hat auch mit der Verkettung von Umständen zu tun, aber diesmal auf der interkulturellen und globalgeschichtlichen Ebene. Der europäische Sonderweg ist – gegen die ideologischen Konstrukte einer in sich geschlossenen Geschichte – als ein Interaktionsprozess zu verstehen, der durch Verflechtungen und Begegnungen mit anderen Kulturwelten geprägt wurde. Das bedeutet keine apriorische Abwertung der internen Dynamik; es wird vielmehr auf die permanente Wechselwirkung interner und externer Faktoren verwiesen, wobei die Formen dieser Interaktion und die relativen Gewichte von Fall zu Fall variieren. Mit dieser Thematik hat sich Max Weber kaum beschäftigt. Es liegt zwar auf der Hand, dass sein begrifflicher Bezugsrahmen die Interaktion zwischen Zivilisationen nicht prinzipiell ausgeklammert hat. Herausragende Beispiele, wie etwa die Verbreitung chinesischer Erfindungen, hat er auch ausdrücklich erwähnt. Es zeichnet sich aber bei ihm kein Versuch ab, das Projekt der vergleichenden Zivilisationsanalyse in dieser Hinsicht auf eine ähnliche Weise weiterzuentwickeln wie im Hinblick auf die interne Geschichte. Heute gehören Verflechtung und Transfer zu den prominentesten Themen der Debatten über Globalgeschichte bzw. Weltgeschichte, während die Zivilisationsanalyse die Ergebnisse der historischen Forschung immer noch nicht voll assimiliert hat. Hier werde ich nur auf zwei Fragenkomplexe eingehen, die für die Problematik des Eurozentrismus besonders wichtig sind. Der eine bezieht sich auf die Anfänge des europäischen Sonderwegs, der andere auf den geschichtlichen Gipfelpunkt der europäischen Hegemonie.

Am Anfang steht der hochkomplizierte Prozess, den die Historiker früher als «Verfall und Untergang des römischen Reiches» bezeichnet haben, heute aber eher als eine «Transformation der römischen Welt» sehen (so der Titel eines gross angelegten gesamteuropäischen Forschungsprojekts). Der Paradigmenwechsel, um den es hier geht, wirft ein neues Licht auf die Beziehungen zwischen dem Reich und seinen «Barbaren», aber auch – und das ist in unserem Zusammenhang wichtiger – auf die Wechselbeziehungen der drei Zivilisationen, die das Imperium beerbt und den nie wieder von einem Machtzentrum beherrschten Mittelmeerraum aufgeteilt haben. Hier ist in exemplarischer Weise eine eurozentrische Denkfigur überwunden worden. Dies ist vor allem das Verdienst der Historiker, die seit den 1970er-Jahren ein neues Bild der Spätantike entwickelt und durchgesetzt haben. Eurozentrisch war die Vorstellung von Verfall und Untergang deswegen, weil sie einseitig die Entwicklung desjenigen Reichsteils privilegiert hat, aus dem dann später die westlich-christliche Zivilisation hervorgegangen ist. Das neue Paradigma unterstreicht die Bedeutung einer umfassenderen Konstellation. Während der formativen Phase haben die geopolitischen, ökonomischen und kulturellen Beziehungen zwischen den drei Nachfolgern der griechisch-römischen Antike – der byzantinischen, der islamischen und der westlich-christlichen Welt – die Spielräume bestimmt, innerhalb derer jede der drei Zivilisationen sich entfalten bzw. behaupten konnte (am augenfälligsten sind die Auswirkungen der frühen islamischen Expansion). Später wurde die Entwicklung in Westeuropa auf vielfältige Weise durch Kontakte mit den beiden benachbarten Zivilisationen beeinflusst. Die bekannte Rolle byzantinischer und islamischer Vermittler bei der westlich-christlichen Wiederaneignung des klassischen Erbes ist wohl leichter zu verstehen, wenn wir die drei interagierenden Kulturwelten als Angehörige eines gemeinsamen Zivilisationsstammbaums sehen, der den Hintergrund zur Formierung Europas bildet.

In der modernen Phase mündete der europäische Sonderweg in eine globale Hegemonie, die zu einem grossen Teil die Form kolonialer Herrschaft annahm. Da ich die Schwächen der postkolonialen Kritik des

Eurozentrismus oben unterstrichen habe, ist es angebracht, hier ihren massiven Wahrheitsgehalt zu betonen: Es ist nicht zu bestreiten, dass die geschichtliche Erfahrung und die Folgen des Kolonialismus in massgeblichen Interpretationen der Moderne unterbelichtet sind. Hier kann man mit Fug und Recht von einer andauernden eurozentrischen Unausgeglichenheit reden. Für die klassische Soziologie war der Kolonialismus kein wichtiges Thema, und er hat auch in der späteren Modernisierungstheorie keine angemessene Behandlung erfahren. In der neueren Diskussion über «multiple modernities» wird er thematisiert, aber noch nicht in systematischer Weise. Die historische Forschung ist in dieser Hinsicht sehr viel weiter gekommen; die historische Soziologie und die Theorie der Moderne können an ihre Ergebnisse anknüpfen. Es geht dabei nicht nur um die vielschichtige Problematik der kolonialen Moderne, sondern auch – und in unserem Zusammenhang vor allem – um die Verflechtung der europäischen Expansion im Allgemeinen und des Kolonialismus im Besonderen mit den internen Transformationen der westlichen Machtzentren. Die folgenden abschliessenden Bemerkungen werden den letzteren Aspekt in sehr selektiver Weise erläutern.

Die Revolutionen, die Ende des 18. und Anfang des 19. Jahrhunderts die Grundstrukturen der westlichen Moderne geändert haben, sind nur im Zusammenhang mit Machtstrukturen und -kämpfen in Übersee zu verstehen. Die britisch-französischen Kämpfe um koloniale Besitzungen, die amerikanische und die französische Revolution sowie die napoleonischen Kriege und der Eintritt des britischen Weltreichs in eine neue Phase waren, so gesehen, Teilaspekte eines globalen Prozesses. Am überzeugendsten sind diese Verflechtungen von C.A. Bayly analysiert worden (Bayly 2004 – wohl der gelungenste Versuch einer globalen Geschichte des langen 19. Jahrhunderts). Etwas weniger schlüssig ist die Debatte über die industrielle Revolution. Es gilt mittlerweile als gesichert, dass die wirtschaftliche Überflügelung Chinas durch den Westen (speziell Grossbritannien) später stattgefunden hat als die Historiker früher angenommen haben; die erste industrielle Revolution hat sich erst im zweiten Viertel des neunzehnten Jahrhunderts voll ausgewirkt. Umstritten ist, wie wichtig die kolonialen Besitzungen – und anschliessend auch die postkoloniale Plantagenwirtschaft – in der neuen Welt für den industriellen Take-off in Europa waren. Dasselbe gilt für den Prozess, den einige Historiker als «de-industrialization of India» bezeichnet haben. Als Gesamtcharakteristik dürfte Baylys Formulierung (2004, S. 418) aber im Wesentlichen unanfechtbar sein: «Britain at the point of ‹takeoff› industrialization had the largest tributary peasantry in the world, in Highland Scotland, Ireland, India, and Africa.»

Schliesslich ist noch an den kolonialen Kontext des Zusammenbruchs der europäischen Zivilisation im Jahre 1914 zu erinnern. Die weithin akzeptierte Meinung, der Erste Weltkrieg sei vor allem der entfesselten Rivalität der Nationalstaaten und Nationalismen zuzuschreiben, hat diesen Hintergrund verdunkelt. Wenn wir aber davon ausgehen, dass es sich in erster Linie um den Zusammenbruch einer multi-imperialen Zivilisation handelte, wird es leichter, die Wechselwirkung der innereuropäischen und der globalen Faktoren zu verstehen. Den Imperien traditionellen Typs standen andere gegenüber, die auf ausgedehnten kolonialen Besitzungen basierten. Die Grossmächte, die in der Konkurrenz um Kolonien zu kurz gekommen waren, haben Kompensationsstrategien entwickelt, die dann in einer zweiten Runde extrem radikalisiert wurden. Diesen Zusammenhang zwischen Imperialismus, Kolonialismus und der europäischen Zivilisationskrise in der ersten Hälfte des zwanzigsten Jahrhunderts hat Hannah Arendt in ihrem grossen Werk über den Totalitarismus richtig gesehen, wenn auch nicht in jeder Hinsicht überzeugend dargestellt. Die heutige Diskussion hat aber diesen Aspekt ihrer Zeitdiagnose auffallend vernachlässigt.

Literatur

BAYLY, C.A. (2004): *The Birth of the Modern World, 1780–1914.* Oxford, Blackwell.
BRAGUE, RÉMI (2002): *Eccentric Culture: A Theory of Western Civilization.* South Bend, Indiana: St Augustine's Press. (Französische Originalausgabe: *Europe: La voie romaine*, 1992).
BRAGUE, RÉMI (2006): «Is There Such a Thing as Eurocentrism?», in G.Delanty (ed.), *Europe and Asia Beyond East and West.* London, Routledge, pp. 257–268.
FRANK, ANDRE GUNDER (1996): *ReOrient: Global Economy in the Asian Age.* Berkeley: University of California Press.
HOBSON, JOHN M. (2004): *The Eastern Origin of Western Civilization.* Cambridge: Cambridge University Press.
LORENZ, GOTTFRIED (1984): *Snorri Sturlusons Gylfaginning. Texte, Übersetzung, Kommentar.* Darmstadt: Wissenschaftliche Buchgesellschaft.
OSTERHAMMEL, JÜRGEN (1998): *Die Entzauberung Asiens.* München: C.H. Beck.

Sadik Al-Azm

Crossing Borders: Orientalism, Islamism and Postmodernism

My lecture this evening falls under the general title of this series of lectures: «Border Crossings in a Globalized World». So, when dealing with the subject of Orientalism, Islamism and postmodernism, I will be casually criss-crossing all kinds of existing borders between these three discourses, practices and orientations. My approach, then, will have to be quite global and very interdisciplinary, which is quite fitting considering that this whole activity is taking place under the auspices of the «interdisziplinäre Veranstaltungsreihe der Universität Zürich/ETH» as well as «UFSP Asien und Europa». I shall start by putting before you a prime example of Orientalism in the really bad sense of the term as exposed and explained by the late Edward Said:

> To live in Arabic is to live in a labyrinth of false turns and double meanings. No sentence means quite what it says. Every word is potentially a talisman, conjuring the ghosts of the entire family of words from which it comes. The devious complexity of Arabic grammar is legendary. It is a language, which is perfectly constructed for saying nothing with enormous eloquence; a language of pure manners in which there are hardly any literal meanings at all and in which the symbolic gesture is everything. Arabic makes English look simple-minded, and French a mere jargon of cost-accountants. Even to peer through a chink in the wall of the language is enough to glimpse the depth and darkness of that forest of ambiguity. No wonder the Koran is so notoriously untranslatable.[1]

Obviously Arabic is judged here (and found very wanting) by the principles of a Cartesian conception of language – a conception implicitly based on the doctrine of «clear and distinct ideas», the primacy of quasi syllogistic reasoning of the «I think therefore I am» type, the propositional nature of all genuine saying and comprehending and the full specifiability and discreteness of communicable meaning.

Now, if we shift to a postmodernist-deconstructionist approach to language based on such principles as the disjunction of sign, signifier and signified; the unending shiftiness of sense; the undecidability of meaning; the paradoxes of incommensurability; William Empson's *Seven Types of Ambiguity*;[2] the absurdities of self-reflexivity and so on, then would not the Arabic described by Jonathan Raban seem like the ideal language for the angst-ridden *Daseins* of the postmodern condition?

A similar and widespread view as expressed by a most famous French Arabist when «referring to the spirit of the Arabic language, Jacques Berque observed ‹the Arabic tongue, whose every word leads to God, has been designed to conceal reality, not to grasp it.›»[3] Again, in his *Islam in the World*, Malise Ruthven reproduces this kind of judgment by quoting approvingly Raban's description of the Arabic language and by affirming (a) that «Arabic more than most other languages eludes translation, at least into the European languages» and (b) that Arabic is «an eminently suitable language for religious expression». Then, Ruthven proceeds to explain this whole weird situation in the following manner:

> Arabic is a language built around verbs. Substantives and adjectives are always verbal derivatives, usually participles or verbal nouns. A clerk is a writer, a book is a writ. Aeroplanes and birds are things that fly. European languages, with their multiple origins, are much rooted in substances: most nouns in English are things-in-themselves, not parts of verbs, which are processes. It is precisely because Arabic refrains from classifying words into discrete particles, but keeps them instead in a logical and balanced relationship with a central concept – the verbal root – that it becomes an eminently suitable language for religious expression.[4]

Again, would not Arabic seem like the ideal language in light of a paradigm shift in the direction of, say, (a) Alfred North Whitehead's critique of all Aristotelian philosophies of substance, simple location and misplaced concreteness in favour of reality as process or (b) of Henri Bergson's attack on *chosisme* and his dismissal of things-in-themselves in favour of universal flux and a continually creative form of evolution or (c) Georg

Lukács's rejection of reification and its discreet particles in favour of a reality of events, circumstances and processes.

If «in the beginning was the word», was that «word» a verb or a noun? According to Ruthven, it was a verb for Arabic and a noun for the European languages. Let me ask then: Which is closer to the spirit of modernity, starting with the static noun or the active verb? At least Faust's answer is clear from his new translation of the first verse of the Gospel of John: «In the beginning was the deed». Not that substances, nouns and things-in-themselves are absent from the «Arabic language paradigm», for just as God had brought His creatures to Adam to give them their proper names in Genesis (2:19–20), the Koran also teaches that Allah taught Adam the names of all things, then placed them before the angels and said: «Tell Me the names of these if ye are right» (1:31).

It is interesting to note as well that a committed Muslim feminist author, academic and activist like Leila Ahmed in the United States, not only accepts the pejorative «Orientalistic» Raban–Ruthven account of Arabic but proceeds to turn it into a primary virtue of the language by appealing to and making a lot of the contingent fact that Arabic is written in consonants only, while the reader has to supply the vowels for any reading to occur and for any meaning to emerge. This is how Ahmed makes her case:

> Moreover, a bias in favor of the heard word, the word given life and meaning by the human voice, the human breath (*nafas*) is there, one might say, in the very language itself. In Arabic (and also Hebrew) script, no vowels are set down, only consonants. A set of consonants can have several meanings and only acquires final, specific, fixed meaning when given vocalized or silent utterance (unlike words in European script, which have the appearance, anyway, of being fixed in meaning). Until life is literally breathed into them, Arabic and Hebrew words on the page have no particular meaning. Indeed, until then they are not words but only potential words, a chaotic babble and possibility of meanings. It is as if they hold within them the scripts of those languages, marshaling their sets of bare consonants across the page, vast spaces in which meanings exist in condition of whirling potentially until the very moment that one is singled out and uttered. And so by their very scripts these two languages seem to announce the primacy of the spoken, literally living word, and to announce that meaning can only be here and now. Here and now in this body, this breath (*nafas*) this self (*nafs*) encountering the word, giving it life. Word that, without that encounter, has no life, no meaning.[5]

It is no less interesting to speculate about whether one may classify this kind of celebration of the properties of the language of the Koran as a form of Orientalism-in-reverse, where Arabic certainly stops being a language like other languages. The very flaws that Raban and Ruthven detect in Arabic elevate it – and elevate the Koran and Islam with it – to what Ahmed calls an «intrinsically aural language». Actually, for her, what is most distinctive and valuable about Arabic, the Koran and Islam is their inherent orality and aurality (p. 127).

I shall proceed over to make a few observations in a left-handed defence of Arabic, on these new very Occidental and very European grounds:

(1) In favour of Arabic one may cite here Rousseau's view in his «Essay on the Origin of Language» to the effect that «figurative language was the first to be born» while «proper meaning was discovered last», all of which should please the Orientalist thesis about Arabic as well as Ahmed's auratic thesis, where such a figurative language as Arabic would certainly come first, while such modern languages as English and French, dedicated to «proper meaning» and literal comprehension, would come last.

(2) Arabic, with its supposed «forests of ambiguity» would seem to fit much better than, say, English into the overall critical scheme of a master literary theoretician like William Empson, especially when he speaks thus in praise of ambiguity:

> ‹Ambiguity› itself can mean an indecision as to what you mean, an intention to mean several things, a probability that one or other or both of two things has been meant, and the fact that a statement has several meanings ... Thus, a word may have several distinct meanings; several meanings connected with one another; several meanings which need one another to complete their meaning; or several meanings which unite together so that the word means one relation or one process.[6]

We can raise the stakes even higher, in this regard, by imagining (a) the liberation that Arabic could consequently provide from what Stuart Chase once called «the tyranny of words»[7] and (b) the complex ramifications it could put at the disposal of either an Empson trying to make sense out of such second order discussions as «the ambiguity of ambiguity»[8] or of a celebrated critic like I.A. Richards attempting to figure out «the meaning of meaning».[9] So, all lovers of Akira Kurosawa's classic movie *Rashômon* (1950), should not only admire Arabic for its inherent auratic

Rashômon-like qualities, but should also esteem it as the natural medium of «magical realism» and the suspension of all realist norms.

(3) Part of the problem of «living in Arabic», according to Raban, is that «every word is potentially a talisman, conjuring the ghosts of the entire family of words from which it comes»; while on the other hand, part of the glory of «living in Arabic», according to Ahmed, is that every word becomes an empty auratic receptacle for meanings. Raban, for his part, proceeds to explain this «peculiarity» of the language by looking up the Arabic word for child (*tifl*) in Hans Wehr's famous dictionary – «the treasure-house of Arabic roots» – and then reporting on what he found there in the following manner:

> The word is *tifl*, and it derives from the root *tfl*, meaning: to intrude, obtrude, impose (upon); to sponge, live at other people's expense; to arrive uninvited or at an inconvenient time, disturb, intrude; to be obtrusive. The linguistic family includes the word for softness, potter's clay, parasites, sycophants, initial stages and dawn. No richer or more sceptical definition of childhood has, as far as I know, ever been made.[10]

Now, the intrigue should multiply greatly the moment we remember that it took the deconstructive skills of a Jacques Derrida to concentrate our attention on the talisman word *pharmakon* in Plato's *Phaedrus* and to conjure the ghosts of the entire family of words attendant on it. In other words, the verbal conjuring that seems to come so naturally and spontaneously to Arabic seems to require the Herculean intellectual efforts of a Derrida to accomplish in French and Greek. And apropos of all these ghosts and their conjural, it behooves us not to forget, here, Derrida's equally celebrated interest in «specters» and the «spectral».[11]

In his famous essay «Plato's Pharmacy»[12], Derrida also conjures the ghosts of the entire family of words related to *pharmakon* such as: remedy, recipe, poison, drug, cure, harm, medicine, filter, pharmacy, *pharmakeus*, sorcerer, magician, wizard, poisoner, scapegoat etc., bringing into play many other related contexts as well, like medicine, politics, farming, law, festivity, sexuality, family relations and, of course, his favourite activity, writing. May one, therefore, conclude, à la Raban, that «no richer or more sceptical definition of ‹pharmacology› has ever been made» in any language?

Now, on a Derridean reading, Arabic, as presented by Raban, Ruthven and Ahmed, for example, would be the postmodern language par excellence and the language of postmodernism also par excellence, for Arabic would:

a. be intertextual through and through, an intertextuality that leaks on all sides to boot,
b. provide interpretative freedoms hitherto undreamt of under the grim repressive logocentric regimes of conceptual clarity, distinct meanings and literal truths,
c. form the finest natural example of the rhetorics of free play coupled with an amazing capacity for limitless interpretative licence, uncontrolled semantic slippage, unending textual vandalism and constantly deferred meanings (and unmeanings),
d. present the best simultaneous carrier of ambiguities, ambivalences, limitless ramifications of sense, complimentary and antithetical meanings, infinite signifying chains, indefinite play of semantic substitutions etc. that work to defy the most concerted tidy-minded attempts to sort these things out and to baffle the most rigorous protocols of reading,
e. be all charisma and no routine and
f. seem to act like the natural destabilizer of Derrida's *bête noire*: the «Western metaphysics of presence».

Let me move on to say something about another engagement that I had with Orientalism, but an Orientalism of a different kind.

A few months after September 11, I attended a prestigious conference at the India International Centre in New Delhi, dealing with India's relationships with the Middle East. Under the direction and chairmanship of the high politician, parliamentarian and scholar Dr. Singh, the Indian colleagues at the conference worked hard at pushing a certain agenda. They wanted to abolish the whole concept of the Middle East with all its attendant baggage, implications and applications on account of its colonialist origins, Orientalistic overtones and glaring Eurocentrist reference point.

But, then, to my dismay and shock, they proposed instead the concept of «West Asia» as the «proper» and appropriate designation for my part of the world, the Arab Middle East, on account of its supposedly greater authenticity, accuracy, adequacy and superiority in comparison with the conventional «Middle East». I immediately shot back arguing: If I have to make a choice, by way of self-description and/or self-account, between your natural vision of us as «West Asia» and Europe's natural vision of us as the «Middle East», I will not hesitate for a moment in opting for the second designation and for excellent reasons at that.

I explained to the conference:

First, that out of these two inherently biased and tendentious ways of looking at and naming us, «the Middle East» has the advantage of wide currency, the privilege of long-standing usage and the prestige of emanating from and referring to the centre of the Modern world, i.e. Europe.

Second, that «West Asia» jarringly violates the fundamental way in which we see ourselves as «Middle Eastern» Arabs by cutting off us from Egypt – which is in Africa. In contrast, no Orientalist view, no Eurocentric definition, no colonial conception of the «Middle East» has ever separated Egypt from the rest of the Arab *Mashreq*, i.e. from the Eastern wing of the Arab World, as we often refer to ourselves as well. I insisted also that «West Asia» simply filters out another basic image of ourselves as part and parcel of the Arab World, since it seems to relegate the entire of North Africa to some other realm or world.

Third, that «West Asia», unlike the «Middle East», simply robs us from the Mediterranean dimension of our existence, history and self-conception, a dimension permanently bound to and continuously entangled with the other side of our lake, i.e. the European shore of the Mediterranean. Here, I had to martial all my arguments. I said, think of Alexander the Great, Rome, Hannibal, Christianity going to Europe, Islam extending itself to Spain and beyond, the Crusades, the Ottomans in Europe, modern European colonialism and so on. Think of the fact that these two sides of the Mediterranean share the Judeo-Christian-Muslim tradition, the Greco-Roman heritage, Islam descending on Byzantium and a culturally Hellenized Christian Middle East, Hellenism underlying the scholastic reason of Judaism, Eastern Christianity, Western Christianity and Islam and their sharing of Plato, Aristotle, Plotinus, Adam, Eve, Abraham and Moses.

I concluded by insisting that this kind of transcultural, translinguistic and transcontinental historical dialectic can in no way sit well with such a meagre concept as «West Asia», so I would rather stick with the «Middle East» in spite of its obvious flaws and well-known shortcomings.

I must confess, as well, that this intervention irritated my Indian hosts and colleagues – especially on the first day – for busting the conference agenda so soon. The mood improved later on, but I could not avoid developing the strong suspicion that they wanted so eagerly to call us «West Asia» because they imported most of their oil from what to them is actually West Asia.

Let me cross another kind of border, this time to say something about Occidentalism. Finally, I would like to bring out a certain political aspect of Said's *Orientalism* that I do not think has received adequate attention so far.

Said – both as loyal American and committed Palestinian – was deeply disturbed by and very concerned over what I shall call the paradox of American policy in the Arab Middle East in general and vis-à-vis the Palestinians in particular. For, while, on the one hand, all of America's vital interests and oil investments sit in the Arab World, its strategies and policies have on the whole favoured Israel and unconditionally supported its expansionist aims, on the other, all at the expense of the Arabs and to the extreme detriment of the Palestinians.

Since the birth of the state of Israel, this paradox has been the source of acute embarrassment (and even threat) to the Arab regimes allied with the United States during the Cold War. They all needed an «explanation» as to why America seemed incapable of producing policies commensurate with its vital interests in the area, on the one hand, and that also measured up to the minimum expectations of its closest Arab friends and strategic allies there, on the other.

Occidentalism

The concept of Occidentalism entered intellectual and academic circulation relatively recently, unlike its famous original counterpart – Orientalism. In its simplest and most innocent sense, Occidentalism would mean something like this: an academic discipline whose purpose is the systematic study and scientific understanding of the West, i.e. of the Occident, by ourselves. Pretty much the way the West had systematically studied us through its discipline of Orientalism. Is this viable at all? Is it sound? And more importantly, is not this kind of thinking about the subject really a confirmation on our part of the original science of «Orientalism» by imitation and emulation? Is it not, in the final analysis, a consecration on our part also (i.e. we the harsh critics and denouncers of the original Orientalism), a consecration of our old friend «ontological

Orientalism» with its essentialist division of the world into East versus West, Orient versus Occident, with the implication again that the twain shall never meet? This is where most of the trouble lies.

Hasan Hanafi's long-winded, verbose and rambling book *Introduction to the Science of Occidentalism* is a call on the Arabs in general and the Arab intelligentsia in particular to rise to the pressing challenge of establishing a science of *Istighrab* (i.e. Occidentalism) for the purpose of systematically studying and scientifically understanding the West, pretty much the way the West had studied us through its science of *Istishraq* (i.e. Orientalism). Hanafi's *Istighrab* is itself a strange and awkward word for naming a new scholarly discipline, considering its current usages, meanings and connotations in Arabic.

I certainly did not expect Hanafi's call to lead to any tangible results, nor did it escape my attention that if this projected science of Occidentalism is to amount to anything at all, then it will have to seriously conform to international standards of scholarship, research, criticism, review and argument that are in their turn almost wholly of modern Western origin and provenance. This surely would be not only enough to impeach the authenticity of such a science in the eyes of the many in the Arab and Muslim worlds that Hanafi is trying to reassure and uplift, but also enough to accuse Hanafi himself – by Islamists, for example – of conspiring with the enemy to produce such an un-Islamic science as Occidentalism.

Not that I have a better name for Hanafi's projected science. Let me add here that Hanafi's call comes with typical salvific urgency and airs to the effect that without such a science the Arabs and Muslims will never fare well in the contemporary world.

And surely enough, his introduction to the science of Occidentalism is so overloaded with modern Occidental wisdom, learning, philosophizing, teachings, and approaches that one wonders what is so particularly Eastern or Islamic about it. Among its massive inclusions are: an almost scholastic summa of the history of modern European philosophy, the affirmation of a naïve Hegelianism where the World *Geist* is about to return East after having completed its classical journey from East to West and a wholesale uncritical adoption of the West's well-known modern critiques of its own modernity with particular emphasis on the European counter-Enlightenment types of critiques (Herder, Sombart, Spengler, Heidegger, T.S. Eliot, Toynbee, Foucault), but at the same time, without neglecting to borrow profusely from such works as Martin Bernal's *Black*

Athena.[13] Furthermore, the heavy influence of Paul Hazard's *La Crise de la Conscience Européenne: 1680 1715* is unmistakable.

And surely enough, Hanafi was publicly accused of heresy, apostasy and *Kufr* in 1997, by none other than his fundamentalist friends at Al-Azhar University – this in spite of his long-sustained efforts to play to the Islamist gallery in Egypt and beyond. Sadly enough, Hanafi failed to mount any vigorous and/or principled and/or honourable defences of himself. The resulting disappointment led Gaber Asfour, one of Egypt's most prominent literary critics and public intellectuals, to openly castigate him for the shabbiness of his stand, the incoherence of his reply and the defensiveness and hypocrisy of his apology, especially when compared with the strong position taken earlier by Nasr Hamid Abu Zayd, who had to deal with equally serious threats, charges and accusations (including the annulment of his marriage) after the publication of his by now famous book *Critique of Religious Discourse*.[14] The same accusations resurfaced again in September 2006.

In the end, Hanafi's call for a science of Occidentalism: (a) amounts to a reaffirmation by means of an emulation of the much-denounced and much-despised original Western science of Orientalism; (b) emanates from a politics of resentment and a barely camouflaged sense of inferiority where Occidentalism is supposed to do to the West what Orientalism had already done to us, Easterners; (c) confirms all over again the much-derided and disparaged «essentialism» of the original Orientalist project by reifying (and at times even fetishizing) a new «Orient» and «Occident» to the point of characterizing his projected science of Occidentalism «as not a history of facts but a description of essences», essences that necessarily issue in a «struggle of civilizations», according to his account; (d) gives up completely on the possibility of historically ever transcending this whole Orientalism/Occidentalism *problematique* in the direction of a higher synthesis based on our common human concerns and shared scientific and scholarly interests (i.e. a scholarly horizon beyond both Orientalism and Occidentalism).

There is also that other meaning of Occidentalism that comes through the recent book of Ian Buruma and Avishai Margalit bearing the title of *Occidentalism: The West in the Eyes of Its Enemies*.[15]

Here, Occidentalism comes to refer to a specific kind of discourse (followed by violent actions), emanating from the Arab and Muslim worlds whose main purpose is to disintegrate, denounce and condemn the West in every conceivable way. In their more sophisticated version, these discourses consciously model themselves on what is supposed to be the Orientalist original and mean to retaliate by paying back the West and its Orientalism in kind. But its productions, in my view, never rise to the level of a lofty parody, a captivating satire or a truly funny take off, except perhaps in the literary works of Salman Rushdie.

A good example of the practice of this kind of retaliatory Occidentalism is already to be found in Adonis's «Manifesto of Modernity (or Modernism)» of 1980[16], where, for example, the old doctrine of Ernest Renan about the imitative character of the Semitic mind versus the creative nature of the Western and/or European mind is turned around to affirm that the essence of the Western mind is technicism while the Eastern mind is by its very nature creative. Adonis proceeds to explain that technicism is no more than «application, reproduction, the transformation of an already present raw material, the imitation of a pre-given model or plan», while the *Ibda'* of the Eastern mind is «creation out of nothing, an emanation without pre-givens, an eruption without pre-existing models.» He, then, appropriates Edward Said's evocative phrase to the effect that «the West Orientalized the Orient» and inverts it to conclude that whenever the West acts creatively, it Orientalizes itself, i.e. when it succeeds in transcending its technicism by engaging in real *Ibda'*, it Easternizes.

For Adonis, the West is: technique, reason, system, order, method, symmetry and such, while the East is: prophetic, visionary, magical, miraculous, infinite, inner, transcendent, fanciful, ecstatic and so on. In other terms – and here I am using Adonis's words – the East is an originary kind of nebular chaos out of which the derivative Western cosmos emerged. But, the technologically superior West is not satisfied at present with mere rebellion against the creative East out of which it came, but is out to kill the father *tout court*.

My third point is then there is that vulgar, barbarous and spiteful Talibanish variety of Occidentalism, which insists that: what you, the West and your local stooges call our backwardness is our authenticity; what you term our primitivism is our identity; what you denounce as our brutality is our sacred tradition; what you describe as our superstitions is our holy religion; and what you despise as our illiteracy is our ancient custom, and we are going to insist on their superiority to all that you have to offer, no matter what you say and no matter what you do. Taliban doctrine and practice are the best illustration of this form of Occidentalism.

Shukri Mustafa, the leader and chief theologian of the «Excommunication and Migration» Jihadi Islamist organization in Egypt was an ardent defender and propagator of this kind of Talibanish Occidentalism. He glorified illiteracy and innumeracy in the true Muslim community as part of the religious ideal of the *imitatio* of Muhammad himself. Challenging almost everyone else he asked:

> Was it really possible for the Prophet Muhammad and his companions – the hermits of the night and the knights of the day, in God's service – to be also physicists, mathematicians, pioneers of space exploration and makers of modern civilization?! For thirteen years in Mecca, Allah's Prophet taught the Muslims Islam and nothing but Islam, neither astronomy, nor mathematics, nor physics, nor philosophy; where are those imposters who claim that Islam cannot be established unless it becomes a pupil of the European sciences?[17]

Although Buruma and Margalit declare in their book that Islamism is the main source of the worst manifestations of Occidentalism in our time, they proceed to demonstrate the fact that the original springs of all forms of Occidentalism everywhere are in the Occident itself.[18] This is why we find the more glib, ethereal and tricky affirmations and defences of the Talibanish version of Occidentalism in the work of a thinker and author like Jean Baudrillard, particularly his essay about the September 11, 2001, New York attacks: «The Spirit of Terrorism».[19] Here is an example of what I would call his highly refined form of Talibanish Occidentalism:

> This is the case, again, with Afghanistan. That, on a particular territory, all «democratic» freedoms and licence (music, television – even women's faces) can be prohibited, and that a country can stand out totally against what we call civilization (whatever the religious principle invoked) – these things are unbearable to the rest of the «free» world. It is unacceptable for modernity to be rejected in its universal pretensions.

The lure of this kind of Occidentalism seems to emanate from what Baudrillard praises as: «refractory zones of the world», its «uncolonized and untamed wild spaces, its sacrificial cultures, its sacralized societies, its high intensity communities» and so on.

Actually, Baudrillard goes so far in his super-attenuated Occidentalism as to call the victims of the Twin Towers in New York «the people of an employment contract» while celebrating the suicide attackers as the people of a «pact and a sacrificial obligation», and unlike the contract, the sacrificial obligation is «immune to any defection or corruption». According to him, the «miracle» (of the «sacrificial band») is to:

> Have adapted to the global network and technical protocols, without losing anything of this complicity «unto death». Unlike the contract, the pact does not bind individuals – even their «suicide» is not individual heroism, it is a collective sacrificial act sealed by an ideal demand.

But this is not the end of the story. Baudrillard's September 11 sacrificial band turns even Hegel's master-slave dialectic around or upside down, if you wish, for according to him:

> ... Seen in that light, this is almost an overturning of the dialectic of domination, a paradoxical inversion of the master-slave relationship. In the past, the master was the one who was exposed to death, and could gamble with it. The slave was the one deprived of death and destiny, the one doomed to survival and labor. How do things stand today? We, the powerful, sheltered now from death and overprotected on all sides, occupy exactly the position of the slave; whereas those whose deaths are at their own disposal, and who do not have survival as their exclusive aim, are the ones who today symbolically occupy the position of master.

How do you find this logic or even ontology: by doing something like 9/11, we become the master and the West becomes the slave or servant. The real masters have far more lethal weapons than that.

It is interesting to note as well that Michael Hardt and Antonio Negri speak in their internationally successful book *Empire*[20] of «a new nomad horde», «a new race of barbarians that will arise», a «new positive barbarism», and then proceed to celebrate at the end of their book the postmodern «nomadic revolutionary» of today – i.e. the jihadist of Al-Qaeda. At this point, I am certainly tempted to see in all a sort of a European intellectual nostalgia dreaming of substituting Nietzsche's exhausted «blond beast» with a new and more forceful «brown beast».

As a last point, I should not miss here a mention of that benign and popular variety of Occidentalism which helps to reinforce shaken identities, promote some self-assertion, improve self-esteem, restore wounded *amour propre* and advance a sense of empowerment after the model of «black is beautiful», *«vive la difference»* (may be spelled with an «a» also, à la Derrida, to indicate the simultaneous deferral of that «difference» which may never make a difference, after all), «communalism is organic», «identity politics authentic», «multiculturalism liberating» and so on.

Salman Rushdie excelled in the use of this sort of Occidentalism, particularly in his super novel, *The Satanic Verses*. This is what he had to say about it all in his *Newsweek* article «In Good Faith: A Pen Against the Sword»: he called it turning insults into strengths.

> I must have known, my accusers say, that my use of the old devil-name «Mahound», a European demonization of «Muhammad», would cause offence. In fact, this is an instance in which de-contextualization has created a complete reversal of meaning. A part of the relevant context is on page 93 of the novel. «To turn insults into strengths, whigs, tories, blacks all chose to wear with pride the names they were given in scorn; likewise, our mountain-climbing, prophet-motivated solitary is to be the medieval baby-frightener, the Devil's synonym: ‹Mahound›.» Central to the purposes of «Satanic Verses» is the process of reclaiming language from one's opponents. Trotsky was Trotsky's jailer's name. By taking it for his own, he symbolically conquered his captor and set himself free. Something of the same spirit lay behind my use of the name «Mahound».[21]

Finally, let me say something about how contemporary Islamist thought absorbs and uses the Western origins and expressions of this kind of Occidentalism. Actually, for a while now, the gaze of the more sophisticated Islamist theoreticians has been set on certain contemporary avant-gardist Western concepts and modes of thought that they find eminently useful for stating, defending and justifying their positions. For example, according to these theoreticians, Islam needs a clean «epistemological break» with the West to fulfil its *Asla* (authenticity). Islam is a self-contained universe of discourse which created its own peculiar and original space, time, history, scientific paradigms, cultural epistemes, civilisational problematique and so on. Above all, we are told that this authentic Islamic self-enclosed and self-referring universe of discourse is incommensurable with any other, à la Thomas Kuhn, especially with the equally self-enclosed Western universe of discourse and its creations and contents.

These Islamist apologists draw, sometimes explicitly and often implicitly, the expected and familiar European conclusions: The death of man as a universal category, in favour of the primacy of Muslim Man versus Western Man versus Oriental Man and so on. The death of the subject as the maker of a shared human history in favour of an objectified, reified Islam making its own private historicality. The death of the idea of progress as a major component of that history in favour of decline and eternal return. The death of the idea of objective knowledge transcending the confines of incommensurable epistemes and incommensurable discourses in favour of the cultural subjectivity of all knowledges. The death of the idea of scientific truth, universally binding in its fallibility and corrigibility, in favour of the relativity and particularity of all held emotionally cherished truths. Here, I would like to quote Michel Foucault.

> Each society has its regime of truth, its «general politics» of truth, that is, the types of discourse which it accepts and makes function as true the mechanisms and instances which enable one to distinguish true and false statements, the means by which each is sanctioned; the techniques and procedures accorded value in the acquisition of truth; the status of those who are charged with saying what counts as true.

In the Arab world, for example, every Ministry of Information, and every Islamist faction and fraction has its own Foucauldian regime of truth and its own Foucauldian rules and regulations for determining what constitutes truth and what constitutes falsehood. According to each one of these Arab-Muslim truth regimes, some things are simply not permitted to be true and some things are simply not permitted to be false. The upshot of the matter is that all our Arab and/or Muslim Ministers of Truth and Information turn out to be Foucauldians in theory and practice without knowing it.

Next to Foucault, Martin Heidegger is the philosopher of choice for the more sophisticated Islamist theoreticians. Their concept of a unique Islamic *Asala* or authenticity, waiting to be asserted, behind a veil of factic illusory appearances, is wholly appropriated from Heidegger, the philosopher of German authenticity *par excellence*. Their condemnation and denunciation of the twentieth century as an utter «*jahiliyyah*» is straight Heidegger as well.

Jahiliyyah is the Arab-Muslim term for the age of darkness, ignorance and idolatry in pre-Islamic Arabia. It is employed by Islamists of all sorts (a) to declare the whole of the twentieth century as an age of ignorance and idolatry, where man has transcended all proper bounds and due limits, usurped God's place and attributed to himself sovereignty, power and historical efficacy and (b) to condemn history as continuing and irresistible decline from the original prophetic age of Divine Revelation, i.e. a progressive descent into darkness, barrenness, and incomprehension from the heights of the age of a Revelation solely responsible for forging a unique social existence and for making a singular human reality. It should need no emphasis that this Islamist concept of the *jahiliyyah* of the twentieth century is no different from either Martin Heidegger's celebrated condemnation of the same century in language reminiscent of T.S. Eliot's «The Waste Land» or from Heidegger's equally famous conception of Western history and philosophy as a continuing decline from that golden age where the «Being of beings» revealed itself to the pre-Socratics, making them heroic and truly great. Then a decline sets in leading straight into the utter *jahiliyyah* of the twentieth century where man totally forgot and completely lost the original creative moment of revelation and outstepped all bounds and limits by asserting his autonomy and illegitimately enthroning himself as the master and possessor of both nature and history. When the gazes of these two sides stare at the contemporary world, they see, interestingly enough, eye to eye, i.e. they see Hegel's *Phenomenology of Spirit* reversed, and thus, slide from subject to substance in lieu of unfolding from substance to subject, as if Orpheus were to replace Faust for the modern world.

Notes

[1] Jonathan Raban, *Arabia through the Looking-Glass*, Fontana/Collins, Glasgow, 1980, p. 19.
[2] William Empson, *Seven Types of Ambiguity*, Penguin Books, London, 1995 (first published, 1930).
[3] Daryush Shayegan, *Cultural Schizophrenia: Islamic Societies Confronting the West*, Al-Saqi Books, London, 1992, p. 4.
[4] Malise Ruthven, *Islam in the World*, Oxford University Press, New York, 1984, p. 111.
[5] Leila Ahmed, *A Border Passage: From Cairo to America – A Woman's Journey*, Farrar, Straus and Giroux, New York, 1999, pp. 127–28.
[6] *Seven Types of Ambiguity*, p. 24.
[7] Stuart Chase, *The Tyranny of Words*, Harcourt, Brace and Company, 1938.
[8] Ibid.
[9] C.K. Ogden and I.A. Richards, *The Meaning of Meaning*, Routledge and Kegan Paul, London, 1956 (first published 1923).
[10] *Arabia Through the Looking-Glass*, pp. 18–19.
[11] See his *The Specter of Marx*.
[12] See Jacques Derrida, *Dissemination*, University of Chicago Press, 1972.
[13] Martin Bernal, *Black Athena: The Afro-Asiatic Roots of Classical Civilization*, Free Association Books, London, 1987.
[14] For Hanafi's reply see the Egyptian weekly magazine *Al-Musawwar*, May 16, 1997. For Asfour's critical assessment see *Al-Hayat* newspaper, July 7, 1997.
[15] Ian Buruma and Avishai Margalit, *Occidentalism: The West in the Eyes of Its Enemies*, Penguin Press, New York, 2004.

16 See Adonis's collection of essays published under the title *Fatiha li Nihayat al-Qarn*, Dar Al-Awda, Beirut, 1980, pp. 212–240. Adonis confuses on purpose the two senses of «modernity» in Arabic, (*Hadatha*), i.e. modernity in general and modernism as a literary movement of the twentieth century.
17 See my essay «Islamic Fundamentalism Reconsidered: A Critical Outline of Problems, Ideas and Approaches», *South Asia Bulletin: Comparative Studies of South Asia, Africa and the Middle East*, vol. 13, no. 1–2, 1993 and vol. 14, no. 1, 1994.
18 This point is also noted and discussed by the British author and critic Jonathan Raban in his book, *My Holy War: Dispatches from the Home Front*, New York Review of Books Inc., New York, 2006, pp. 36–39.
19 Jean Baudrillard, *The Spirit of Terrorism*, Verso, London, 2002.
20 Michael Hardt and Antonio Negri, *Empire*, Harvard University Press, Cambridge, 2001.
21 Salman Rushdie, «In Good Faith: A Pen Against the Sword», *Newsweek*, February 12, 1990.

Literature

ADONIS (ALI AHMAD SAID) (1980): *Fatiha li-Nihayat al-Qarn*. Beirut: Dar Al-Awda.

AHMED, LEILA (1999): *A Border Passage: From Cairo to America – A Woman's Journey*. New York: Farrar, Straus and Giroux.

AL-AZM, SADIK (1993): Islamic Fundamentalism Reconsidered: A Critical Outline of Problems, Ideas and Approaches. *South Asia Bulletin: Comparative Studies of South Asia, Africa and the Middle East*. 13 (1–2).

AL-AZM, SADIK (1994): Islamic Fundamentalism Reconsidered: A Critical Outline of Problems, Ideas and Approaches. *South Asia Bulletin: Comparative Studies of South Asia, Africa and the Middle East*. 14 (1).

ASFOUR, GABER (1997): *Al-Hayat*, July 7.

BAUDRILLARD, JEAN (2003): *The Spirit of Terrorism*. London: Verso.

BERNAL, MARTIN (1987): *Black Athena: The Afro-Asiatic Roots of Classical Civilization*. London: Free Association Books.

BURUMA, IAN AND MARGALIT, AVISHAI (2004): *Occidentalism: The West in the Eyes of Its Enemies*. New York: Penguin Press.

CHASE, STUART (1938): *The Tyranny of Words*. New York: Harcourt, Brace and Company.

DERRIDA, JACQUES (1981): *Dissemination*. Chicago: University Press.

DERRIDA, JACQUES (1984): *Specters of Marx*. London: Routledge.

EMPSON, WILLIAM (1995): *Seven Types of Ambiguity*. 3rd ed. London: Penguin Books.

HANAFI, HASAN (1997): *Al-Musawwar*, May 16.

HARDT, MICHAEL AND NEGRI, ANTONIO (2000): *Empire*. Cambridge, Mass.: Harvard University Press.

OGDEN, C.K. AND RICHARDS, I.A. (1923): *The Meaning of Meaning*. London: Kegan Paul.

RABAN, JONATHAN (1980): *Arabia through the Looking-Glass*. London: Fontana.

RABAN, JONATHAN (2006): *My Holy War: Dispatches from the Home Front*. New York: New York Review of Books.

RUSHDIE, SALMAN (1990): In Good Faith: A Pen Against the Sword. *Newsweek*, February 12.

RUTHVEN, MALISE (1984): *Islam in the World*. New York: Oxford University Press.

SHAYEGAN, DARYUSH (1992): *Cultural Schizophrenia: Islamic Societies Confronting the West*. London: Al-Saqi Books.

II Bedrohungen durch «das Fremde» und neue Grenzziehungen

Jean and John L. Comaroff

Nations with/out Borders
Neoliberalism and the Problem of Belonging in Africa, and Beyond

Anthropologists are fond of stories and riddles. The stranger, the more puzzling, the better. So let us first pose a riddle, then tell a story.

The riddle: What might the Nuer, a remote Nilotic people in the Southern Sudan, have to do with Carl Schmitt, the noted German philosopher, notorious apologist for Nazism, and, of late, one of the most quoted social theorists in the English-speaking world? For their part, the Nuer are famous among anthropologists, not least because in the 1940s, they were held to pose an epistemic challenge to received Western political theory (Fortes and Evans-Pritchard 1940, p. 4). This was largely owed to the fact that they had a political system without government. According to Evans-Pritchard (1940a, 1940b), their storied ethnographer, they lived in «ordered anarchy»: a state-of-being without a state to rule over them. In this respect, they were the archetype of so-called acephalous African political systems – systems that were later to be evoked, by Michael Barkun (1968) and others, in efforts to account for the segmentary oppositions on which the fragile coherence of the cold-war world system sustained itself. *Contra* Hobbes, order here did not congeal in offices or institutions, in courts or constabularies, in finite territories or fixed geographical borders. It inhered, rather, in a *virtual* logic of action encoded in the idiom of kinship: in an immanent socio-logic of fission and fusion, of relative social distance, that brought people together or forced them apart in situations of conflict. Thus, if a homicide occurred within the «tribe», it was dealt with by established means of self-help and retribution; if they occurred beyond its margins, what followed was warfare between polities. Practically speaking, though, those boundaries between inside and out were renegotiated, dialectically – they were objectified and made real – in the process of dealing with the very transgressions that breached them. The Nuer polity, in sum, was a field of potential action, conjured by the need to distinguish between allies and antagonists, law and war.

This is where Carl Schmitt comes in. In the *Concept of the Political* (1996), Schmitt portrays politics, Nuer-like, as a pragmatic matter of the will to make life-or-death distinctions between friend and enemy. In other words, as a matter of making order by drawing lines. Of inscribing the political in collective identities, at once physical and metaphysical, carved as much out of the logic of who we are *not* as who we are; indeed, of entailing the one in the other and both in the sublime act of arriving at unequivocal oppositions when they count. Like those, for example, of radically different theologico-civilizations caught up in an apocalyptic clash between the good and the bad in the ugly days after 9/11 – days in which the planet was terrified by uncertainty because it was so uncertain about terror, specifically, by the capacity of violence without sovereign signature to ambiguate formerly clear axes of global geopolitics; days in which US came to spell not just the United States but «us». As Nuer might have put it, in an orderly world, a world of absolutes, everything is relative since all things are relatives. Except those who are not, who fall beyond the law, beyond the ethical margin, and who, therefore, are to be excised, outlawed, or, *in extremis*, unsacrificially disposed of (cf. Agamben 1998). Order, in short, is wrought from disorder, political existence from anarchy, by virtue of drawing the line. It is at that line that the riddle is resolved: that line where the Nuer and Schmitt meet, there to agree on the inscription of the normative in a grammar of difference, made manifest by enacting boundaries at once existential, ethical, and legal – and, as we shall see, immanently violent.

1 The Fire, Last Time

So much for the riddle, to which we shall return. Now for the story. It is about a fire, about aliens, about a nation-in-the-making, and about its borders, both internal and external. It is also about a world in which borders, *sui generis*, are becoming ever more enigmatic, ever more troublesome. We have recounted this story before but think it worth revisiting in light of recent global events. It raises a host of questions: What might natural disasters tell us about the architecture of twenty-first century nation-states? How might the sudden flash of catastrophe illuminate the meaning of borders and the politics of belonging? And to what extent are those two things, borders and belonging, morphing – along with the substance of citizenship, sovereignty, and national integrity – in this, the neoliberal age, an age frequently associated with states of emergency? These questions have a number of deeper historical implications hidden in them. But we are running ahead of ourselves. Let us title our tale ...

Apocalypse, African Style

The millennium passed in South Africa without incident – this despite public fears, before the event, of murderous violence and mass destruction. Then, two weeks later, Cape Town caught fire. On a hot, dry Saturday, the veld flared up in a number of places across the greater metropolitan area. High winds carried walls of flame up its mountain spine, threatening historic homes and squatter settlements alike. As those in its path were evacuated, the TV projected disjunctive images of civic cooperation: of the poor helping each other their carry paltry possessions from doomed shacks; of the wealthy, having dropped their silverware into their swimming pools, lining up to pass water buckets to those dousing the flames.[1] As the bush continued to burn, helicopters dumped ton after ton of water on it. Round-the-clock reports told horrific tales of beasts grilled alive, of churches incinerated, of vineyards razed. The city sweltered beneath a blanket of smoke as ash rained down on its boulevards and beaches.

In total, 9,000 hectares burned. The mountains smoldered sullenly for weeks. So did the tempers of the populace. Blame flew in many directions, none of them politically random. Fire is endemic to the region. But, being of calamitous proportions, this one raised fears about the very survival of the natural kingdom at the Cape. Its livid scars evoked elemental anxieties, saturating public discourse as it called forth an almost obsessive desire to construe it as an apocalyptic omen, an indictment, a call to arms. The divinations that ensued – in the streets, the media, the halls of government – laid bear the complex *social* ecology whence the conflagration itself had sprung, casting a sharp light on the state of a nation then barely six years old.

Apocalypse, of course, eventually dissolves into history. Therein, to borrow Mike Davis's (1995) phrase, lies the «dialectic of ordinary disaster». Thus, while early discussion of the fire was wild and contested, it reduced, in time, to a dominant interpretation, one that, while not universal, drew enough consensus to authorize strong state action and broad civic collaboration. Here, clearly, was an «ideology-in-the-making». As such, it played upon an implicit landscape of affect and anxiety, inclusion and intrusion, prosperity and loss. Via a clutch of charged references, it linked the fire to other public concerns – concerns about being-and-identity, about organic society and common humanity, about boundaries and their violation – at the heart of contemporary nationhood. But its efficacy in this respect rested, first, on producing a plausible explanation for the extent of the blaze.

Initially, cigarette ends and cooking fires were held responsible. But this soon gave way to talk of arson pointing, specifically, to a campaign of urban terror attributed to Muslim fundamentalism that had gripped the Cape long before 9/11.[2] Then the discourse abruptly changed direction, alighting on an etiology that took hold with unusual force: whatever sparked it, the catastrophic scale of the fire was blamed on alien plants, plants that burn more readily and fiercely than does native vegetation. Outrage against those plants grew quickly. Landowners who had allowed them to spread were denounced for putting the population, and its «natural heritage», at risk.[3]

Note: «natural heritage». Heritage has become a construct to conjure with as global markets and mass migration erode the distinctive wealth of nations, forcing them to redefine their sense of patrimony – and its material worth. A past mayor of Cape Town, for example, was wont to describe Table Mountain as a «national asset» whose value is «measured by every visitor it attracts».[4] Not coincidentally, South Africa was then engaged in a bid to have the Cape Peninsula declared a World Heritage Site in recognition of its unparalleled biodiversity. This heritage is embodied, above all, in *fynbos* (Afrikaans, «fine bush»).[5] These small-leaved evergreens that cover the mountainous uplands and coastal forelands of the region have come to epitomize its organic integrity and its fragile, wealth-producing beauties. And, as they have, local people have voiced ever more anxiety that their riches are endangered by alien vegetation, whose colonizing effect is to reduce it to «impenetrable monotony» (Hall 1979, p. 134). Ours, to be sure, is an age in which value and profit reside, perhaps more than anything else, in the creation of variety, difference, distinctiveness.

The blaze brought this to a head. «Wake Up Cape Town», screamed a newspaper headline set against the image of a loan red fire lily poking, phoenix-like, from a bed of ashes. Efforts by botanists to cool the hysteria – to insist that fire in *fynbos* is not abnormal – had no effect. A cartoonist, casting his ironic eye on the mood of millennial anxiety, drew a flying saucer above Cape Town. Peering down on the city as it sinks into a globally-warmed sea, its mountain covered by foreign flora, a diminutive space traveler exclaims «Glork plik zoot urgle». Translation: «They seem to have a problem with aliens».[6]

The satirist touched a raw nerve: the obsession with alien plants gestured toward a scarcely submerged sense of civic terror and moral panic. Significantly, when the fire was followed two weeks later by floods to the north, another headline asked: «First fires, now floods – next frogs?»[7] By then, it was not surprising to read that vast forests of alien trees, owned by logging corporations, were held to have «caused all the trouble».[8]

What exactly was at stake in this mass-mediated chain of consciousness, this litany of alien-nature? What does it tell us about perceived threats to the nation and its patrimony? To the conception of social cohesion, ethical citizenship, and shared humanity at its core? Observers elsewhere have noted that an impassioned sense of autochthony, of birthright – to which alienness is the negative counterpoint – has edged aside other images of belonging at the end of the twentieth century; also, that a fetishism of origins seems to be growing up the world over in opposition to the effects of neoliberal *laissez-faire*.[9] But why? Why, at this juncture in the history of the modernist polity have boundaries and their transgression become so incendiary an issue? Could it be that the public anxiety here over invasive plant species speaks to an existential conundrum presently making itself felt at the very heart of nationhood everywhere? In what *does* national integrity consist, what might polity and society *mean*, what moral and material entitlements might it entail, at a time when global capitalism appears almost everywhere to be dissolving sovereign borders, almost everywhere to be displacing politics-as-usual?

In order to address these questions – in order to make sense both of our narrative of catastrophe and of the more general matter of why it is that aliens of all kinds have become such a widespread preoccupation – we must take a brief detour into the interiors of the late modernist nation-state.

2   The Nation-State in Perspective, Retrospectively

Euro-nations – as Benedict Anderson (1983) has emphasized – were founded on the fiction of cultural homogeneity: on an imagined, often violently effected sense of fraternity. Much has been said about that imagining: that Euro-nationhood was always more diverse than its historiography allows, always a work-in-progress. But that is another story. Since the late twentieth century, those polities have had increasingly to come to terms with difference. Historical circumstance has pushed them, often unwillingly, toward ever greater heterodoxy. Hence the growing concern, scholarly and lay alike, with citizenship, sovereignty, multiculturalism, minority rights, and the limits of liberalism. Hence, too, the xenophobia that haunts contemporary nationhood almost everywhere. Of this, more later.

The move toward heterodoxy is itself part of a more embracing world-historical process, one in which 1989 figures centrally. That year, symbolically if not substantively, heralded the *political* coming of age, across the planet, of neoliberal capitalism. While its economic roots lie much deeper, this, retrospectively, is typically taken to have been the juncture at which the old international order gave way to a more fluid, market-driven, electronically articulated universe: a universe in which *supra*national institutions burgeon; in which space and time are recalibrated; in which geography is rewritten in four dimensions; in which a new global jurisprudence displaces its internationalist predecessor, overlaying the sovereignty of national legal systems; in which transnational identities, diasporic connections, and the mobility of human populations transgress old frontiers; in which «society» is declared dead, to be replaced by «the network» and «the community» as dominant metaphors of social connectedness; in which governance is reduced to a promiscuous combination of service delivery, security provision, and the fiduciary; in which liberty is distilled to its postmodern essence, the right to choose identities, subjectivities, commodities, sexualities, localities, and almost everything else. A universe, also, in which older institutional and instrumental forms of power – refigured, now, primarily as *bio*power – depart most states as never before, dispersing themselves everywhere and anywhere and nowhere tangible at all: into transnational corporations and NGOs, into shadowy, privatized parastatal cabals, into syndicated crime and organized religion, and into unholy fusions of all of these things.

In the upshot, the state, an entity ever more polymorphous *and* amorphous, is held, increasingly, to be in constant crisis: its legitimacy is tested by debt, disease, poverty, and corruption; its executive control is perpetually pushed to the limit; and, most of all, its hyphen-nation – the articulation, that is, of state to nation, nation to state – is everywhere under challenge. This is especially so in postcolonial nation-states, whose ruling regimes often rely on theatrical means to produce state power, to conjure national unity, and to persuade citizens of the reality of both (Mbembe 1992; Worby 1998). They are not alone in this, of course. Resort to mass-mediated ritual excess – not least ritual orchestrated in the name of security – features prominently right now in the politics of state in many places.

This broad historical transformation – the move, that is, from an *imagined* homogeneity to the inescapable *realities* of heterodoxy – has any number of corollaries. For present purposes, we raise just three.

The *first* is the refiguration of the modernist subject-citizen. One corollary of the changing face of nationhood, of its growing diversity, has been an explosion of identity politics. Not just of ethnic and cultural politics, but also of the politics of, among other things, gender, sexuality, age, race, religiosity, and style. While most human beings still live as citizens *in* nation-states, they tend only to be conditionally citizens *of* nation-states, which, in turn, puts ever more stress on their hyphen-nation. The more diverse nation-states become, the higher the level of abstraction at which «the nation-state» exists, the direr appear threats against it. And, at least for those affectively attached to it, the more urgent becomes the need to divine and negate whatever endangers it. States, notes David Harvey (1990, p. 108), have always had to sustain a definition of the *common*weal over and above sectarian concerns. One solution that has presented itself in the face of ever more assertive claims made against it in the name of identity is an appeal to the primacy of national autochthony: to the ineffable loyalties, the interests and affect, that flow from rootedness in *a place of birth* (above, pp. 6–7). Nor is this just a tactic, one that appeals to those in the business of government. It resonates with deeply felt populist fears – and with the proclivity of citizens of all stripes to deflect shared anxieties onto outsiders.

Autochthony is implicit in many forms of identity, of course; it also attaches to places within places, parts within wholes. But, as a *national* claim against aliens, its mobilization appears to be growing in direct proportion to the sundered hyphenation of the sovereign polity, to its popularly perceived porousness and impotence in the face of exogenous forces. Citizens *in* many contemporary states, whether or not they are primarily citizens *of* those states, seem able to re-imagine nationhood in such a way as to embrace the ineluctability of internal difference: «multiculturalism», «rainbow nation», and terms like them provide a ready argot of accommodation, even amidst political conflict. However, when it comes to the limits of that difference, autochthony constitutes an ultimate line, the *fons et origo* of fealty, affect, attachment. Whatever other identities the citizen-subject of the twenty-first century may bear, s/he is unavoidably either an autochthon or an alien. Nor only s/he – it, too. Nonhumans, also – flora, fauna, commodities, cultural practices – may be autochthons or aliens.

The *second* transformation of the modernist polity concerns the regulation of borders – and, hence, the limits of sovereignty. Much of the debate over the «crisis» of the nation-state hinges upon the contention that governments no longer control the mobility of currencies and commercial instruments, of labor and goods, of information, illegal substances, and unwanted aliens. What is more, goes the same argument, they tend to enjoy limited or no dominion over enclaved zones, the frontiers *within* their realms, under the sway of organized crime, religious movements, corporations, and the like; all of which has led many contemporary nation-states to resemble patchworks of sovereignties, laterally arranged in space, with tenuous corridors between them, surrounded by terrains of ungovernability (Comaroff and Comaroff 2006). National frontiers have always been more or less porous, of course. But technologies of space-time compression *do* appear to have effected a sea change in patterns and rates of global flow – of the concrete and the virtual, of humans, objects, signs, currencies, communications. Which is why so many states, most maybe, act as if they were constantly subject both to invasion from the outside and to the seeping away of what properly ought to remain within. South Africa, for instance, laments the pull of the market on its human capital[10] – while anguishing, xenophobically, over the inflow of migrants. And the global north, despite its so-called demographic winter, agonizes over the ubiquitous presence of racially marked, criminally inflected others of various provenance, not to mention the specter of a future Muslim Europe.

Our object, though, is not just to remark the heightened concern with borders and their transgression. It is also to observe that this concern is the product of a paradox. Under current global conditions, given the logic of the neoliberal capitalist economy, states find themselves in a double bind. In order to garner the value spun off by that economy, they require at once to open up their frontiers *and* to secure them: on one hand, to deregulate the movement of currencies, goods, people, and services, thus to facilitate the inflow of wealth; on the other, to establish enclaved zones of competitive advantage so as to attract transnational manufacture and media, investment, information technology, and the «right» kind of migrants – tourists, corporate personnel, NGOs, and the sorts of laborer who will work cheaply and tractably without the entitlements of citizenship. In this way, the nation-state is made, in aspiration if not always in reality, into a metamanagement enterprise: a business both in itself and in the business of attracting business. In sum, part franchise, part licensing authority. This in the interest of its «stakeholders» who desire simultaneously to be *global citizens* and yet also to be *corporate national subjects* with all the benefits that accrue to membership of a sovereign nation. The corollary is plain. The border is a double bind – *schismogenic*, to recall Gregory Bateson's (1972) term – because the commonweal appears to demand, but is threatened by, *both* openness and closure. No wonder the *angst*, the avid public debate in so many places, about what should or should not be allowed entry, what is or is not in the collective interest. And who ought to share it. Hence the arguments, also, between those who would globalize capital by erasing all barriers and those protective of the national patrimony.

The *third* salient feature of the predicament of the nation-state is the decentering of politics into other domains: into the law, religion, the media, the non-governmental sector, and, above all, economy.[11] The conventional argument goes like this: neoliberal capitalism, in its triumphal, global phase, appears to offer no alternative to *laissez-faire*; nothing else seems even thinkable. The primary question left to public policy is how to succeed materially in the «new» world order. Why? Because this order hides its ideological scaffolding in the dictates of the «free» market, of capital growth and the accumulation of wealth, in the exigencies of technology, in the imperatives of national security, in drawing sharp lines between friend and foe. Older axes of ideological commitment seem ever more anachronistic as public action tends to be articulated around urgent questions of the moment, often sparked by catastrophe, be it ecological, terrorist, or whatever. Each takes the limelight as it flares into public awareness, becomes «hot» for a while, and then burns down, its embers consigned to the recesses of collective consciousness – only to flame up again if kindled by contingent conditions or vocal coalitions. Or both.

Our evocation of the imagery of fire returns us to South Africa, but to a South Africa now situated, if all too summarily, in the contemporary history of capitalism, governance, and the nation-state: a history that implicates altered forms of citizenship, an obsession with boundaries, aliens and autochthony, and various displacements of the terms of modernist politics as we have come to know it.

3 Naturing the Nation

A Lesson from Fynbos

The full impact of the fire in January 2000 flowed from the capacity of the burning bush, of the flowers and flames, to signify: to signify charged political anxieties, many of them unnameable in everyday discourse; to signify the aspiration that, from the ashes, might arise a distinctly local, new South African sense of community, nationality, civil society. The question, patently, is how: How *did* those flowers and flames come to mean so much?

First, the flora. Flowers have long served as national emblems. The Giant Protea, which typifies *fynbos*, has been South Africa's for many years. It stands in a totemic relationship to the nation; a relationship, that is, of people to nature, place to species, in which latter enriches the former – so long as it is venerated and not wantonly consumed. But it is also a fetish, a natural displacement of emotively charged identities rooted in acts of ethno-racial exclusion.

It was not always so.

For a start, the use of *fynbos* for the indigenous plants of the southern Cape is recent. It was only at the end of the 1960s that the term, and the category to which it now refers, became established in either popular or botanical parlance.[12] This was precisely the time when international demand for local flora took off, and a national association was formed to market it; *fynbos* export is now a huge industry. It was also the point at which statesmen began to dub these flora a «natural asset» – and at which botanists first asserted that they were a fragile species worthy of conservation as a «unique biome type» (Kruger 1977). Not long before then, in 1953, an authority on the subject actually described *fynbos* as an *invader* that threatened the local grassveld (Acocks 1953, pp. 14,17). What is now said of aliens was being said, a half-century ago, of this «South Africa treasure», this passionately protected icon of national, natural rootedness.

But it is not just as fragile natural heritage that *fynbos* has captured the imagination of the South African public. It is also as a protagonist locked in mortal struggle with invasive aliens that threaten to take over its habitat and choke off its means of survival. A parenthetic note here: similar anxieties about plant invaders have manifested themselves in other Western nations as well – nations, tellingly, where human in-migration is a mass concern, in the USA for example, in Australia, where, ironically, South African flora are demonized (Wace 1988; Carr et al 1988), and also in Britain, where huge expanses of alien rhododendrons, once very popular, are to be removed at great cost from National Trust properties.

Time was when there was great enthusiasm for non-indigenous vegetation. In the high colonial age, British expatriate rulers encouraged the import of exotics for what seemed, at the time, like good, «modern» ecological reasons (Hall 1979). It took a long while for desirable imports to become «invasive aliens», «pests», «colonizers», even «green cancers».[13] It was only in the 1950s that the Botanical Society of South Africa started to promote awareness of the problem; only in the '60s that the first volunteers took to the veld to cut down the interlopers; only in the '70s that the Department of Nature and Environment Conservation at the Cape published its popular source-book, entitled, like a pornographic novel of science fiction, *Plant Invaders, Beautiful but Dangerous* (Stirton 1978); only in the 1980s that «hack groups» spread in upper middle class rural white areas. And it was only in the 1990s that aliens came to be held largely accountable for the fragility of Cape flora. This is abundantly clear from the way in which attitudes to fire in the *fynbos* has shifted over the past decade, culminating in the catastrophe of January 2000.

Playing with Fire

Which takes us to the matter of fire. As we have said, fires are endemic to the Cape. While the media usually speak of them as «devastating» (Fraser and McMahon 1988, p. 140), expert opinion acknowledges that the conservation of biodiversity actually depends on natural conflagration (van Rensberg 1986, p. 41). Such caveats, however, were muted in the debate that raged after the millennial blaze in Cape Town. Most salient to us here is the changing place accorded to aliens in this argument, and in the politics and the perceptions that informed it. In the past, foreign plants were only one of many factors held to produce fires of distinct kinds; in fact, an authoritative report on the topic published as late as 1979 does not even list them as a concern (see Kruger 1979). Neither, remember, did public blame in 2000 alight immediately upon them – although when it did, they became a burning preoccupation. Literally.

As we said earlier, not everybody held alien flora to account. One view attributed the inferno to global climatic change.[14] It was paid no heed. This was a calamity that seemed to demand a local explanation. Another argument came from the Afrikaans press, which glossed the event as an indictment of the African National Congress, of its inefficiency in government.[15] For yet others, excluded altogether from the public debate, foreign plants have a totally different value. Many of the jobless poor who reside in informal settlements around the city, a large number of them recent migrants, depend on those plants for their survival.[16] Their unelectrified communities in the bush comprise row upon row of square shacks built mainly of thin slats of Australian wattle. «Imported» kindling is their chief fuel (van Wyk and Gericke 2000, p. 284). It is also a vital source of income for them: they sell it at roadsides to white commuters for whom alien trees, like *rooikrans* (*Acacia cyclops*), are an important component of the *braaivleis* (barbecue), a key ritual of commensal sociality in South Africa. Non-indigenous vegetation, in short, has long been a critical part of the local economy – the underclass part, which only tangentially touches the lives of those for whom aliens are held as anathema; those by whom they are seen to jeopardize civic order and national heritage. Not unexpectedly, the material salience of foreign flora to the poor did not divert the drama of alien-nature as it became a public passion-play.

But how, precisely, did that passion-play take shape? To what anxieties, interests, emotions did it – does it – respond? This brings us to:

Aliens and the African Renaissance

Until the fall of apartheid, the term «alien» had archaic connotations in South Africa, being enshrined in laws aimed primarily at barring Jewish entry in the 1930s. These laws remained in place until amended in the mid-1990s,[17] when immigrants became a fraught issue in a society seething with a surplus of the unemployed, the unwaged, and the unruly. It was at the same time that foreign plants became both the subject of ecological emergency and an object of national renewal (Hall 1979, p. 138). The most striking symptom of this was the *Working for Water Programme*, launched in 1995. Part of the post-apartheid Reconstruction and Development Plan, the scheme, a flagship project to create jobs and combat poverty, centered on routing out alien vegetation. Its tone was urgent: Alien plants are like «a health epidemic, spreading widely out of control», said the Programme's home page.[18] Out-of-work women and youth, ex-offenders, the disabled, even the homeless would be rehabilitated by joining eradication teams – and by toiling in industries that turned the invaders into commodities. Meanwhile, the public was exhorted not to buy foreign plants. Alien-nature, in other words, was to be the raw material of communal rebirth.

The blaze in Cape Town gave yet further impetus to this. As popular feeling focused on the foreign «scourge», the African National Congress seemed intent on coaxing «a spirit of community» from the ashes.[19] Ever more overt connections were made, in official discourse, between the war against aliens and the prosperity of the nation. A much-publicized symposium held in 2000 to discuss international cooperation in dealing with invasive species drew four ministers-of-state and several high-level representatives from other nations – notably Australia, Germany, the US, and the UK – all of which evinced similar anxieties.[20] Global trade and tourism, the participants noted, had created a new class of «unwanted traveler» in foreign flora and disease-bearing insects.[21] But the most portentous words were those of President Mbeki: Alien plants, he said, «stand in the way of the African renaissance».[22]

4 Foreign Objects: The Politics of Estrangement in the Postcolony

And so invading plants became embroiled in the state of the nation. But this does not yet answer our key question. To what precise anxieties, interests, and historical conditions did the allegory of alien-nature speak? An answer is to be found in the public discourses of the time: in a cluster of implicit associations, indirect allusions, and organic intuitions that, together, give insight into the infrastructure of popular consciousness-under-construction – specifically, into the way in which processes of naturalization made it possible to voice the unspeakable, thus to address the challenge of constructing a nation under neoliberal conditions. Conditions, that is, that involve precisely the transformations of which we spoke earlier: the changing meaning of citizenship and belonging, borders at once open and closed, people unavoidably on the move, irreducible social and cultural heterodoxy, the displacement of politics, and a shrinking commonweal. Take this satirical comment by a well-known South African journalist:[23]

> Doubtless there are gardening writers who would not think twice about sounding off in blissful praise of something as innocent ... as the jacaranda tree. ... But ... you may be nothing more than ... a racist. Subliminally that is.[24] ... Behind its blossoms and its splendid boughs, the jacaranda is nothing but a water-hogging ... weed-spreading alien.

In times past, the jacaranda was regarded as «almost South Africa's national tree» (Moll and Moll 1994, p. 49). Now, in a bizarre drama in which flora signify what politics struggles to name, it has become an object of estrangement, even racialization. It is not happenstance, then, that in the heat of the millennial moment, public discourse went as far as to bespeak the «ethnic cleansing» of the countryside[25] – this in a land obsessed with who is or is not a citizen, with constitutional rights and wrongs, with routing out all vestiges of racism. But it was a wry letter from a West African scholar to the *Mail & Guardian*, the nation's most serious weekly newspaper, that made the political subtext most brutally plain.[26]

> It is alien-bashing time again. As an alien ... I am particularly prickly about criticisms of aliens even if they are plants ... Alien plants cannot of course respond

> to these accusations. But before the Department of Home Affairs is dragooned into investigating the residence permits of these plants I, as a concerned fellow alien, wish to remind one and all that plants such as maize ... soybean, sunflower ... originated outside of the continent of Africa. In any case, did the fire-and-flood-causing alien plants cross the borders and establish plantations ... by themselves?

For this human alien, ecology had become the site of a distressingly familiar crusade: the demonization of migrants by the state and its citizenry alike.

It has been noted that the migrant is the specter on whose wretched fate the triumphal neoliberal politics of the «new» Europe has been founded.[27] In South Africa, too, a phobia about foreigners – above all foreigners from elsewhere in Africa – has been the offspring of the fledgling democracy, waxing, paradoxically, alongside appeals to *ubuntu*, a common African humanity. Over the past decade, that phobia has congealed into an active antipathy to what is perceived as a shadowy alien-nation of «*illegal* immigrants»; the qualifier («illegal») has become inseparable from the sign («immigrant»), just as, in the plant world, *invasive* has become locked, adjectivally, to *alien*. Popularly held to be «economic vultures»[28] who usurp jobs and resources, and who bring crime and disease, these anticitizens are accused – in uncanny analogy with non-indigenous flora – of spreading uncontrollably, and of siphoning off the wealth of the nation.[29] This is in spite of the fact that their role in its economy, especially in the «informal» market sector, is wealth-*producing*, and often remarkably innovative.

Aliens, then, are a distinctive species in the popular imagination. In a parodic perversion of the past, they are «profiled» by color and culture, thence to be excluded from the moral community. Once singled out, «illegals» are seldom differentiated from *bona fide* immigrants.[30] All are dubbed *makwerekwere*, a disparaging term for incompetent speech. Not surprisingly, they live in terror that their accents will be detected.

The fear is well founded. With the relaxation of controls over immigrant labor, South Africa – Africa's «America» – has become the destination of choice for many people from the north; a decade ago, estimates already ran as high as eight million.[31] This influx has occurred amidst transformations in the domestic economy that have altered relations of production, leading to a radically downsized job market in which over eighty percent of employers opt for «non-standard», casualized work

(Adam *et al.* 1998, p. 209), much of it done by lowly paid, non-unionized «illegals», whom farmers and industrialists claim are essential to their survival in competitive global markets;[32] transformations, also, that have placed a strong emphasis on entrepreneurial initiative and small business ventures, a domain in which many migrants from elsewhere in Africa have prospered. Small wonder, then, that routing *the* alien – who has come to embody the threat to local work, wealth, and welfare – presents itself as a persuasive mode of confronting economic dispossession and regaining a sense of organic community.

Thus it is that dark strangers have become objects of hatred, of hostility, even of homicidal violence across the nation,[33] a process in which the state is an ambiguous actor. On one hand, it insists volubly on upholding universal human rights and has supported a «Roll-back Xenophobia Campaign».[34] On the other, it contributes to that xenophobia: its law enforcement agencies, their capacity to deal with rampant crime and lawlessness deeply in question, have taken to «waging war» on the foreign specter. Every now and again, official announcements are made of «US-style bid[s] to rid SA of illegal aliens».[35] So-called «gentlemen's clubs» said to traffic in undocumented sex workers have been subject to high-profile raids.[36] So, periodically, have immigrant businesses, all in the name of removing «all criminal elements and illegal[s]».[37] At the Lindela Repatriation Centre, a privately-owned deportation facility, foreign nationals – and some South Africans mistaken for aliens – have been harshly beaten, their human rights seriously violated, their property looted.[38] The state has taken no steps to put a stop to this. And public outrage has been, at best, muted.

Reference here to the «US style» of alien management is telling. In the USA, too, shows of decisive action in the face of the «immigrant problem» exist alongside an almost farcical legal paralysis on the issue at a national level. A long history of official double-speak makes plain how acutely that «problem» underscores the paradox of borders at once porous and assiduously policed, highlighting the contradiction between sovereignty and deregulation, neoconservatism and neoliberalism, national protectionism and a globalized division of labor. In the US, too, spectacles of enforcement serve as futile attempts to redress the anomaly of strangers who have become essential to domestic reproduction; who mix intimate local knowledge and foreign loyalties, real or imagined, raising specters of crime and terror; who are simultaneously indispensable and disposable, visible and invisible, human and abject; who reside ambiguously inside, yet beyond the law. Only a few months back, for example, in December 2006, «dozens of armed immigration agents, supported by local police in riot gear» stormed a meat-packing factory in Greeley, Colorado, one of five simultaneous, well-publicized raids on similar facilities across the nation.[39] Termed «Operation Wagon Train», these raids were hailed by US Homeland Security and Immigration and Customs Enforcement – ICE by name and nature – as a «major blow» in its «war against illegal immigration». Many of those deported were back within a week. Their labor, like that of an estimated twelve million other undocumented workers, is essential to American industry, agriculture, and the service sector; this being evidence of just the kind of late modern boundary-making *impasse* we witnessed in South Africa – although, in the US, it is exacerbated by the conflict between transnational agreements like NAFTA, which liberate capital, and local politicians, who seek to criminalize foreign labor and keep it imprisoned within the «developing world». Here, observes Gary Younge, the political border is no longer coterminous with the physical borders of the nation-state.[40] The former, the *de facto* frontier, is now more a matter of «economic expediency and political opportunism than either law or order». And it crisscrosses the country, mobilizing ethnic profiles and securing the homeland by dividing citizens from aliens wherever they might be. Which is how, on that December day, «the border came to Greeley», a town more than seven hundred miles from the nearest national boundary line.

Shades, here, of the kind of contingency we identified, at the outset, as characteristic of the Nuer polity and Schmittian philosophy. In Nuer politics, recall, in the absence of fixed geographical borders, the objectification of boundaries between inside and out «occurred in the process of dealing with the very transgressions that breached them.» For Schmitt, the essential political gesture lay in drawing the line, making life-and-death distinctions, between friend and enemy. This is exactly what happens when aliens in South Africa are flushed out by the police, with little attention to their rights, legal or «human» – or worse yet, summarily killed by vigilante mobs of unemployed locals. Also what happens in the USA, where would-be illegal migrants may be apprehended not only at points of entry into the country, but anywhere that their difference from nationals comes to light, anywhere that lines are crossed, anywhere that they may be espied and reported by citizens? «Operation Wagon Train» is no arbitrary turn of phrase. Its cavalier reference to the conquest of the Wild West frontier – a historical process, incidentally, that made America's first autochthons into aliens – reveals a deeper truth. It returns the US to a language of state-making as a species of colonial heroics, in which, as one anti-immigrant group put it, «citizen control» is to be re-established.[41] Seen in this light, armed raids on migrant enclaves might not seal the border, but they *do* create an «impression of effectiveness» on the part of the state in a political context in which illusion has become, perforce, «as important as reality».[42] Here, in short, is an instance of the sort of symbolic activity of which we spoke earlier: the mass-mediated ritual excess, directed at producing state power and hyphen-nation, that features so prominently in efforts to secure sovereignty in a neoliberal age.

5 Ends and Meanings

Geschiere and Nyamnjoh (2000) have noted the growing stress, in Africa, on the exclusion of the stranger, not least in reaction to the kinds of social and economic uncertainties, and the destabilization of borders, set in motion by «global flows». This is true of post-apartheid South Africa, where outrage against aliens has provided a versatile call to arms, forcing a new line of separation that unifies a home-grown population otherwise divided by class, color, culture, and other things; not fully or finally, of course, but nonetheless visibly and volubly. Nor, as we have intimated, is South Africa alone in this. Similar processes are evident more or less everywhere that the nation-state is perceived to be plagued by conditions that threaten to dissolve it borders, opening them up to unwanted aliens of all sorts, undermining the coordinates of moral and material community – and making them seem more like contested colonial frontiers than the secure boundaries of the Euro-modernist polity, at least as conventionally imagined.

The ambiguity of those boundaries, we have noted, arises from the absorption of contemporary nationhood into a global economy whose neoliberal ways and means have altered received patterns of production and consumption, the articulation of labor to capital, the movement of persons and commodities, the nature of sovereignty and civic identity, geographies of space and time, normative expectations of order and security, and much else besides. Because of their particular histories, postcolonies like South Africa manifest these transformations in especially acute form. But, in many respects, they are merely condensed, hyper-extended prefigurations of what is becoming increasingly visible elsewhere. Indeed, almost everywhere. As Western states resort more audibly to the language of «wagon trains» and frontiers, as journalists talk of an «apartheid planet»,[43] as the post-cold war seems ever more to be giving way to a state of «ordered anarchy», we may be forgiven for thinking that the colonial societies of the global south were less historical inversions of the metropolis than foreshadowings of what, in a postmodern world, the global north might become.

This speculation is not idle. European colonial regimes managed the political and economic contradictions inherent in early capitalist modernity by means of a politics of spatial separation. The segregation of metropolis from colony, their distantiation, not only obscured their material and cultural interdependence, but it also served to keep well apart the humanitarian, rule-governed, rationalizing, freedom-seeking *geist* of liberal democracy from the exclusionary, divisive, violently secured forms of subjection and extraction on which it was erected. Colonial societies were zones of occupation, sites in which the civilizing mission was counterposed against the immediate dictates of command, control, and profit – and against the need to secure the contested frontiers seen to insulate order from chaos. Defending those boundaries in the name of «progress» often warranted the suspension of enlightened ways and means, even in the face of humanitarian outrage and righteous resistance.

The long process of decolonization that set the stage for a new, twenty-first century Age of Empire has disrupted this spatial logic. The cold war era might have marked time between two imperial epochs, but it came undone when economies were deregulated and capital moved offshore, escaping state control, globalizing its day-to-day operations, deterritorializing sovereignty and jurisdiction, trafficking in ever more abstract, virtual species of wealth, and scrambling received relations between politics and production. As neoliberalized enterprise relocated its polluting factories to distant sites of cheap labor and low or no taxation, new forms of enclaved colonial extraction were invented, extraction with minimal costs, *sans* state apparatuses, safety restrictions, legal liability, or civilizing missions. At the same time, workers who could move from devastated postcolonies sought access in exponentially greater numbers to the underclass reaches of cleaner, post-Fordist, Western economies. In the process, the structural and geographical segregation of metropolis and colony has been deeply eroded. And as it has, camps for illegal aliens and asylum seekers, inner-city wastelands, zones of occupation, and burning *banlieues* project colonial conditions and modes of governance into the heart of first-world polities – there to draw the line, once again, between friend and enemy, law and war. Reciprocally, states in the South and East take on many of the features of the global North, from the growing preoccupation with democracy and the law to an inventive engagement with modern urbanism, electronic communications, global finance, and the like.

In the face of all this, liberal democratic models of society and politics have undergone drastic revision in the West – among scholars and statesmen alike. The image is fading of an organic society, *à la* Comte and Durkheim, in which divisions of class, race, religion, and culture were contained, ideally at least, within national boundaries; in which, also, criminals and other pathogenic fractions of the population were believed, through welfare and reform, to be recoverable «citizens-in-waiting». On the rise is a rather different archetype, that of the polity as citadel: of national territory as embattled homeland; of prisons as sites not of recuperation, but of the warehousing of those deemed disposable; of borders as elusive lines to be drawn and redrawn within the nation-state and beyond against the endless onslaught of enemies who threaten its moral and corporeal integrity – enemies who take the form of aliens, migrants, terrorists, home-grown saboteurs, felons, criminals, deviants, the indigent poor. This, once more, is the world of Carl Schmitt, in which politics is less about national participation and redistribution than about securing the frontier between autochthon and intruder, good and evil, citizenship and subjection. It is also the world of the Nuer, with their constantly shifting lines between inside and out, law and war. Is it any wonder, then, that conditions that nurture phobias of alien nature and campaigns of ethnic cleansing should also have generated a newly animated, newly designated industry, the so-called homeland security sector? Or that the signature products of this industry, which is rapidly gaining ground on a global scale, are «high-tech fences, unmanned drones, biometric IDs, video and audio surveillance gear, air passenger profiling and prisoner interrogation systems», many of them originating in Israel, recently described as «a living example of how to enjoy relative safety amid constant war».[44] All this may seem a world away from allegories of alien plants and natural autochthony. But the link between them is patent. Both speak to efforts to bring to order the anarchy of our late modern age. Or, to be more precise, to make sense of, and act upon, some of the contradictions and contingencies, the uncertainties and insecurities, the ambiguities and ambivalences, that come with a world-historical disjuncture: the disjuncture, that is, between the modernist universe as we once knew it and the neoliberal universe now rapidly taking shape around us.

Acknowledgments. As we note in the text, this essay revisits another, published a few years back. Entitled «Naturing the Nation», its earliest version – parts of which are reprised here – came out in *Hagar: International Social Sciences Review*, 1.1 (2000), pp. 7–40; it was republished in very similar form in *Social Identities* (2001) and in the *Journal of Southern African Studies* (2001), the latter in a special issue dedicated to Shula Marks, in whose honor it was originally written. We should like to acknowledge, again, the debt owed to our son, Joshua Comaroff, an architect and geographer whose specialist knowledge of landscape has drawn us into many discussions on the topic; he was with us in Cape Town during the events described here and participated in the formulation of our analysis of them. The present version returns to those events with longer hindsight, placing them in a different conceptual frame, one more in tune with contemporary concerns in the social sciences.

Notes

[1] Marianne Merten, «A Chronology of Destruction», *Mail & Guardian*, 21–27 January 2000, p. 7; Victoria Foxcroft, «Flames Past, Present – and Future?» *Cape Times*, 3 February 2000, p. 11; «Kaap Lek Sy Wonde; Weskus Veg Met Hulp Uit Noorde», *Die Burger*, 21 January 2000, p. 1; «Bokkie se Trane», *Die Burger*, 22 January 2000, p. 8.

[2] See e.g. Bobby Jordan, «Ash City: Why the Fires Were So Bad», *Sunday Times*, 23 January 2000, p. 7.

[3] See John Yeld, «Force Landowners to Clear Invading Alien Plants», *Sunday Argus*, 22–23 January 2000, p. 7; also Louis de Villiers, Chair of Peninsula Mountain Forum, «Take Decisive Steps to Avoid Future Fire Disaster», letter to the *Cape Times*, 28 January 2000, p. 11.

4. See «*Ukuvuka* the Biggest Ever», editorial, *Cape Times*, 7 February 2000, p. 10.
5. For early technical accounts of *fynbos* and its ecology, see e.g. Kruger (1978) and Day *et al.* (1979).
6. Chip, «They Seem to Have a Problem With Aliens», *Cape Argus*, 27 January 2000, p. 23.
7. See Ivor Powell and Heather Hogan, «First Fires, Now Floods – Next Frogs?», *Mail & Guardian*, 11–17 February 2000, p. 9.
8. Fiona Macleod, «The Trees That Caused All the Trouble», *Mail & Guardian*, 11–17 February 2000, p. 8.
9. For a thoughtful, Africa-centric reflection on this tendency, see Geschiere and Nyamnjoh (2000).
10. See e.g. «Official Figures for Brain Drain Released», *The Star*, 14 March 2000, p. 2.
11. On South Africa, in this respect, see Xolela Mangcu, «The Score So Far: Poverty Alleviation 0, Soccer World Cup 10», *The Sunday Independent*, 12 March 2000, p. 8. Argues Mangcu, «Political choices are depoliticized and given the aura of technical truth. Public policies that get implemented are those backed by ‹growth coalitions› which span government, business, the media and other interest groups. ... [These] shape national consensus on priorities».
12. This was confirmed by botanists working on the Fynbos Biome. While «*fynbos*» seems first to have been used in a publication in 1916, it only entered the academic lexicon in the early 1970s (Dave Richardson, personal communication). The term appears on a list of Summer School lectures at the University of Cape Town in 1972, for example, and in the title of a paper read at the South African Wild Life Management Association's Second International Symposium (Kruger 1977). We do not recall it being in circulation while we were growing up in the Cape.
13. The term «green cancer» appears in the title of a volume, *The Green Cancers in South Africa* (1959). Its given publication details are somewhat ambiguous; we annotate it under Control of Alien Vegetation Committee, Kirstenbosch. Note that Kirstenbosch, situated in Cape Town, is the national botanical garden of South Africa.
14. See Melanie-Ann Feris, «Scientists Pour Cold Water on Global-Warming Claim», *The Star*, 17 February 2000, p. 3.
15. «Totaalplan Teen Brande», *Die Burger*, 21 January 2000, p. 8; «Regering en Dienste Moet Beter Koördineer – Minister», *Die Burger*, 22 January 2000, p. 3; «Bokkie se Trane», *Die Burger*, 22 January 2000, p. 8.
16. «Ash City», Bobby Jordan, *Sunday Times*, 23 January 2000, p. 7.
17. They were replaced by the Aliens Control Act 96 of 1991 and subsequent amendments.
18. This homepage, www.dwaf.pwv.gov.za/idwaf/projects/WFW/Default.htm, accessed 27 February 2000, has since been replaced. While the text has changed, both its essential substance and its urgent tone remain. So does the promise that the Programme will continue to create jobs and take a lead in the national «fight against poverty»; see http://www.dwaf.gov.za/wfw/, accessed 4 July 2007.
19. Louis de Villiers, Chair of Peninsula Mountain Forum, «Take Decisive Steps to Avoid Future Fire Disaster», letter to the *Cape Times*, 28 January 2000, p. 11.
20. International Symposium on Best Management Practices for Preventing and Controlling Invasive Alien Species, Kirstenbosch (Cape Town), 22–24 February 2000.
21. Marianne Merten, «Eradicating Invasive Aliens», *Mail & Guardian*, 3–9 March 2000, p. 33.
22. Message from President Mbeki, read by Valli Moosa, Minister for Environmental Affairs and Tourism, at the International Symposium on Best Management Practices for Preventing and Controlling Invasive Alien Species, Kirstenbosch (Cape Town), 22–24 February 2000; see also Karen Bliksem, «Only the Truly Patriotic can be Trusted to Smell the Roses, and Weed Them Out», *The Sunday Independent*, 22 February 2000, p. 8.

23 «Only the Truly Patriotic can be Trusted to Smell the Roses ...»
24 A controversial investigation of racism in the mainstream press, both overt and «subliminal», was being conducted by the South African Human Rights Commission at the time; see e.g. Dr. E. Rapiti, «Journalists Must Do Their Jobs Without Interference», letter to the *Mail & Guardian,* 10–16 March 2000, p. 28.
25 Carol Lazar, «Forget Alien Plants, What About Guns?» *The Star*, 7 March 2000, p. 8.
26 Michael E. Aken'Ova, «Loving the Alien», *Mail & Guardian*, 18–24 February 2000, p. 29.
27 Jeremy Seabrook, «Racists and Hypocrites», *Mail & Guardian*, 18–24 February 2000, p. 22.
28 Hopewell Radebe, «Time We Became a Bit More Neighbourly», *The Star*, 16 March 2000, p. 13.
29 Marion R. Sinclair, «Unwilling Aliens: Forced Migrants in the New South Africa», *Indicator*, 13, 3 (1996), pp.14–18; Maxine Reitzes, «Alien Issues», *Indicator*, 12, 1 (1994), p. 7.
30 Lungile Madywabe, «My Four Hours as an Illegal Immigrant», *Mail & Guardian*, 3–9 March 2000, p. 16.
31 See the findings of the South African Migration Project, summarized in Chiara Carter and Ferial Haffajee, «Immigrants are Creating Work – Not Taking Your Jobs», *Mail & Guardian*, 11–17 September 1998, p. 3; also John Matisonn, «Aliens Have Many Years' Respite in SA», *The Sunday Independent*, 19 March 2000, p. 3.
32 Maxine Reitzes, «Alien Issues», *Indicator*, 12.1 (1994), p. 7.
33 Tangenu Amupadhi, «African Foreigners Terrorized», *Mail & Guardian,* 18–23 December 1998, p. 3.
34 This campaign is a joint initiative of the Human Rights Commission, the National Consortium on Refugee Affairs, and the United Nations High Commission on Refugees; M. Kebede, «Don't Let This Be a Curse», *Cape Argus*, 12 January 2001, p. 11. An exhibition entitled *Kwere Kwere: Journeys into Strangeness*, held at the Castle of Good Hope in Cape Town in March to April 2000, was supported by the Arts and Culture Trust of the President and the National Arts Council of South Africa.
35 Robert Brand, «US-Style Bid to Rid SA of Illegal Aliens», *The Star*, 14 February 2000, p. 1.
36 «Brothel Raided», *Pretoria News*, 3 March 2000, p. 1; Phomello Molwedi, «Brothel Owner Granted Bail of R10 000», *The Star*, 7 March 2000, p. 2.
37 «121 Illegal Immigrants Held in Swoop East of City», *Pretoria News*, 3 March 2000, p. 3; «Police Raid Sex Club», *Sunday Times*, 19 March 2000, p. 4.
38 Reports of violence at the center, owned by a consortium that includes members of the «struggle elite», are not new. In one case, the Cameroonian embassy lodged a formal protest to the South African government; Chimaimba Banda and Gill Clifford, «Cameroon to Lodge Protest Over Repatriation Center Beating», *The Star*, 17 March 2000, p. 1. See also Mathatha Tsedu, «Illegals Deserve Better Than This», *The Star*, 20 March 2000, p. 12. In January 2003, the South African Human Rights Commission reported, in a media release entitled «Lindela Repatriation Centre Under Scrutiny», that it was to establish «a permanent monitoring presence» at the facility, this in response to the fact the mistreatment of alleged «aliens» was «continu[ing] unabated»; see www.sahrc.org.za/sahrc_cms/publish/article_38.shtml, accessed 5 July 2007.
39 Gary Younge, «The US Is Clamping Down On Illegal Migrants, But It Relies On Their Labor», *The Guardian*, 11 June 2007, p. 29.
40 «The US Is Clamping Down On Illegal Migrants».
41 «The US Is Clamping Down On Illegal Migrants».
42 Steven Friedman, «Action with Too Little Discussion», *Mail & Guardian*, 24–30 March 2000.
43 Naomi Klein, «How War Was Turned into a Brand», *The Guardian*, 16 June 2007, p. 34.
44 «How War Was Turned into a Brand»

Literature

Acocks, John Phillip Harison (1953): *Veld Types of South Africa*. Pretoria: Division of Botany, Department of Agriculture. [Memoirs of the Botanical Survey of South Africa, no. 28.]

Adam, Heribert, Frederik van Zyl Slabbert, and Kogila Moodley (1998): *Comrades in Business: Post-Liberation Politics in South Africa*. Cape Town: Tafelberg.

Agamben, Giorgio (1998): *Homo Sacer: Sovereign Power and Bare Life*. Translated by Daniel Heller-Roazen. Stanford: Stanford University Press.

Anderson, Benedict (1983): *Imagined Communities: Reflections on the Origin and Spread of Nationalism*. London: Verso.

Barkun, Michael (1968): *Law Without Sanctions: Order in Primitive Societies and the World Community*. New Haven: Yale University Press.

Bateson, Gregory (1972): *Steps to an Ecology of Mind*. New York: Ballantine Books.

Carr, G.W., J.M. Robin, and R.W. Robinson (1986): Environmental Weed Invasion of Natural Ecosystems: Australia's Greatest Conservation Problem. Abstract in *Ecology of Biological Invasions: an Australian Perspective*, (eds.) R.H. Groves and J.J. Burdon. Canberra: Australian Academy of Science.

Comaroff, Jean and John L. Comaroff (2000): Millennial Capitalism: First Thoughts on a Second Coming. In *Millennial Capitalism and the Culture of Neoliberalism*, Special Edition of *Public Culture*, (eds.) J.Comaroff and J.L. Comaroff, 12(2): 291–343.

Comaroff, Jean and John L. Comaroff (2001): Naturing the Nation: Aliens, Apocalypse and the Postcolonial State. *Social Identities*, 7(2): 233–65; also in *Journal of Southern African Studies*, 27(3): 627–51.

Comaroff, Jean and John L. Comaroff (2006): Law and Disorder in the Postcolony: An Introduction. In *Law and Disorder in the Postcolony*, (eds.) J. Comaroff and J.L. Comaroff. Chicago: University of Chicago Press.

n.d.: *Ethnicity, Inc*. Ms.

Control of Alien Vegetation Committee, Kirstenbosch [National Botanical Gardens] (1959): *The Green Cancers in South Africa*. Kirstenbosch: Control of Alien Vegetation Committee.

Davis, Mike (1995): Los Angeles after the Storm: The Dialectic of Ordinary Disaster, *Antipode*, 27: 221–41.

Day, Jennifer A., W. Roy Siegfried, Gideon N. Louw, and Magaret L. Jarman, eds. (1979): *Fynbos Ecology: A Preliminary Synthesis*. [South African National Scientific Programmes, Report no.40.] Pretoria: Cooperative Scientific Programme, Council for Scientific and Industrial Research.

Evans-Pritchard, Edward E. (1940a): The Nuer of the Southern Sudan. In *African Political Systems*, (eds.) Meyer Fortes and Edward E. Evans-Pritchard. London: Oxford University Press for the International African Institute.

1940b: *The Nuer*. Oxford: Clarendon Press.

Fortes, Meyer and Edward E. Evans-Pritchard (1940): Introduction. In *African Political Systems*, (eds.) Meyer Fortes and Edward E. Evans-Pritchard. London: Oxford University Press for the International African Institute.

Fraser, Michael and Liz McMahon (1988): *A Fynbos Year*. Cape Town: David Philip.

Geschiere, Peter and Francis Nyamnjoh (2000): Capitalism and Autochthony: The Seesaw of Mobility and Belonging. In *Millennial Capitalism and the Culture of Neoliberalism*, Special Edition of *Public Culture*, (eds.) J. Comaroff and J.L. Comaroff, 12(2): 423–52.

Hall, Anthony Vincent (1979): Invasive Weeds. In *Fynbos Ecology: A Preliminary Synthesis*, (eds.) J. Day et al. [South African National Scientific Programmes, Report no. 40.] Pretoria: Cooperative Scientific Programme, Council for Scientific and Industrial Research.

HARVEY, DAVID (1990): *The Condition of Postmodernity: An Enquiry into the Origins of Cultural Change*. Oxford: Blackwell.

KRUGER, FREDERICK JOHN (1977): Ecology and Management of Cape Fynbos: Towards Conservation of a Unique Biome Type. Paper read at the South African Wild Life Management Association's Second International Symposium, Pretoria. Ms.

KRUGER, FREDERICK JOHN (1979): Fire. In *Fynbos Ecology: A Preliminary Synthesis*. A Report of the Committee for Terrestrial Ecosystems, (eds.) J. Day et al. [South African National Scientific Programmes, Report no. 40.] Pretoria: Cooperative Scientific Programme, Council for Scientific and Industrial Research.

KRUGER, F.J., COMPILER (1978): *A Description of the Fynbos Biome Project*. A Report of the Committee for Terrestrial Ecosystems, National Programme for Environmental Sciences. Pretoria: Cooperative Scientific Programmes, Council for Scientific and Industrial Research.

MBEMBE, ACHILLE (1992): Provisional Notes on the Postcolony. *Africa*, 62(1): 3–37.

MOLL, EUGENE AND GLEN MOLL (1994): *Common Trees of South Africa*. Cape Town: Struik.

SCHMITT, CARL (1996): *The Concept of the Political*. Translated by George Schwab. Chicago: University of Chicago Press.

STIRTON, CHARLES H., ED. (1978): *Plant Invaders, Beautiful but Dangerous: A Guide to the Identification and Control of Twenty-Six Plant Invaders of the Province of the Cape of Good Hope*. Cape Town: Department of Nature and Environmental Conservation of the Cape Provincial Administration.

VAN RENSBERG, T.F.J. (1986): *An Introduction to Fynbos*. Pretoria: Department of Environment Affairs. [Bulletin 61.]

VAN WYK, BEN-ERIK AND NIGEL GERICKE (2000): *People's Plants: A Guide to Useful Plants of Southern Africa*. Pretoria: BRIZA Publications.

WACE, NIGEL (1988): Naturalized Plants in the Australian Landscape. In *The Australian Experience*, (ed.) R.L. Heathcote for the International Geographical Congress, 1988. Melbourne: Longman Chesire.

WORBY, ERIC (1998): Tyranny, Parody, and Ethnic Polarity: Ritual Engagements with the State in Northwestern Zambia. *Journal of Southern African Studies*, 24(3): 560–78.

Gadi Algazi

Viele Mauern, keine Grenzen
Leben im Schatten der «Separationsbarriere» in der besetzten Westbank[1]

Zaun und Mauer machen noch keine Grenze. Grenzen sind soziale Institutionen, die sich oft räumlicher Markierungen und physischer Barrieren bedienen – aber keineswegs immer: Manche zwischenmenschliche Grenzen etwa sind äusserst effektiv und dennoch nicht fassbar. Andererseits gibt es zahlreiche Zaunanlagen, Mauern und Barrieren, die keine Grenze sind. Im Folgenden werde ich einen solchen Fall beschreiben: Die Landschaft der Westbank ist mit unzähligen Sicherheitszäunen, Betonmauern und Strassensperren durchsetzt, aber der Aktion von Soldaten und Siedlern sind kaum Schranken gesetzt. Intensive Zäunung ist ein distinktives Merkmal dieser kolonialen Landschaft, denn diese Barrieren bleiben einseitig durchlässig: Nicht nur, weil sie durch die israelische Kolonialmacht aufoktroyiert worden sind, sondern vor allem, weil sie die Bewegungsfreiheit und Eingriffsmöglichkeiten der israelischen Sicherheitskräfte und Siedler nicht einschränken. Nur den palästinensischen Einwohnern bleibt der Weg zum Nachbardorf, zu Verwandten oder zur Schule versperrt und sie bleiben vom Wohlwollen der Besatzer abhängig.

Die Kulmination des Prozesses der Einzäunung der Westbank, dessen Anfänge in die 1990-er Jahre zurückreichen, ist die so genannte Mauer, in der offiziellen Sprache der israelischen Armee die «Separationsbarriere». Um sie wird es hier gehen. Sie wird oft als eine Grenzanlage beschrieben, doch mir scheint die begriffliche Unterscheidung zwischen Grenzen und Zäunen wichtig. Grenzen schliessen friedliche Koexistenz und Austausch nicht aus; ihre Anerkennung ermöglicht es auch, sie in beide Richtungen und freiwillig zu überqueren. Einseitige Barrieren, Checkpoint-Regimes und Zaunanlagen tun dies nicht. Auch die Schwächeren brauchen oft Grenzen, um ungewollte Zugriffe der Mächtigeren abzuwehren; zwischenmenschliche Grenzen sind Vorbedingung der Autonomie der Person. Eine volle Entgrenzung ist daher ein zutiefst ambivalentes Ideal, das leichter für die Stärkeren vorstellbar ist.[2] Wir brauchen einen normativen Begriff von Grenzen als auf gegenseitiger Anerkennung und Konsens beruhenden sozialen Institutionen, der einer Wirklichkeit entgegengehalten werden kann, in der ständig so viele Zaunanlagen und Barrieren einseitig errichtet werden, um die gefährlichen Armen fernzuhalten.

Mit dem Bau des Separationszauns wurde im Frühling 2002 begonnen. Ursprünglich war von einem 80, vielleicht 110 Kilometer langen Sicherheitszaun die Rede; sechs Jahre später wird geschätzt, dass die «Separationsbarriere» nach ihrer Vollendung zumindest 600 Kilometer lang sein wird. Dieses Riesenprojekt wurde mit Argumenten der Sicherheit vor Terrorangriffen legitimiert, doch sein Verlauf zeigt, dass es mit Israels Siedlungspolitik in der Westbank eng zusammenhängt – und daher langfristig die Chancen einer friedlichen Koexistenz von Israelis und Palästinenser untergräbt. Doch der koloniale Kern der israelischen Besatzung hat nur selten die ihm gebührende Aufmerksamkeit erlangt.

1 Militärische Besatzung und koloniale Transformation

Im Juni 1967 durchbrach Israel seine provisorischen Grenzen und machte sich unter dem Schutz einer militärischen Besatzung an ein weitreichendes koloniales Projekt in den neu eroberten Territorien. Der historische Zeitpunkt ist bedeutsam: In den späten 1960-er Jahren, so hatte es den Anschein, gingen die Krisen der Dekolonisation ihrem Ende entgegen. Während der 1950-er und 1960-er Jahre trotzten antikoloniale Bewegungen in Asien und Afrika den alten Kolonialmächten die Reste der Weltreiche ab, die sie gegen Ende des 19. Jahrhunderts und in einigen Fällen schon in der frühen Neuzeit errichtet hatten. Doch 1967, drei Jahre nach Frankreichs endgültigem Abzug aus Algerien, als die USA in Vietnam immer tiefer in den Sumpf gerieten, begann Israel ein neues Kapitel in der

Geschichte des Konflikts: Es zwang anderthalb Millionen Palästinensern seine militärische Herrschaft auf, unterliess es aber, die meisten der Gebiete *de iure* zu annektieren – mit Ausnahme Jerusalems (1967) und der Golanhöhen (1981). Die militärische Besatzung hatte begonnen.

Israel wurde zur Regionalmacht. Es tilgte die «Schande von 1956» – Israels erzwungener Abzug aus dem Sinai, nur wenige Wochen nach David Ben Gurions triumphaler Erklärung über die Gründung von Israels «Drittem Königreich». Der militärische Sieg verblendete viele – nicht nur die siegestrunkenen Führer Israels, sondern auch Kritiker der Besatzung. Die militärische Eroberung und die anschliessende repressive Herrschaft mit ihrem Schrecken und ihren brutalen Praktiken zog die Aufmerksamkeit auf sich und verdeckte das neue koloniale Projekt.

In der Rückschau ist es einfach festzustellen, dass die israelische Besatzung in ihrem Kern ein unter dem Mantel einer militärischen Herrschaft durchgeführtes koloniales Projekt ist. Die Besatzung liefert ideale Bedingungen für den Prozess der Enteignung und Besiedlung: Dieser richtet sich unter dem Schutzschild einer militärischen Okkupation, die Notstandsverordnungen und ungehemmte Willkür einsetzt, gegen eine rechtlose Bevölkerung. Ein grosses Durcheinander von militärischen Anordnungen, Überbleibseln jordanischen und osmanischen Rechts, militärischer Gerichtsbarkeit und israelischer Gesetzgebung ermöglicht es dem kolonialen Prozess, effektiv und rasch voranzuschreiten, natürliche Ressourcen, Land und Wasser an sich zu reissen und vollendete Tatsachen zu schaffen. Die Siedlungen sind keine zusätzliche Dreingabe zur Besatzung, kein Unfall, der unter dem Druck der messianischen und nationalistischen Rechten zustande kam; sie sind ihr Herz und ihre Seele, ihre eigentliche *raison d'être*.

Israels koloniales Projekt in den besetzten Territorien hat drei Hauptpfeiler: Die Siedlungen, ein Strassennetz und ein System von Roadblocks und Checkpoints. Die Siedlungen kontrollieren lebensnotwendige Ressourcen, zerschneiden das besetzte Gebiet und schaffen eine koloniale *frontier*, ständig in Bewegung, den Enteignungsprozess weiter vorantreibend. Die Strassen trennen die kolonialen Herren von ihren Untertanen; sie erlauben der Armee und den Siedlern, den Raum zu kontrollieren und sich schnell zu bewegen, und dienen darüber hinaus als ein Netzwerk zusätzlicher Barrieren, die palästinensische Dörfer und Städte voneinander trennen. Das System der Roadblocks und Barrieren, Passierscheine und Terminals, Betonmauern und eingezäunter Enklaven hält die einheimische Bevölkerung eingeschlossen, unter ständiger Beobachtung, mit der einzigen Freiheit, ihre Not selbst zu verwalten.

Im Jahr 1967 allerdings erschien das Siedlungsprojekt in den besetzten Territorien als Fantasie, heraufbeschworen von wenigen Propheten der extremen Rechten und einer Handvoll Fanatiker. Im Gegensatz dazu sah die militärische Unterdrückung greifbar und dramatisch aus. Selbst unter den Linken nahmen wenige die neugegründete «Bewegung für Grossisrael» ernst, obwohl ihre Zusammensetzung die Zukunft vorwegnahm: Eine faszinierende Koalition von altgedienten Persönlichkeiten der Arbeiterpartei, Verfechtern der alten zionistischen Maxime «ein Dunum hier, ein Dunum dort»,[3] der nationalistischen, messianischen Rechten, und überzeugten Gläubigen an Gottes Versprechen, das gesamte Land dem Volk Israel zu geben. Trotz ihres begrenzten Umfangs nahm diese Allianz die politische Koalition vorweg, die die Politik Israels in den folgenden Jahren bestimmte. In der Kritik der Linken an der Besatzung blieb das Siedlungs- und Enteignungsprojekt marginal. Es war schwierig, in der Handvoll Siedler im Park Hotel in Hebron (an Pessach 1968), die Anfänge einer grossen Siedlungsbewegung zu erkennen. Die Annexion Jerusalems schien ein symbolischer und juristischer Vorgang zu sein und wurde als Verstoss gegen das Kriegs- und Völkerrecht verstanden – nicht als Beginn einer umfassenden Transformation der Landschaft im Herzen der Westbank (die Zerstörung palästinensischer Häuser, um Platz vor der Klagemauer zu schaffen, war allerdings ein Unheil verkündendes Vorzeichen). Viele – zu viele – vergassen schnell die ethnischen Säuberungen auf den Golanhöhen, die unmittelbar nach dem Krieg durchgeführt wurden. Die Kolonisierung des Westjordantals unter der Führung der eingeschworenen Verfechter der Siedlung in der Arbeitsbewegung, Israel Galili und Yigal Alon, wurde mit Sicherheitsargumenten gerechtfertigt.

Zehn Jahre später war die Situation wesentlich klarer geworden. 1977 stellten Matityahu Drobles, Chef der Siedlungsabteilung der *Zionist Federation* und der *Jewish Agency*, und Ariel Sharon, Minister für Landwirtschaft und Vorsitzender des ministeriellen Siedlungskomitees, ihre Pläne für die Kolonisierung der Westbank vor. Im Frühjahr 1983 veröffentlichten das Landwirtschaftsministerium und die *Zionist Federation* einen für den Zeitraum bis 2010 angelegten «Masterplan» für Siedlungen in der Westbank, den «Einhunderttausend-Plan». Es fällt leicht, den unverkennbaren Stempel dieser Pläne im System der Checkpoints,

Enklaven und Juden vorbehaltenen Strassen in der Westbank des frühen 21. Jahrhunderts wiederzuerkennen.

An Konflikten über taktische und lokale Angelegenheiten, an Streitigkeiten über Geschwindigkeit und Prioritäten gab es unter den Partnern des Siedlungsprojekts keinen Mangel, doch alles in allem wurde das Projekt seit seiner Ersinnung in enger Kooperation zwischen politischen zionistischen Bewegungen (*Gush Emunim* und der *Zionist Federation*) und Regierungsinstitutionen (Landwirtschaftsministerium, Ministerium für Wohnungswesen und *Israel Land Administration*, ILA) durchgeführt.[4] Was der Staat sich selbst nicht gestatten durfte, übernahmen die Siedler. Die Siedler brachen das Gesetz, der Staat beugte es. Wie in anderen Grenzräumen (*frontiers*) wurde der Widerstand der einheimischen Bevölkerung von den Kolonialherren dazu benutzt, ihre Herrschaftsbereiche weiter auszudehnen. Um die Sicherheit der bestehenden Siedlungen zu garantieren, mussten Pufferzonen und *No-Go-Areas* um sie herum eingerichtet werden, und neue Kolonien, um die bereits bestehenden zu verstärken. Es ist von Bedeutung, dass die beiden massiven Schübe der Besiedlung am Ende der 1970-er und Mitte der 1990-er Jahre im Kontext von Teil-Friedensverträgen zustande kamen, welche bei vielen Besatzungskritikern die Illusion weckten, hochtrabende Worte und formelle Reden, Symbole und Zeremonien würden Wirklichkeit schaffen. Doch die Wirklichkeit des Konflikts ist kolonial – eine Wirklichkeit, die zuallererst durch die Tatsachen am Boden bestimmt wird, durch Bulldozer und Zäune. Kolonialismus erschöpft sich nicht in diplomatischen Manövern oder spektakulären Gewalttakten. Er ist ein sozialer und ökonomischer Prozess, der die Natur und das soziale Gefüge verändert, mit einer Umverteilung von Ressourcen einhergeht und Menschen enteignet zurücklässt. Seine Resultate sind in gewissem Sinne immer unumkehrbar: Soziale Realität kann nicht ohne weiteres in ihren Urzustand zurückverwandelt werden. Man kann – und muss – sich mit den Folgen dieses Prozesses auseinandersetzen, doch dies ist ein langer und schmerzhafter Kampf gegen neu entstandene soziale und wirtschaftliche Realitäten.

Das grösste Versagen der Linken in Israel und aller Gegner der Besatzung liegt in der unzureichenden Konfrontation mit dem Siedlungsprojekt. Massiver politischer Protest begleitete nur die allerersten Stufen des an Geschwindigkeit zunehmenden Siedlungsprozesses, besonders gegen Ende der 1970-er Jahre bei der Errichtung weniger, besonders auffallender Siedlungsprojekte, die grosse Aufmerksamkeit erregten (Hebron, Abu Ghneim / «Har Homa» südlich von Jerusalem). Doch in den 1980-er Jahren betraten die «bösen Siedler» – Mitglieder des jüdischen terroristischen Untergrunds – die Bühne und liessen die «guten Siedler» vergleichsweise harmlos, ja sogar respektabel erscheinen. Die Schwäche des politischen Protests gegen den israelischen Kolonialismus erinnert an die europäischen Anti-Atom-Bewegungen in den 1970-er und 1980-er Jahren: Je geringer die Zahl der sich bereits im Betrieb befindlichen Atomkraftwerke, desto stärker war der Protest. In den Ländern, in denen die nukleare Option bereits fest etabliert war, war der Protest deutlich schwächer. Das ist typisch für eine Politik der vollendeten Tatsachen, welche rasanten Wandel im sozialen Gefüge bewirkt und traditionelle Formen des politischen Protests hinterherhinken lässt. Als Ariel Sharon 1983 von 100'000 Siedlern in den besetzten Gebieten sprach, wurde er verspottet. Die Einrichtung des Checkpoint-Regimes in den 1990-er Jahren erfuhr nicht die angemessene Aufmerksamkeit. In Amira Hass' Artikeln, welche die sich abzeichnende Wirklichkeit in den Besetzten Gebieten eingehend beschrieben, sahen manche das «Klein-Klein» der Menschenrechtsverletzungen und übersahen die frühzeitige Warnung vor einer umfassenden politischen Strategie.[5] Die Strassen, die in den Jahren des «Friedensprozesses» in den Besetzten Gebieten gebaut wurden, wurden als bittere Pillen betrachtet, die man zum Wohle «des Prozesses» schlucken müsse. Wichtiger noch: Ein verkürztes Verständnis der Besatzung als eine bloss «politische», nicht soziale Angelegenheit, als Frage von Grenzen und politischen Arrangements, unter Ausblendung der Tiefe der sozialen und wirtschaftlichen Transformationen, die jedem kolonialem Prozess zugrunde liegen, hielt die Linke davon ab, sich mit ihr auseinanderzusetzen. Die Besatzungsgegner nahmen kaum Notiz davon, wie ökonomische Deprivation und soziale Misere in der israelischen Gesellschaft dazu benutzt wurden, den kolonialen Prozess voranzutreiben, und suchten daher nicht nach Wegen, diesem Prozess entgegenzutreten und die sozialen Allianzen zu untergraben, auf die er angewiesen ist. «Geld für arme Stadtviertel, nicht für Siedlungen», war ein Slogan, der in den 1980-er Jahren einen bescheidenen Beginn eines solchen Bewusstseins artikulierte.

In den 1990er-Jahren, mit den neuen Einwanderungswellen, wurden neue Immigranten und Israelis, die ihren Lebensstandard verbessern wollten, in das Siedlungsunternehmen einbezogen. Beschleunigte Privatisierung – die zunehmende Tendenz des Staates, sich seiner sozialen Verpflichtungen zu entledigen – ging Hand in Hand mit einem kolonialen Projekt, das von demselben Staat stark subventioniert wurde, der sich innerhalb seiner eigenen Grenzen von öffentlichen Investitionen im sozialen Sektor zurückzog. Die fast durchgängige Abriegelung (auf Englisch *closure*, auf Hebräisch *Seger*) der Westbank und Gazas nach 1993, die hunderttausende Palästinenser am Betreten Israels hinderte, hatte ebenso weitreichende Folgen: Der israelische Kapitalismus machte die palästinensischen Arbeiter überflüssig und verurteilte sie zu Armut und Not, während er danach strebte, sich rasch zu modernisieren und den eigenen Platz im globalen Markt neu zu verhandeln. Auf der einen Seite wurde die Abriegelung zu einem permanenten Zustand, und die besetzten Gebiete wurden fortan dem Regime der Checkpoints und Roadblocks unterworfen, was ihre vollständige Fragmentierung nach Oktober 2000 vorwegnahm. Gleichzeitig verlieh der Import billiger Arbeitskräfte – neuer Einwanderer und rechtloser Gastarbeiter aus China, Rumänien oder Thailand – der israelischen Ökonomie einen neuen Schwung. Am anderen Ende des rapiden Privatisierungsprozesses und der sozialen Polarisierung in Israel formierte sich in den 1980er- und 1990er-Jahre eine neue obere Mittelschicht, die nach verbesserter Lebensqualität und sozialer Abgrenzung verlangte. «Lebensqualitätssiedlungen» am Rande der Westbank wurden – und hier spielte wiederum Ariel Sharon eine entscheidende Rolle – zu einer respektablen Option, die das Siedlungsprojekt letztendlich näher an die obere Mittelschicht herantrug. Eingezäunte und bewachte Gemeinden (*gated communities*) in den Besetzten Gebieten – direkt hinter der Grünen Linie, komfortabel mit dem Zentrum verbunden und von Arabern und Armen gut abgeschirmt – wurden in die koloniale Landschaft eingepflanzt. So verdoppelte sich die Anzahl der Siedler in der Westbank gerade in den Jahren des Osloer «Friedensprozesses» (1993–2000), der Zeit der Modernisierung der israelischen Besatzung, die mit der beschleunigten Privatisierung und der verschärften sozialen Polarisierung der israelischen Gesellschaft einherging. Wenn heute mehr als 250'000 Siedler in der Westbank wohnen, welche mehr als 40% des Territoriums kontrollieren, so ist das nicht das Werk der militanten messianistischen Siedler allein. Nicht nur die Tiefe des kolonialen Prozesses in der Westbank gerät oft aus dem Blick, sondern auch seine Verschränkung mit der Dynamik der israelischen Gesellschaft.

2 Modi'in 'Illit und Bil'in

Dies wird deutlich, wenn man eine Siedlung näher anschaut. Erst dann wird auch klar, wie die Siedlungspolitik mit dem Bau der «Separationsbarriere» zusammenhängt. Modi'in 'Illit ist eine der grössten Siedlungen in der besetzten Westbank; sie steht sicherlich nicht für alle Siedlungen, ist aber dennoch ein instruktives Beispiel besonders für die Entwicklung der grossen Siedlungen in den 1990er-Jahren.

Modi'in 'Illit wurde 1996 gegründet und befindet sich auf dem Boden von fünf palästinensischen Dörfern: Ni'lin, Kharbata, Saffa, Bil'in und Dir Qadis. Sie ist diejenige der Siedlungen, die auch nach dem Ausbruch des zweiten palästinensischen Aufstands im Oktober 2000 am schnellsten weiter wuchs. Modi'in 'Illit soll in den kommenden Jahren den Status einer Stadt erhalten; heute beträgt die Einwohnerzahl mehr als 35'000; für das Jahr 2020 rechnet das Ministerium für Wohnungsbau mit 150'000 Einwohnern. Die Expansion von Modi'in 'Illit trieb die palästinensischen Bauern des Dorfes Bil'in in den Ruin. Die Zaunanlage, die zwischen Modi'in 'Illit und Bil'in gebaut wurde, trennt die umliegenden Dörfer von fast der Hälfte ihres Landes, etwa 2000 Dunums, zuzüglich der Ländereien, die bereits früher weggenommen wurden. Die Einwohner von Bil'in wurden um der zukünftigen Expansion der Kolonie willen enteignet.

Seit Februar 2005 führen die Bewohner von Bil'in eine gewaltlose Protestkampagne gegen den Separationszaun, der ihr Land verschlingt. Gemeinsam mit israelischen und internationalen Friedensaktivisten haben sie jede Woche Hand in Hand vor den Bulldozern und Soldaten demonstriert. Damit schliessen sie sich einer Reihe von palästinensischen Dörfern an – Jayyous, Biddu, Dir Ballut, Budrus, um nur einige zu nennen, – die in den letzten paar Jahren hartnäckige Kampagnen gewaltlosen Widerstands gegen die Mauer geführt haben. Diese in der Regel von lokalen «Volkskomitees gegen den Zaun» koordinierten Kampagnen sind ausserhalb Palästinas nahezu unbekannt geblieben, haben jedoch scheinbar bescheidende, im einzelnen aber bedeutsame Teilerfolge erzielt: Sie haben das Voranschreiten des Zaunes, der die Felder der Palästinenser verschlingt und sie zu einem Leben in kleinen und mittelgrossen Enklaven verdammt, wesentlich verlangsamt und in einigen Fällen sogar verhindert. In manchen Fällen musste auch der Verlauf des schon bestehenden Zauns geändert werden und die Dorfbewohner gewannen einige ihrer Weinberge und Felder zurück – was wenige für möglich gehalten hatten.

Schliesslich, und auf lange Sicht ist dies vielleicht noch wichtiger: Unter ständig sich verschlimmernden Bedingungen haben diese Kampagnen den gewaltlosen Widerstand und den gemeinsamen Kampf palästinensischer und israelischer Friedensaktivisten zu einer ernst zu nehmenden politischen Option gemacht.

Mehr als 250 Menschen wurden bei gewaltsamen Auflösungen gemeinsamer israelisch-palästinensischer Demonstrationen in Bil'in verletzt und zahlreiche unter verschiedenen Vorwänden festgenommen. Streitkräfte der israelischen Armee, Grenzschutzsoldaten, Sondereinheiten der israelischen Polizei und private Sicherheitsfirmen wurden gegen die Protestierenden eingesetzt. Polizeiknüppel, Tränengas, Gummigeschosse und auch Schüsse mit scharfer Munition strapazierten die Demonstranten. Mit nächtlichen Räumungen und Festnahmen versuchten israelische Streitkräfte, die Mitglieder des Volkskomitees von Bil'in abzuschrecken, die selbst in diesen Tagen des Hasses und der Angst standhaft den Prinzipien gewaltlosen Widerstands und offener Kooperation mit israelischen Gegnern der Besatzung treu blieben.[6] Es wurden sogar Spezialkräfte eingesetzt (die *Massada*-Einheit) – als Araber verkleidete Provokateure, die während der Demonstrationen versuchten, die Demonstranten anzustacheln, Gewalt gegen die Soldaten anzuwenden.[7] Allein die Entschlossenheit der Mitglieder des Volkskomitees von Bil'in verhinderte eine unkontrollierte Eskalation der Gewalt als Folge dieser Provokation, die tödlich hätte enden können. Der Zaun braucht also auch Schutz – und zwar nicht zuletzt vor dem gewaltlosen Protest der palästinensischen Dorfbewohner und deren Alliierten. Er selbst dient wiederum dem Schutz eines kolonialen Projektes, Modi'in 'Illit.

Schliesslich ist der Zaun auf den Ländereien von Bil'in gebaut worden, um die *zukünftige* Expansion der Siedlung für die Errichtung neuer Viertel zu gewährleisten, für die es meist nicht einmal einen Bewilligungsplan gab. Hier, in den Besetzten Gebieten, ist es möglich, Tausende von Wohneinheiten ohne Baugenehmigung oder einen gültigen Bebauungsplan zu errichten. Nicht weniger bedeutend ist die Tatsache, dass die Siedlung von Modi'in 'Illit kein Projekt der nationalistischen messianischen Siedler und ihrer politischen Repräsentanten ist. Es ist das Produkt einer heterogenen sozial-politischen Allianz: Mächtige Bauunternehmer, Investoren, die die Chance ergreifen, von Landkonfiszierungen und Regierungssubventionen zu profitieren, Politiker, die das koloniale Projekt unter dem Banner von

Sharons «Disengagement Plan» vorantreiben – und Menschen, die diesen mächtigen Akteuren ausgeliefert sind.

3 Siedlungen und Immobilien

Die an der Expansion von Modi'in 'Illit beteiligten Firmen verdienen genauere Betrachtung. Die massgeblichen Unternehmen und Personen sind die Firma *Danya Cebus* (eine Tochtergesellschaft der *Africa-Israel Corporation*, die einem der mächtigsten Geschäftsleute Israels gehört, Lev Leviev, der auch an der Konstruktion vieler anderer Siedlungen beteiligt ist),[8] der Geschäftsmann und ehemalige Kopf der Bauunternehmer-Vereinigung Mordechai Yona, und weitere Grossbauunternehmer. Im Kampf um das Land in Bil'in spielen handfeste Finanzinteressen also eine wichtige Rolle. Es steckt Profit im Zaun: Die Investoren bestanden auf einem bestimmten Verlauf des Zaunes, der die Bewohner von Bil'in von ihrem Land trennt, um die eigenen Investitionen zu sichern.

Modi'in 'Illit wurde 1996 auf Initiative von Privatunternehmern gegründet, ursprünglich unter dem Namen Kiryat Sefer; verschiedene Viertel wurden später zusammengelegt als Modi'in 'Illit, auf Hebräisch: Oberes Modi'in. Wie bei manchen anderen Siedlungen führt ihr Name in die Irre, da er suggeriert, dass sie nicht im Westjordanland, sondern direkt bei der Stadt Modi'in, innerhalb der Grenzen Israels von 1967 liege. Viele Israelis haben erst spät – in Folge der anhaltenden Proteste der Bewohner von Bil'in und des Skandals um Methoden der Investoren, sich das Land anzueignen – entdeckt, dass Modi'in 'Illit tatsächlich eine Siedlung ist.[9] Ihre Gründer waren zwei Unternehmer, Anhänger des orthodoxen Rabbiners Shach, die kostengünstige Unterkünfte für orthodoxe Familien bereitstellen wollten. Die enge Kooperation zwischen dem Stadtrat von Modi'in 'Illit und mächtigen Privatunternehmern, die spezielle Zuschüsse und Verträge ohne Ausschreibung bekamen, ist im Bericht des israelischen Zustandrechnungsprüfers genau dokumentiert: Immer wieder versuchte der Stadtrat, seine enge Kooperation mit den Investoren zu rechtfertigen und argumentierte, dass der private Auftraggeber «bereits Wohneinheiten und andere Projekte in der Gegend gebaut hat» und «dass ein dringender Bedarf besteht, das Projekt fertig zu stellen».[10] In Israels wildem Osten gibt die Politik der vollendeten Tatsachen den Bauunternehmern freie Hand; die politische Dringlichkeit des Kolonisierungsprojekts und die

Bemühungen der Investoren, sich schnelle Profite zu sichern, fliessen ineinander.

Der *State Comptroller* etwa hat ermittelt, dass der Stadtrat von Modi'in 'Illit lediglich 10% der Steuern eintrieb, die ihm die Unternehmer auf den Ländereien schuldeten und dass der Stadtrat «die Schulden, die ihm [von Seiten der zwei Hauptbauunternehmer der Siedlung] zustanden, aufhob», und zwar «durch dubiose Buchhaltung, die auch zukünftige Bauprojekte einschliesst, noch bevor sie die erforderlichen Genehmigungen für den Bau erhalten haben». Tausende Wohneinheiten Modi'in 'Illits wurden in der Tat unter Missachtung der Gesetze gebaut – und dies mit der *Ex-post-facto*-Bewilligung des Stadtrats.[11] Bei einem Siedlungsareal bemühte sich der Stadtrat, den illegalen Bau schönzufärben, indem er rückwirkende Korrekturen des Flächennutzungsplans vornahm. Gemäss einer Untersuchung aus dem Jahr 1998 war die gesamte Brachfeld-Wohnanlage auf dem Boden von Bil'in ohne Baugenehmigungen gebaut worden. Bedarf es der Erwähnung, dass nicht ein einziges der hier entstandenen Häuser abgerissen wurde?[12]

All dies ist nicht lediglich eine Frage der Korruption oder des Missmanagements, sondern ein strukturelles Charakteristikum des kolonialen Grenzraums: Unkontrollierte Besiedlungsaktivität bringt Möglichkeiten mit sich, immense Profite auf Kosten der menschlichen und natürlichen Umwelt zu machen. In der Klage der Bewohner von Bil'in vor Israels Verfassungsgericht erklärten diese, dass ein Grossteil der Abwässer aus den Vierteln von Modi'in 'Illit in den dortigen Fluss fliesst und die Wasserreservoirs der Gegend verschmutzt. Die Siedlung selbst jedoch wird sauber gehalten. Als gut gepflegte Stadt hat Modi'in 'Illit den «Beauty-Star»-Preis des Vereins für ein schönes Israel gewonnen. Beamte in einem der zentralen Viertel versicherten einem Journalisten, dass «prinzipiell und aus Sicherheitsgründen» keine Araber angestellt worden seien.[13]

Die Bewohner von Bil'in sind offensichtlich mit einer mächtigen Allianz von politischen und wirtschaftlichen Interessen konfrontiert. Die zwei Viertel, die auf ihren Ländereien gebaut werden sollen, umfassen insgesamt 5'500 Wohneinheiten. Das «Green-Park»-Projekt wird von der Firma *Danya Cebus* gebaut, die von Lev Leviev und seinem Geschäftspartner, dem amerikanischen Grundstücksinvestor und Lubawitsch-Anhänger Shaya Boymelgreen, kontrolliert wird. Es ist ein riesiges Projekt, mit 5'800 geplanten Wohnungen, ein 230-Millionen-Dollar-Unterfangen.[14] *Africa-Israel*, die Grundstücksinvestment-Firma, die Leviev gehört, konnte 2005 einen starken Zuwachs ihrer Einkünfte verbuchen; die Betriebsgewinne stiegen um 48% in 2005 und um weitere 78% in 2006.

Doch es lohnt sich auch zu fragen, wer genau die seltsamen Unternehmer sind, die behaupten, legale Besitzer der Grundstücke zu sein, auf denen die neuen Viertel errichtet werden: Es sind Israels «Treuhänder des Bodens Abwesender»[15] und die kaum bekannte Land-Einlösungs-Stiftung der Siedler (*Land Redemption Fund*, LRF). Diese vor circa zwanzig Jahren gegründete Stiftung koordiniert die Übernahme palästinensischen Bodens in einer Reihe von Schlüsselgegenden, die für die Expansion der Siedlungen vorgemerkt sind. Sie wurde von einigen der ideologischen Führer der radikalen Siedler etabliert: Zvi Slonim, ehemaliger Generalsekretär der Siedlerbewegung Gush Emunim, Avraham Mintz, ehemaliger enger Mitarbeiter von Ariel Sharon, als dieser noch Wohnungsbauminister war und Ira Rapaport. Rapaport, ein Siedler aus New York, war einer der Gründer des Terrornetzwerks der Siedler, das im Westjordanland in den frühen 1980er-Jahren operierte. Wegen seiner persönlichen Beteiligung an dem Mordanschlag gegen Bassam a-Shak'a, den Bürgermeister von Nablus, der dabei beide Beine verlor, wurde Rapaport zu mehreren Jahren Haft verurteilt.[16]

Die Methoden des LRF sind in einer detaillierten Untersuchung zweier israelischer Journalisten beschrieben:

> Das Spionage-Netzwerk der Stiftung besteht aus ehemaligen [palästinensischen] Kollaborateuren, die nach ihrer Entlarvung in ihre Dörfer zurückkehrten, sowie israelischen Angestellten der israelischen allgemeinen Nachrichtendienste in Pension, die Informationen gegen Geld liefern (sie können beispielsweise herausfinden, wem ein Stück Land eigentlich gehört und wer es bebaut) und ehemaligen Militärgouverneuren, wie zum Beispiel dem kürzlich verstorbenen Yehoshua Bar-Tikva, dem ehemaligen Militärgouverneur von Tulkarem, dessen Beziehungen in den Dörfern nach seiner Pensionierung vom LRF benutzt wurden.

Arabische Strohmänner agieren als Vermittler in diesen Transaktionen; sie geben sich gewöhnlich als die Käufer aus, bevor die Grundstücke an die Siedler weitergegeben werden. Die Operationen werden finanziert «von rechten jüdischen Millionären wie Lev Leviev oder dem Schweizer Tycoon Nissan Khakshouri».[17] In Bil'in fanden ähnliche Methoden Verwendung, wenn es darum ging, des Landes habhaft zu werden.[18]

Das Kolonisierungsprojekt ist daher auf unentwirrbare Weise zugleich ökonomisch wie politisch: Die Förderung von Annexion und Kolonisierung bringt fette Profite ein. Unter den Hauptsponsoren der Land-Einlösungs-Stiftung finden sich dieselben Kapitalisten, die auch in anderen Kontexten als Siedlungsbauer und Grundstücksinvestoren auftauchen. Sie schenken den radikalen Siedlern beträchtliche Summen, und dies nicht allein aus politischer Überzeugung – schliesslich lässt sich Profit aus der Sache schlagen. Dieselbe Allianz findet man auch andernorts in der Westbank. Die Land-Einlösungs-Stiftung beispielsweise ist zugleich der Investor, der hinter der massiven Expansion der Siedlung Tzufin steckt, die auf dem Boden von Jayyous liegt – einem weiteren palästinensischen Dorf, das die meisten seiner Ressourcen durch den Separationszaun verliert. Hier ist eine elffache Erweiterung der Siedlung im Gange. Auch in diesem Fall handelt es sich beim verantwortlichen Bauunternehmen um eine Immobilienfirma, die von Lev Leviev kontrolliert wird.[19]

Die Auswahl der Gebiete, in denen der LRF aktiv ist – Nirit, Alfei Menashe, Tzufin und Modi'in 'Illit – ist ebenfalls von Bedeutung: «Ihr Hauptanliegen ist es, die Grüne Linie [Israels Grenze vor 1967] zu verwischen, indem die neuen Siedlungen an Gemeinschaften innerhalb der Grünen Linie gekoppelt und Gemeinden innerhalb der Grünen Linie in Richtung der neuen Territorien ausgeweitet werden», um «vollendete Tatsachen zu schaffen».[20] Diese Siedlungen sind Teil eines umfassenderen Projekts, das in den 1980er-Jahren begonnen wurde, um die Grüne Linie aufzulösen, indem man Kolonien für nicht-ideologische Siedler der Oberschicht errichtete. Das Projekt litt unter den Folgen der Intifada, doch um 2003 wurde es nach der Fertigstellung von Teilen des Separationszauns wieder aufgenommen, was zur *De-facto*-Annektierung von Teilen der Westbank führte, die zwischen dem Zaun und Israel liegen. In diesen Gebieten konnte man nun einen «höheren Lebensstandard» versprechen – in einer Region, die für Investoren und Siedler in dem Masse «sicher gemacht» wurde, in dem palästinensische Gemeinschaften hinter der Mauer verschwanden.[21]

Israels Siedlungen in der Nähe der Grünen Linie und im Schatten des Zauns haben demzufolge eine strategische Bedeutung: Sie ergänzen das Projekt der Errichtung eines Zaunsystems, indem sie effektiv Teile des Westjordanlandes für Israel annektieren. Aber sie sind zugleich der soziale Ort, an dem eine mächtige politische und ökonomische Allianz zwischen Kapital, Siedlern und Politikern Form annimmt.

4 Die Zaunkoalition

Die Pro-Zaun-Koalition hat sich um Ariel Sharon und dessen politische Erben kristallisiert – eine Allianz der Anhänger gradueller Annexion («Israel sollte die Siedlungsblöcke behalten») und «vernünftiger» kolonialer Expansion (die nur dann so vernünftig erscheinen, wenn sie ihren Freunden-und-Rivalen gegenübergestellt werden, den «schlechten», hemmungslosen Siedlern). Sie ist vereint unter dem Banner der ethnischen Trennung und der ökonomischen Privatisierung. Diese Allianz verspricht Israel Frieden – sprich: unilaterale Befriedung – und partielle Annektierung durch Zerstückelung der Westbank in eingezäunte Enklaven.

Erst 2006 betrat die Zaunkoalition formell die politische Bühne – wobei nicht vergessen werden darf, dass ihre Anhänger auch ausserhalb der von Sharon gegründeten *Kadima*-Partei zu finden sind. Aber in Modi'in 'Illit und anderswo auf den Hügeln der Westbank konnte man schon vor einiger Zeit ihren sozialen und ökonomischen Kern am Werk sehen: Eine unheiligen Allianz von Siedlern und Staatsorganen, die den Ausbau der Zaunsysteme und Siedlungen vorantreiben, Immobilienfirmen sowie High-Tech-Unternehmer – «old» und «new economy». Die im Schatten des Zauns expandierenden Siedlungen sind der Ort, an dem diese wichtigen Bündnisse geschmiedet werden, genau deshalb, weil sie nicht allein auf dem missionarischen Eifer der Hardliner fussen, sondern auch Antworten auf reale soziale Bedürfnisse liefern – gesteigerte Lebensqualität für die obere Mittelschicht, Jobs und subventioniertes Wohnen für die Armen. Diese Siedlungen erweitern die soziale Machtbasis der Kolonisierungsbewegung und binden zusätzliche soziale Gruppen an sie: Zuvorderst die echten Zaunprofiteure, Bauunternehmer, Investoren und Oberschichtensiedler, die Lebensqualität in neuen «gated communities» suchen, fern der Armen und abgeschirmt von den Palästinensern. Doch zugleich binden sie diejenigen an das Kolonisierungsprojekt, die einen Weg aus der Misere suchen: Grossfamilien, die billigen Wohnraum brauchen oder neue Immigranten, die am Tropf der Regierungssubventionen hängen und soziale Anerkennung suchen. Sie sind es auch, die den Preis für das koloniale Projekt zahlen – sie werden dem Hass, den der Zaun hervorruft, ausgesetzt und begeben sich in völlige Abhängigkeit von Kapitalisten und Politikern.

In Modi'in 'Illit trifft die *Old Economy* der Bauunternehmer auf die *New Economy* des High-Tech. Beide sind eng mit dem Staat verwoben. Im Juni 2004 forderte Mordechai Gutman, CEO von Matrix, einem der grössten Software-Unternehmer in Israel, in einer Diskussion mit dem damaligen Finanzminister Benjamin Netanyahu in einem parlamentarischen Ausschuss Staatshilfe, um der Konkurrenz durch Billigprogrammierer aus Indien zu begegnen.[22] Die Subventionen wurden bewilligt und Matrix eröffnete ein Entwicklungszentrum in Modi'in 'Illit. Die staatlichen Subventionen lockten auch andere Software-Hersteller und High-Tech-Firmen.[23] «Wie der Finanzminister», sagte die Vorsitzende des parlamentarischen Ausschusses zu den versammelten Vertretern der High-Tech-Industrie, «so denke auch ich, dass die Bandbreite der Interessen, die Sie hier am Tisch vertreten, zugleich das Interesse des Staates ist.» Nicht nur die Bauunternehmer profitieren vom kolonialen Projekt; auch den High-Tech-Firmen wird billiges gestohlenes Land zur Verfügung stellt, Staatssubventionen und öffentliche Ressourcen, Polizisten und Soldaten, die ihre Investments sichern – und disziplinierte Arbeitskräfte. Denn in der Kolonie Modi'in 'Illit, nur 25 Minuten von Tel Aviv entfernt, hat Matrix eine Alternative zu den billigen indischen Arbeitskräften gefunden. Die Lösung heisst «off-shoring at home»; dieses findet ganz in der Nähe statt, in Israels kolonialem Hinterhof. «Die Qualität eines westlichen Landes zu Drittweltpreisen», so steht es auf der Homepage der Firma.[24] Der israelische Kapitalismus wird zunehmend integriert in einen globalen Markt – und erneuert sich selbst zugleich durch die Einbeziehung in das koloniale Projekt, aus dem er Ressourcen und Unterstützung schöpft.

Es wird gelegentlich behauptet, dass es mit der Modernisierung des israelischen Kapitalismus möglich – und vielleicht sogar notwendig – werde, seine Bindung an den alten Kolonialismus aufzugeben. Der Fall von Matrix in Bil'in demonstriert, dass der israelische Kapitalismus zugleich kolonial und digital sein kann, zwischen globalen Märkten und kolonialen Siedlungen, Kampagnen ungezügelter Privatisierung und massiven Regierungssubventionen hin und her oszillieren kann. Sich selbst überlassen, ist er weder in der Lage noch empfänglich dafür, sich aus dem kolonialen Sumpf zu ziehen – das heisst, solange Israels koloniales Projekt nicht unwiderruflich zu einer Belastung wird oder der Widerstand der Kolonisierten und ihrer Verbündeten einen Kurswechsel erzwingt.

5   Global, Digital und Kolonial

In Talpiot, dem Entwicklungszentrum von Matrix in Modi'in 'Illit, arbeiten Anfang 2008 mehr als 400 ultraorthodoxe Frauen.[25] «Dies ist ein Entwicklungszentrum in der Nähe des Zuhauses, in einem homogenen Umfeld, und aufgeschlossen gegenüber den besonderen Bedürfnissen der Frauen», schreibt der CEO von Matrix auf der Webseite des Unternehmens.[26] Es werden die Regeln des *Kaschrut* befolgt, und man findet sogar getrennte Küchen für Männer und Frauen vor. Es gibt auch einen «Abpumpraum» für Frauen, die ihre Babys stillen, was Neugier bei den Journalisten und Peinlichkeit bei den «Mädchen» – wie man sie dort nennt – hervorruft.

Wie viel zahlen die Unternehmer den Frauen, die für das Entwicklungszentrum von Matrix in Modi'in 'Illit arbeiten? Sie werden als fleissige, effiziente und aussergewöhnlich produktive Arbeiterinnen beschrieben: «Was ein Programmierer woanders in einer verrückten Woche voller Druck und Schlaf am Arbeitsplatz tun kann, schaffen diese Mädchen hier locker in drei Tagen», berichtet der Leiter des Matrix-Zentrums in Modi'in 'Illit einem Journalisten.[27] Doch ihre Löhne betragen die Hälfte des Lohnes eines Programmierers in Israels Zentrum. Für ihre Dienste verlangt Matrix von ihren Kunden 18 bis 20 Dollar die Stunde. Eine Anfängerin im Matrix-Entwicklungszentrum bekommt einen Mindestlohn – etwa vier Dollar – für eine Arbeitsstunde. Ein israelischer Journalist, Yoni Shadmi, hat ausgerechnet:

> Die Mädchen im Matrix Entwicklungszentrum sind spezialisiert auf die Programmiersprachen *Java* und *dot.net*. Um einen Vergleich anzustellen: Ein Anfänger-Programmierer mit denselben Fähigkeiten kann in Israel 10'000 Schekel (2'175 US-Dollar) im Monat verdienen. Ein geringfügig erfahrenerer Programmierer, der nicht davor zurückschreckt, seinen Lohn auszuhandeln [...], sollte ohne viel Anstrengung mehr als 20'000 Schekel (4'350 Dollar) im Monat verdienen. Im Matrix-Entwicklungszentrum in Modi'in 'Illit, das in den Genuss von Arbeitskräften kommt, die fast japanische Standards an Pünktlichkeit, Fleiss und Eifer an den Tag legen, werden den Frauen weniger als 5'000 Schekel (1'085 Dollar) bezahlt.

> Während ihres ersten Halbjahres am Arbeitsplatz, das einen umfassenden Ausbildungskurs enthält, der sie auf den Job als Programmierer vorbereitet, verdienen die Mädchen 2'000 Schekel (435 Dollar) im Monat. Danach bekommen sie den Mindestlohn, der im Oktober 2005 3'335 Schekel (725 Dollar) zuzüglich Auslagen betrug. Zu Beginn ihres zweiten Jahres bekommen die Mädchen 4'800

Schekel (1'045 Dollar) im Monat. Der Staat zahlt der Firma 1000 Schekel (215 Dollar) im Monat für jeden Arbeiter [...] und finanziert somit einen Teil der Löhne der Mädchen. Darüber hinaus sind sie für mindestens zwei Jahre an die Firma gebunden. Sie möchten gehen? Dann zahlen sie ein Bussgeld, das zwei Monatsgehältern entspricht. Es gibt auch keine Prämien.[28]

Einer der Führer der Ultraorthodoxen in Israel erklärte einem anderen Reporter: «Die ultraorthodoxe Gemeinde ist daran gewöhnt, von nichts zu leben, daher ist es schon viel für sie, wenig zu verdienen.»[29]

Die Pressesprecher der Firma sind darauf bedacht, den Journalisten zu erklären, ihr Vorgehen habe nichts mit der Ausbeutung billiger Arbeitskräfte zu tun. Die Löhne, die den ultraorthodoxen Frauen von Modi'in 'Illit bezahlt werden, so argumentieren sie, reflektieren nicht deren relative Produktivität oder ihren Wert auf dem internationalen Markt, sondern eher «deren niedrige Lebenshaltungskosten» – eine bemerkenswerte, wenngleich nicht gänzlich unbekannte Wert-Theorie.[30] Das Leben ist billig in den Kolonien; dies ist die israelische Antwort auf die Globalisierung. Doch wenn sie Kunden ansprechen oder mit ihren Erfolgen gegenüber ausländischen Geschäftsleuten prahlen, sprechen die Matrix-Manager klar und deutlich von ultraorthodoxen Frauen als «einer billigen lokalen Arbeitskraft».[31] Sie stellen das gesamte Projekt als ihre Antwort auf die schnelle Globalisierung der High-Tech-Industrie dar, eine erfinderische Antwort auf die Konkurrenz der billigen Arbeitskräfte aus Indien oder Rumänien: «Offshore outsourcing at home», lautet ihre Formel. Programmierer in Übersee einzustellen, um die Produktionskosten zu senken, ist zu einer gängigen Lösung in der neuen globalen Wirtschaft geworden. Doch diese Art «offshore outsourcing» bringt auch spezielle Schwierigkeiten mit sich, argumentiert Matrix, «aufgrund der geographischen und kulturellen Distanz» zwischen den Kunden, den Arbeitgebern und den Angestellten: Unterschiedliche Arbeitstage, verschiedene Sprachen und eine andere «Arbeitskultur». Hier, so behaupten die Matrix-Manager, werden dagegen nicht nur die Reisekosten gespart. Die Firma bietet Dienste zu einem «ähnlichen Preis wie diejenigen, die in asiatischen Ländern zur Verfügung stehen, aber mit den Vorteilen des Arbeitens mit einem lokalen Entwicklungszentrum in geographischer und kultureller Nähe.» Doch das ist nicht ganz korrekt. «Geographische Nähe» verschleiert die speziellen Vorteile der Lokalisierung des Projekts in einem kolonialen Setting, und es ist genau die vermeintliche «kulturelle Differenz», die hier ausgenutzt wird, um das meiste aus der Arbeitskraft herauszuholen.

6 Raub und Disziplin

> «Der Herr geht ins Gericht mit den Ältesten seines Volks und mit seinen Fürsten: Ihr habt den Weinberg abgeweidet, und was ihr den Armen geraubt (hebräisch *gzelat he-'Anî*), ist in eurem Hause.» (Jesaja 3:14)

Das Matrix-Entwicklungszentrum ist streng koscher. Zwei Rabbiner aus dem Ort betreuen das Gelände. Das Siegel des Rabbiners ist wichtig. «Wir halten hier sorgfältig jede koschere Regel ein», sagt der Firmendirektor, «damit wir die Genehmigung der Rabbiner nicht verlieren.» Jenseits der legitimen und unerlässlichen Berücksichtigung der Lebensweise und Werte der Arbeitenden spielt rabbinische Unterstützung eine besondere Rolle in diesem kapitalistischen Unternehmen: Die arbeitenden Frauen «leben gemäss einem komplexen religiösen und professionellen Code», der praktisch «in der Luft» liegt.[32] Die Reporter berichten von der aussergewöhnlichen Arbeitsdisziplin der Frauen in den verschiedenen Software-Entwicklungszentren: «Obwohl viele Mütter von sechs Kindern sind, lassen sie weniger Arbeitstage aus, als es eine Mutter von zweien in Tel Aviv tut», erklärte eine Projektdirektorin in Modi'in 'Illit einem Journalisten:

> Diese Frauen haben keinen Unfug im Kopf. Sie arbeiten einfach. Keine Rauchpausen, Kaffeepausen, kein Plaudern am Telefon oder Schauen nach Ferienangeboten in der Türkei. Pausen sind nur zum Essen da, oder um Milch im Spezialraum abzupumpen. Einige der Mütter schaffen es sogar, nach Hause zu gehen, zu stillen und zurückzukommen.[33]

Journalisten waren beeindruckt von der Stille am Arbeitsplatz:

> Persönliche Unterhaltungen in den Arbeitsräumen des Matrix-Entwicklungszentrums sind verboten, nicht nur zwischen Männern und Frauen, sondern auch unter den Frauen. ‹Sie bezahlen dich für acht Stunden Arbeit. Wenn eine zuviel spricht oder im Web surft, wird jemand anderes ihr sagen, hey, das ist Raub [*gezel*], als ob wir der Firma was wegnehmen würden. Einmal fragten wir, ob wir eine Pause von fünf Minuten machen dürften, um zu beten, aber der Rabbiner sagte, dass die alten Weisen keine Pausen machten, sondern das *Schma'* [das tägliche Hauptgebet] sprachen während sie weiterarbeiteten; deshalb könnten wir das Gebet auf den Feierabend verschieben.›

> Alles in allem, sind die Mädchen der Traum eines jeden Personalmanagers. Wie Hilla Tal erzählt: ‹Sie kamen zu mir und fragten, ist es uns erlaubt, miteinander zu sprechen? Dürfen wir uns am Telefon unterhalten?› Das Management erwiderte, dass sie es dürften, jedoch nur begrenzt. Die Regeln werden sogar dann eingehalten, wenn die Chefs nicht da sind. Der Gruppenleiter von Esti [einer anderen Arbeiterin] ist für gewöhnlich in Petach Tikva. Aber selbst dann werden die Regeln in einer Atmosphäre gegenseitigen Drucks unter den Mädchen befolgt. ‹Wir sind an Strenge und Gehorsam gewöhnt›, sagt sie mit einem halben Lächeln, ‹wir haben uns daran gewöhnt, nichts Verbotenes zu tun, sogar wenn niemand guckt, weil nämlich von oben jemand zuschaut›.[34]

Im Tausch mit dem rabbinischen Siegel erhalten die Investoren disziplinierte, koschere Mädchen. Der Rabbiner ist dazu da, kapitalistische Zeitdisziplin durchzusetzen. Der unheilvolle Begriff *gezel* – ein überladener moralischer Begriff in der jüdischen religiösen Tradition, der «gewaltsam Wegnehmen» und «Raub» bedeutet – wird nicht auf die geraubten Ländereien von Bil'in angewendet, sondern um die den Arbeitgebern entwendete Zeit zu bezeichnen!

Eine Allianz von privatem Kapital und chassidischen Entrepreneurs bewerkstelligte den Zugriff auf den palästinensischen Boden für die Expansion von Modi'in 'Illit; im Betrieb findet man ein nicht weniger faszinierendes Bündnis zwischen der *new economy* und traditioneller Autorität. Wie die Rabbiner, die den Landraub guthiessen, stellen auch die Matrix-Rabbiner wichtige religiöse Regeln auf: Die Unterhaltung untereinander während der Arbeitszeit ist Diebstahl, da Geld Zeit ist, und Zeit gehört der Firma. Bei Matrix experimentiert man offenbar mit neuen Kombinationen – ein Mix aus gegenseitiger sozialer Kontrolle unter den Arbeiterinnen, Überwachung und Disziplin, gepaart mit rabbinischer Autorität.

Liest man die Presseberichte über das Matrix-Entwicklungszentrum in Modi'in 'Illit, bekommt man den Eindruck einer Begegnung mit einer fernen und exotischen Kultur. Die ihr angehörigen Frauen sind jung und liebenswürdig, doch ihre Bräuche muten seltsam an; sie folgen einen strengen Ritualkodex und haben viele Kinder. Trotz ihrer vermeintlich seltsamen Art können sie, so die Presseberichte, dennoch zu produktiver Arbeit erzogen werden: Sie sind mit Wenigem zufrieden, sie sind diszipliniert und gehorsam, nicht zuletzt dank ihrer Priester, die ihre Autorität der Herrschaft der Arbeitgeber hinzugefügt haben. Es besteht kein Zweifel: Gross ist das Glück von Israels Kapitalisten. Angesichts der Herausforderungen der Globalisierung brauchen sie nicht weiter nach Stämmen in fernen Kolonien zu suchen. Ihre Kundschafter haben sie bereits gefunden im nahen, kolonialen Hinterhof.

Diese Beschreibungen erinnern eindeutig an die Debatten über das religiöse Ethos der Arbeiter und deren Arbeitsdisziplin zu Beginn des 20. Jahrhunderts. Sollte man Max Webers kurzen Einschub über fromme Arbeiterinnen in seiner «Protestantischen Ethik» zitieren? Die idealisierte Repräsentation der Verhältnisse bei Matrix – eine Mischung von Public-Relations-Prospekten, interessierten Selbstbeschreibungen von Arbeitern und den exotisierten Darstellungen von Journalisten – nimmt man lieber nicht für bare Münze. Die ultra-orthodoxen Frauen, die für Matrix and die anderen Firmen arbeiten, würden sicherlich Wege finden, sowohl die Verfügungen der Matrix-Rabbiner als auch die Kontrolle am Arbeitsplatz zu umgehen. Darüber hinaus sollte man nicht vergessen, dass es auch materielle Gründe für die starke Motivation der Arbeiterinnen gibt. Wo sonst könnten sie arbeiten? Eine der weiblichen Managerinnen des Projekts gibt unumwunden zu: «Es gibt keine Arbeit in Modi'in 'Illit, und die Frauen haben keine Autos, um woanders hinzufahren. Die meisten haben nicht einmal einen Führerschein, was es erforderlich macht, dass es einen Arbeitsplatz gibt, der sich in der Nähe ihres Zuhauses befindet.» Die öffentlichen Verkehrsmittel sind unterentwickelt und die Quote an Autobesitzern in Modi'in 'Illit ist in der Tat unter den niedrigsten im ganzen Land; Industriegebiete sind zudem nicht vorhanden.[35] Matrix-Sprecher unterstreichen die aussergewöhnlich hohe Stabilität der Arbeitskraft in Modi'in 'Illit und versprechen den Kunden «ein[en] praktisch unbegrenzten Vorrat qualifizierter Kandidaten».[36]

Ignorieren wir für einen Moment die High-Tech-Aura, die mit der Transformation der High-Tech-Industrie ohnehin bereits verblasst ist – neue *Sweatshops* entstehen zur Zeit überall[37] – und konzentrieren wir uns auf die repressiven Arbeitsbedingungen, die Abhängigkeit gegenüber einer engen Allianz aus Bauunternehmern und Arbeitgebern (eine der Auftragsfirmen prahlt damit, den Kontakt zwischen Grundstücksentwicklern und High-Tech-Firmen hergestellt zu haben),[38] das Fehlen von alternativen Erwerbsquellen und der Einsatz von Formen «traditioneller» sozialer Kontrolle – erinnert all dies nicht an die Arbeitsbedingungen in den «Entwicklungsstädten» in der Peripherie Israels der 1950er-Jahre, an die Fabriken, die als das ersehnte Heil der rückständigen neuen Immigranten dargestellt wurden? In beiden Fällen stellen die Einbindung in Israels Kolonialprojekt und die Besiedlung seiner Grenzen die Vorbedingungen für den Zugang zu sozialen Grundrechten dar. Damals wurden neue Immigranten aus der arabischen Welt als ungelernte Arbeiter dargestellt, denen es an Kompetenz fehle; genauso werden die ultraorthodoxen Frauen heute beschrieben, wie sie sich aus der Dunkelheit ins Licht begeben, vom Haushalt zu den Wundern moderner kapitalistischer Unternehmen. Dabei wird sowohl der tatsächliche Bildungsgrad der Frauen als auch die Tatsache unterschlagen, dass ultraorthodoxe Frauen schon längst ihre Familien ernähren und dabei auch den Haushalt führen, während ihre Männer – im Rahmen einer spezifischen Arbeitsteilung – sich dem Thora-Studium widmen.[39] Im heutigen Israel wird den neuen Siedlern gegen ihren Willen ein hoher Preis abverlangt. Der neue Kolonialismus im Schatten der Mauer verstärkt die Abhängigkeitsbeziehungen und die Unterordnung unter den Staat, politische Patrone und Unternehmer.

7   Kanonenfutter für das Kolonialprojekt

Die meisten Bewohner von Modi'in 'Illit sind ultraorthodox und haben viele Kinder. Vor zwei Jahren, als einige von ihnen mit einem Reporter von *Haaretz* gesprochen haben, betonten sie, dass sie sich selbst nicht als Siedler ansähen. Es ist die Wohnungsnot, die ultraorthodoxe Grossfamilien ins Siedlungsprojekt gedrängt hat. Dort bekommen sie Regierungsunterstützung und Sozialwohnungen, die es innerhalb Israels nicht mehr gibt. In den Siedlungen Betar 'Illit und Modi'in 'Illit kostet eine Dreiraumwohnung weniger als 100'000 Dollar. «Und was sollten sie denn auch machen? Nach Tel Aviv gehen, in ein Oberschichtviertel ziehen?», fragte Professor Menachem Friedman, ein Experte der ultraorthodoxen Bevölkerung, einen *Haaretz*-Reporter. «Ihre Situation war so ausweglos, dass sie bereit waren, überall hinzuziehen.» Das ist genau das, worauf die Anführer der Siedlerbewegung pochen: «Selbst wenn sie nicht aus ideologischen Gründen hierher kämen», sagte ein Wortführer des Siedlerrates voller Zuversicht, «würden sie ihre Häuser nicht so einfach aufgeben.»[40] An manchen Etappen des Kolonisierungsprozesses wird über den Mechanismus, der Menschen darin eingliedert und sie gegen ihren Willen zu Siedlern macht, offen gesprochen. Im Jahr 2003 ging der

Bürgermeister von Betar 'Illit, Yitzhak Pindrus, so weit zu sagen, dass die Ultraorthodoxen gegen ihren Willen als «Kanonenfutter» in die besetzten Gebiete geschickt wurden.

Ihre Bedeutung darf nicht unterschätzt werden. Diese zwei ultraorthodoxen Siedlungen allein – Betar 'Illit und Modi'in 'Illit – beherbergen zusammen mehr als ein Viertel aller jüdischen Siedler in der Westbank und wachsen ständig weiter. Verglichen mit den jüdischen Gemeinden in Israel und allen Siedlungen im Westjordanland sind sie aber auch die zwei ärmsten Gemeinden.[41]

Matrix ist eine der grössten Software-Firmen in Israel; sie wird an der Börse von Tel Aviv mit einem Wert von einer halben Milliarde Schekel gehandelt und beschäftigt etwa 2'300 Personen. Ihre Netto-Profite stiegen 2005 um 48% und 2006 um weitere 78%.[42] Unter ihren Kunden in Israel befinden sich Banken, öffentliche Institutionen, Sicherheitsdienste und Privatkunden. Matrix IT wird kontrolliert von Formula Systems von der Formula Group, die weltweit 500 Millionen Dollar Umsatz macht.[43]

Matrix wäre somit ziemlich angreifbar durch öffentliche Kritik und Boykott. Globale Unternehmen haben einen empfindlichen Nerv. Matrix ist zum Beispiel der Hauptlieferant einer der beliebtesten kommerziellen Versionen des Linux-Betriebssystems, *Red Hat*. Was wäre, wenn Linux-Anwender Matrix boykottierten, und forderten, dass es seine Investitionen aus den Besetzten Gebieten abzieht, oder Druck ausübt auf die öffentlichen Einrichtungen, die es unter ihren Kunden gibt? (Unter anderem haben die Hebrew University, das Weitzman-Institut für Wissenschaft, die Ben-Gurion-Universität und die Universität Tel Aviv, an der ich arbeite, alle *Red Hat* von Matrix gekauft.)[44] Was würde passieren, wenn Anwender den Firmen wie *Oracle*[45], die die Dienste des Entwicklungszentrums von Modi'in 'Illit nutzen, mit Boykott drohten? Das betrifft nicht allein Israel; Matrix repräsentiert einige der wichtigsten internationalen Firmen;[46] alle sind empfänglich für öffentlichen Druck von Gegnern der Siedlungen. Und was ist mit Formula Systems, denen Matrix gehört? Formula Systems ist sehr bedacht auf sein öffentliches Image. Das Unternehmen bemüht sich um eine Selbstdarstellung als eine Firma, die etwas zur Gesellschaft beiträgt; zudem unterstützt es das Zentrum zur Förderung der sozialen und umweltpolitischen Verantwortung der Unternehmen in Israel. Auch die Kunden von Formula Systems könnten verlangen, dass Formula aufhört den Bau und die Expansion der Siedlungen in den besetzten Gebieten zu unterstützen.

8   Zuckerbrot und Peitsche

Und was ist mit den Frauen von Modi'in 'Illit? Es ist nur einige Jahre her, da haben die ultraorthodoxen Siedler in Betar 'Illit sich selbst als «Kanonenfutter» gesehen, doch nun, mit dem näher rückenden Zaun, würden sie wahrscheinlich ihre Hoffnungen eher auf diesen setzen, Sicherheit in seinem Schatten suchen und sich mit dem Enteignungsprojekt identifizieren.[47] Auf ähnliche Weise sehen manche Frauen von Modi'in 'Illit Matrix eher als Retter an, der ihren Lebensunterhalt sichert. Das ist das Gesetz von Zuckerbrot und Peitsche. Und die Peitsche ist dieselbe Peitsche – Arbeitslosigkeit und Armut – die auch arabische Arbeiter in Israel und den besetzten Gebieten dazu bringt, sich als Tagelöhner am Bau der Siedlungen und der Zaunanlagen zu beteiligen. Nichtsdestotrotz sind diese Siedler Opfer des kolonialen Kapitalismus, wie viele andere auch, die durch die Ausnutzung ihrer sozialen Misere in den kolonialen Prozess einbezogen wurden. Doch welche Zukunft erwartet sie und ihre Kinder, solange ihre Existenz auf Landraub beruht, wenn sie selbst zur Menschenmauer werden, eine Zielscheibe für den Hass der enteigneten Palästinenser? Worin besteht die Würde in der Unterordnung an Software-Giganten, die ihre Lage ausnutzen? Schliesslich würden diese Konzerne ihre Investitionen ohne weiteres verlagern, wenn sich billigere Alternativen anböten.

Der Fall Matrix in Bil'in deckt somit nicht nur die soziale Allianz auf, die von der Separationsbarriere und der Expansion der Kolonien profitiert, sondern sollte auch den Gegnern der israelischen Besatzung Stoff zum Nachdenken geben. Sollten sie gegen die Arbeitsbedingungen der Frauen von Modi'in 'Illit kämpfen? Sie sind schliesslich Siedler, die auf dem Land von Bil'in und den Nachbardörfern leben – Instrumente des Kolonialismus und seine Opfer zugleich. Es ist diese Mehrschichtigkeit, die die gängige politische Diskussion nicht einfangen kann. Einfache Lösungen für diese Fragen gibt es nicht. Es ist dennoch einer der klarsten Fälle, der die Verknüpfung zwischen Kapital und Siedlung und zwischen diesen und dem politischen Establishment sichtbar macht. Dadurch verdeutlicht er ebenfalls die übersehene Verbindung zwischen dem antikolonialen Kampf – gegen die Enteignung der Palästinenser und die Expansion der Siedlungen in der Westbank – und dem Kampf für soziale Gerechtigkeit innerhalb der Grenzen Israels. Subventionierte Sozialwohnungen für Familien mit niedrigem Einkommen in Israel würden einen drastischen Rückgang in der Bereitschaft mit sich bringen, in Siedlungen wie Modi'in 'Illit einzuziehen. Es gibt auch Alternativen zu den Kursen, die Matrix für ihre Angestellten organisiert – und sie dadurch an die Firma bindet. Wenn der Staat professionelle Kurse bereitstellen und Ausbildung für alle anbieten würde, ohne Bedingungen daran zu knüpfen – ohne, dass man sich am Siedlungsprojekt beteiligen muss, ohne die Erniedrigung von Pflichtprogrammen für Arbeitslose, ohne notwendigerweise die richtige ethnische Herkunft oder das passende Geschlecht haben zu müssen beziehungsweise im richtigen Elternhaus geboren worden zu sein – würde der soziale Mechanismus, der die Matrix-Arbeiterinnen an die Arbeitgeber bindet und sie der Gnade des Firmenmanagements ausliefert, ernsthaft unterlaufen werden. Die Erneuerung des Wohlfahrtsstaats in Israel würde die Hauptsiedlungen wie Modi'in 'Illit und Betar 'Illit dezimieren, sowie Teile von Ma'ale Adumim und Ariel. Wer würde freiwillig sein Haus auf dem Boden anderer bauen wollen, um Teil einer lebenden Menschenmauer zu werden? Dann bräuchten auch palästinensische Bürger von Israel nicht länger auf den Bulldozern, die den Zaun errichten, oder als Subunternehmer für die Siedlungsexpansion zu arbeiten.

Wenn die ultraorthodoxen Arbeiterinnen einen Teil dessen einforderten, was ihnen zusteht, würden wir die Herren von Matrix erblassen sehen. Bei all ihrer sozialen Sorge und nationalen Verantwortung würden sie ihre Projekte ohne zu zögern nach Indien, oder wo auch immer sie billige Arbeitskräfte finden, verlegen. Nur ein ständiges Fordern von sozialer Gerechtigkeit kann die politisch-soziale Allianz zwischen Kapital und Siedlungen, zwischen den neuen Oligarchen und den alten landgierigen Nationalisten durchbrechen und eine Chance für alle Enteigneten innerhalb der israelischen Gesellschaft eröffnen, sich vom Griff von Matrix, Immobilientycoons und nationalistischen Rittern der Land-Einlösung zu befreien.

Globalisiertes Kapital transformiert nicht nur die Landschaft der besetzten Gebiete, sondern auch Israels soziale Landschaft, ja die beiden Prozesse sind eng verknüpft. Nehmen wir Lev Leviev – einer der

Hauptinvestoren in Modiʿin ʿIllit – als konkretes Beispiel: Ein mächtiger Kapitalist, der sich selbst als einen ultraorthodoxen Anhänger der modernen, globalisierten jüdischen Sekte *Chabad* präsentiert, und sein Vermögen auf der Ausbeutung der Diamantenschätze in Afrika und dem Leid seiner Bewohner gründete.[48] Denken wir nur an die Million Menschen, die in der Provinz Lunda in Angola leben und in den unter der Herrschaft von Privatarmeen der Diamantenfirmen stehenden Regionen mit blossen Händen nach Diamanten graben, wie es in einem Bericht des Menschenrechtlers Rafael Marques beschrieben ist.[49] Leviev hat jetzt auch die Kontrolle über die politische Repräsentation der jüdischen Gemeinschaften von Russland erlangt.[50] Seine Firma, *Africa-Israel*, preist sich auch als «Pionier der Errichtung von *gated communities*» in Israel an – Oberschicht-Enklaven, die den öffentlichen Raum zerstückeln und dazu da sind, «die Bedürfnisse des anspruchsvollen Wohnens in Sicherheit und innerer Ruhe» zu erfüllen.[51] Er ist ferner direkt an der Errichtung von Siedlungen und an der Finanzierung radikaler Siedlerassoziationen in den Besetzten Gebieten beteiligt, betreibt aber auch Einkaufszentren. Demnächst wird er das erste Privatgefängnis in Israel errichten.[52] Separationszäune und Privatisierungskampagnen gehen in Israel Hand in Hand. Der soziale Widerstand gegen beides ist sowohl durch Israels koloniale Vergangenheit als auch durch den heutigen kolonialen Prozess geschwächt. Daher ist der jetzige Moment, in dem die Zaunkoalition und die Privatisierungslobby konvergieren, von so grosser Bedeutung. Darin liegt eine kritische Herausforderung für die Gegner des Zaunbaus in Israel. Es geht nicht nur darum, diejenigen blosszustellen, die ihr Vermögen aus der Produktion von Leid und dessen Ausbeutung schöpfen, sondern auch die Allianz zwischen Politikern und Kapital ins Visier zu nehmen, um den Herren von Arbeitslosigkeit und Privatisierung ihre Legitimation zu entziehen.

Es ist ohne Zweifel einfacher für die Besatzungsgegner und Friedensaktivisten, sich vorzustellen, dass sie allein fanatischen, nationalistischen Siedlern gegenüberstehen, während sie selbst die Aufklärung und den Fortschritt verkörpern. Doch in der Realität steht ihnen eine komplizierte Koalition von harten und weichen, wilden und zivilisierten Kolonialisten gegenüber. Sie reicht von der messianischen nationalistischen Rechten bis zur Waffenindustrie und «vernünftigen» Kapitalisten, von den radikalen ideologischen Siedlern bis hin zu den «Lebensqualitäts-Siedlern», die in isolierten und sauberen Städtchen auf beiden Seiten der Grünen Linie leben. Hier ist der Kampf schwieriger, genau deshalb, weil die soziale Herkunft und Klassenposition derjenigen, die auf beiden Seiten der Konfrontationslinie stehen, sich kaum unterscheiden.

Doch die Herausforderung ist sogar noch komplexer. Der koloniale Prozess gründet auf der sozialen Misere und den drängenden Bedürfnissen armer Leute, so wie der Separationszaun auf Ängsten beruht – realen wie imaginierten –, die täglich weiter aufgebaut und geschürt werden. Er zieht junge Paare aus den Slums von Jerusalem an und gliedert neue Immigranten aus der Russischen Föderation ein, die sich plötzlich inmitten der Westbank finden, zur kolonialen Front geschickt genau wie die Immigranten während der 1950er-Jahre; daneben auch die ultraorthodoxen Grossfamilien, die Zugang zu angemessenem, subventioniertem Wohnraum allein dadurch erhalten, dass sie am Siedlungsprojekt und der Inbesitznahme der Westbank teilnehmen. Sie alle verteidigen die Besatzung, um doch nur sich selbst zu verteidigen, beziehungsweise die fragile soziale Existenz, die sie sich unter der Obhut von Regierungsbehörden, der Siedlerbewegung und des Privatkapitals errichtet haben. Doch sie sind nicht der Feind der Besatzungsgegner, sondern selbst Opfer des kolonialen Prozesses, in den sie hineingezogen wurden, Instrumente im Prozess der organisierten Enteignung, der auch ihre eigene Zukunft bedroht. Wie kann man Brücken bauen zwischen all den Opfern des Kolonialismus, Palästinensern und Israelis, Juden und Arabern, um ihm Einhalt zu gebieten und eine andere Zukunft für alle zu errichten? Das ist die alles entscheidende Frage.

Anmerkungen

[1] Teile des Beitrags sind in hebräischen Sprache auf HaOkets (www.haokets.org, Dezember 2005) und Hakibush Magazine (www.kibush.co.il, Juni 2007) erschienen; eine modifizierte Fassung des zweiten Teils in Historische Anthropologie 3 (2006), S. 441–456.

[2] Nancy Chodorow, 1985: Beyond Drive Theory: Object Relations and the Limits of Radical Individualis, *Theory and Society* 14:3, 271–320.

[3] 1 Dunum (=1000 qm = 0,1ha). Eine Anspielung auf das alte Lied der zionistischen Bewegung: «Ich werde dir sagen, Mädchen/ und dir, Junge / wie im Lande Israels / das Land erlöst wird // Ein Dunum hier und ein Dunum dort / Scholle um Scholle / Das Land des Volkes ist gekauft worden / vom Norden bis zum Negev // An der Wand hängt eine Dose / eine blaue Dose / jeder Pfennig darin erlöst Land ...»

[4] Idit Zeral; Akiva Eldar, 2007: Lords of the Land. The War for Israel's Settlements in the Occupied Territories, 1967–2007. New York: Nation Boos.

[5] Eine Auswahl der Reportagen liegt auf Deutsch vor: Amira Hass, 2006: Morgen wird alles schlimmer. Berichte aus Palästina und Israel. München: Beck; 2004: Bericht aus Ramallah. Kreuzlingen: Diederichs Verlag.

6 Meron Rapaport, 2005: Symbol of Struggles, in: *Haaretz*, 10.9.
7 Ders., 2005: Bil'in residents: Undercover troops provoked stone throwing, in: *Haaretz*, 14.10.; David Ratner 2005: Bil'in Protesters say bean bags are latest riot control weapon, in: *Haaretz*, 7.11.
8 Auf ihren Webseiten unterschlagen die *Africa-Israel Corporation* und *Danya Cebus* ihre Beteiligung an der Errichtung von Siedlungen in den Besetzten Gebieten. Siehe http://www.standardpoors.co.il/companies.asp?pageID=2&CleanFormat=0&companyID=53&section=2 (8.12.2007); http://www.danya-cebus.co.il/Eng/B_E.asp (8.8.2006).
9 Akiva Eldar, 2005: Official: Mofaz approves construction in West Bank Settlements, in: *Haaretz*, 14.12.
10 Israel's State Comptroller's Report 51a (2000), 201–218.
11 Ebd.
12 Im Dezember 2005 haben Bil'in-Aktivisten zudem ein kleines Haus auf einem palästinensischen Grundstück, dass hinter dem Zaun liegt, gebaut und erklärt, dass, solange kein einziges der illegalen Bauprojekte in der Siedlung abgerissen wird, sie ein Recht hätten auf ihrem Land zu bauen. Das kleine Haus wurde «Zentrum für den gemeinsamen Kampf für Frieden» genannt, und ermöglichte den Bauern die Ländereien zu erreichen, die sie bald mit der Fertigstellung des Zauns verlieren werden. Meron Rapaport, 2005: IDF completes evacuation of Bil'in, outpost, in: *Haaretz*, 23.12.
13 Tamar Rotem, 2003: The Price is right, in: *Haaretz*, 23.9.
14 Sharon Kedmi, 2004: Danya Cebus is to build in Modi'in Illit, in: *Globes*, 15.8.
15 Dieses Regierungsorgan, das offiziell mit der Verwaltung des Besitzes Abwesender betraut ist, spielt eine Schlüsselrolle in der Aneignung palästinensischen Landes, insbesondere desjenigen, das Flüchtlingen innerhalb Israels gehört, und seit kurzem auch desjenigen in den besetzten Gebieten. Während der Diskussion über den Einspruch der Bewohner von Bil'in gegen den Verlauf des Zauns, vor Israels Verfassungsgericht, wurde offenbar, dass der staatliche Treuhänder als Strohmann für die Land-Einlösungs-Stiftung diente, um ihre Identität zu verschleiern. In einem Spezialbericht haben zwei israelische Menschenrechtsorganisationen diese «revolvierende Transaktionen» aufgedeckt: Die Siedler «transferieren das Land, das sie gekauft haben, an den Treuhänder, der es zu Staatsboden erklärt. Dies ermöglicht es, den Planungsprozess in Gang zu setzen. Der Treuhänder teilt das Land dem Käufer im Rahmen des Planungsgenehmigungs-Abkommens zu, und gibt es dann zur Entwicklung frei – ohne Entgelt.» Yehezkel Lein; Alon Cohen-Lifshitz, Under the Guise of Security: Routing the Separation Barrier to enable the Expansion of Israeli Settlements in the West Bank, hg. von Bimkom (Planners for Planning Rights) und B'Tselem (The Israeli Information Center for Human Rights in the Occupied Territories), http://www.btselem.org/Download/200512_Under_the_Guise_of_Security_Eng.doc (8.8.2006).
16 Shalom Yerushalmi, 2002: «Every Prime-Minister who gave away Eretz Yisrael – was hurt». An Interview with Era Rapaport, in: *Ma'ariv*, 5.4.
17 Shosh Mula; Ofer Petersburg, 2005: The Settler National Fund, in: *Yedioth Achronoth*, 27.1.; englische Übersetzung: http://www.peacenow.org/hot.asp?cid=247 (8.8.2006).
18 Akiva Eldar, 2006: Documents reveal West Bank settlement Modi'in Illit built illegally, in: *Haaretz*, 3.1.; ders., 2006: State mulls criminal probe into illegal settlement construction, in: *Haaretz*, 8.1.
19 Ada Ushpiz, 2005: Fenced out, in: *Haaretz*, 16.9.
20 Mula; Petersburg, The Settler National Fund.
21 Gadi Algazi, The Upper-Class Fence, http://www.kibush.co.il/show_file.asp?num=5086 (8.8.2006).
22 Protokolle des Knesset-Ausschusses für Wissenschaft und Technik, 29.6.2004.

23 Die Regierung Israels subventioniert die Löhne für fünf Jahre: http://www.tamas.gov.il/NR/exeres/1BEE7B98-AC24-46E7-83C6-DF7FDEC4CD25.htm (8.8.2006).
24 Matrix offers the quality, performance and professionalism of a modern, western country, at third world prices!, http://www.talpiot-it.com/ (23.3.2008).
25 Ido Solomon, 2007: Ein erfahrener Programmierer ist zwei ultraorthodoxe Frauen wert, in: *Haaretz – The Marker*, 11.12.
26 Mordechai Gutman: Off Shore in Israel – The New Direction in Developing Software for Organizations at High Quality and Low Cost, in: http://www.matrix.co.il/Matrix/he-IL/Contents/Headlines/Off%20Shore.htm (22.3.2008).
27 Yoni Shadmi, 2005: Globalization Killed the High-Tech Star, in: *Ma'ariv*, 11.11.
28 Ebd. Alle Rechnungen folgen dem Wechselkurs des israelischen Schekels und des US-Dollars Anfang 2006, aber auch die neuesten Berichten bestätigen, dass die bei Matrix und anderen High-Tech-Firmen in Modi'in Illit eingestellten Frauen mindestens 40% weniger verdienen als männliche Programmierer in vergleichbaren Positionen im Zentrum von Israel.
29 Yemini, Galit, 2005: Indian Labour? Matrix is Hiring Orthodox Women, in: *Haaretz*, 17.1.
30 Gutman, Off Shore in Israel.
31 Efrat Neuman, 2005: No reason for envy: The Irish model is based on low taxes and cheap labor force, in: *Haaretz*, 5.9.
32 Shadmi, Globalization.
33 Ruth Sinai, 2005: Modi'in 'Illit: The Zionist Response to Off-Shoring, in: *Haaretz*, 19.9.
34 Shadmi, Globalization. Ein ähnliches Bild von der Arbeitsdisziplin der eingestellten Frauen zeichnet ein unkritischer Bericht über eine andere Firma in Modi'in 'Illit, Citybook: Tulli Pikarsh, 2007: Frauen sind Tabu, in: *Ha-Tzofeh*, 9.12.
35 Shim'oni, Eli, 2005: Wer könnte eine orthodoxe Java-Frau finden? *YNet*, September 23, 2005 [Hebräisch].
36 http://www.talpiot-it.com (23.3.2008).
37 Zu einem weiteren kreativen Versuch, «offshoring near home» anzubieten – diesmal, indische Programmierer auf einem Schiff vor den Küsten Kaliforniens einzusetzen – siehe Patrick Thibodeau, 2005: For SeaCode, offshoring means three miles off the coast: Founders promise «the price of India with the proximity of the United States», in: *Computerworld*, 11.7, http://itreports.computerworld.com/managementtopics/outsourcing/story/0,10801,103089,00.html (8.8.2006).
38 Siehe deren Webseite: http://www.ahuzatbrachfeld.com/he/ahuzat-brachfeld.php (8.8.2006).
39 Ultraorthodoxe Frauen wurden kürzlich als «Agenten sozialen Wandels» beschrieben, die traditionelle Hierarchien unterwandern, indem sie neue Berufe ergreifen. Siehe Menahem Friedman, 2005: The Ultra-Orthodox Woman, in: Yael Atzmon (Hg.), A View into the Lives of Women in Jewish Societies, 273–290; Yossef Shalhav, 2005: Ultra-Orthodox Women between Two Worlds, in: *Mifne* 46–47, 53–55.
40 Rotem, The Price.
41 The Israel Central Bureau of Statistics, 2004: Characterizing Local Councils and Ranking them according to the Socio-Economic Position of their Population.
42 http://web.bizportal.co.il/web/biznews02.shtml?mid=103203 (8.8.2006).
43 http://www.formulasystems.com (8.8.2006).
44 http://www.johnbryce.co.il/newsletters/mabatJan05.htm (8.8.2006).
45 Oracle Invests in Talpiot Development Center, http://www.johnbryce.co.il/shuld_know.asp?query=press&id=196 (8 8.2006).
46 Einige dieser Firmen werden auf der Webseite von Matrix angeführt: PeopleSoft, BMC Software, Red Hat, Compuware, Business Objects Verity, Vignette, IONA, WebMethods, BindView: http://www.matrix.co.il/Matrix/he-IL/CompanyProfile.htms (8.8.2006).

47 Tamar Avraham; Efrat Ben-Ze'ev, Batir Hussan, Wadi Fukin and Nahalin: Four Palestinian villages soon to be encircled by fences, in: http://taayush.tripod.com/new/batir-texts/duaj-batir.htm (8.8.2006).
48 Boaz Gaon, 2005 Black Diamonds, in: *Maariv* 24.10.; Yossi Melman; Assaf Carmel, 2005: Diamonds in the Rough, in: *Haaretz*, 24.3.
49 Rafael Marques: Lundas – The Stones of Death: Angola's Deadly Diamonds, http://www.wilsoncenter.org/topics/docs/ADDMarq.pdf (30.11.2008).
50 Über Levievs Patronage der Föderation der Jüdischen Gemeinschaften in Russland, siehe Yossi Melman, 2005: No Love Lost, in: *Haaretz*, 12.8.
51 : http://www.africa-israel.com/megurim/eng/index.asp (8.8.2006).
52 Aryeh Dayan, 2005: Leviev Promises to treat his Prisons nicely, in: *Haaretz*, 28.11.

III Grenzüberschreitungen I: Handelsliberalisierung,
    Wirtschaftswachstum und Geschlechterbeziehungen

Brigitte Young

Entgrenzung der globalen Handels- und Finanzmärkte
Makroökonomischer Zusammenhang zum Dreieck «Handel – Gender – Finanzen»[1]

1   Einführung

Die derzeitige Transformation der globalen Ökonomie geht einher mit weltweiten Veränderungen in den Governance-Strukturen der Weltökonomie. Der in der Zwischenzeit überstrapazierte Begriff der Globalisierung verdeutlicht vor allem die Liberalisierung des Handelsregimes, die Deregulierung der Finanzmärkte und die Privatisierung von öffentlichen Gütern, die eine progressive Integration der globalen Wirtschaft seit den 1970er-Jahren kennzeichnet (Higgott et al., 2005). Problematisch in diesen Globalisierungsdiskursen ist einerseits die weitverbreitete «Genderblindheit» in den neoklassischen und Mainstream-Theorien. Anderseits scheinen viele der feministischen Arbeiten zum Thema Handel, Finanzmärkte und Geschlechterverhältnisse sich bisher primär durch «anekdotische Erzählungen» zu profilieren, indem vor allem Frauen diskursiv undifferenziert als die «ewigen» Verliererinnen dargestellt werden. Dies hat zur Folge, dass die konkreten Zusammenhänge von «Handel – Finanzen – Gender» weiterhin nicht systematisch erforscht sind und deshalb auch keine fundierten Aussagen über die geschlechtsspezifische

Dimension von Handel, Gender und Finanzen gemacht werden können (UNCTAD 2004, S. 60,175). Insbesondere die globalen Finanzmärkte sind weiterhin ein Stiefkind in der feministischen Forschung.

Aus der «realen» Weltwirtschaft hingegen wissen wir, dass Handelsbeziehungen und Investitionen massgeblich die Frage beeinflussen, ob soziale und damit verbundene Geschlechtergerechtigkeit im Rahmen der geöffneten Märkte zu realisieren ist (UNCTAD 2004). Deshalb sind die Bereiche Handel und Finanzen geradezu ein Paradebeispiel für die positiven wie auch negativen Auswirkungen der ökonomischen Globalisierung auf die Verwirklichungschancen von Frauen.

Der vorliegende Aufsatz ist vor allem ein theoretischer Versuch, das Dreieck «Handel – Gender – Finanzen» aus feministischer makroökonomischer Perspektive zu analysieren. In dieser Arbeit beschränkt sich der Begriff Handel auf den Handel mit Dienstleistungen, wie er derzeit im «General Agreement on Trade in Services» (GATS) innerhalb der WTO diskutiert wird. Diese Einschränkung hat vor allem damit zu tun, dass der Handel mit Dienstleistungen Frauen insbesondere in ihren Rollen und Funktionen als Arbeitnehmerinnen, Unternehmerinnen/Selbstständige und als Konsumentinnen von nicht markt-bezogenen Dienstleistungen tangiert.

Im ersten Teil des Aufsatzes wird der von dem renommierten Freihandelstheoretiker Jagdish Bhagwati, Columbia University, entwickelte Ansatz zum Dreieck «Handel – Armut – Gender» aus neoklassischer Sicht vorgestellt. Anschliessend daran wird diese These aus feministischer Perspektive kritisch analysiert, und es werden einige der feministischen Ansätze zu «Handel und Gender» kurz vorgestellt, die sich mit dem Konzept des «Engendering of Macroeconomics» in den 1990er-Jahren besonders im angelsächsischen Raum etabliert haben (vgl. femina politica 2002).[2] Auf der Basis dieser theoretischen makroökonomischen Bausteine zu «Gender und Handel» sowie «Gender und Finanzen» soll im Weiteren darüber Aufschluss gegeben werden, wie das Dreieck «Gender – Handel – Finanzen» als ein theoretisches Schlüsselkonzept für die geschlechtsspezifische Analyse der Liberalisierung der Märkte fungieren kann. Diese konzeptionellen Überlegungen sind vor allem von den in den 1990er-Jahren veröffentlichten Arbeiten zu Finanzen und Gender inspiriert (van Staveren 2002; Elson 2002; Bakker 2002; Singh/Zammit 2000; Lim 2000; Young 2003; 2002; Floro/Dymski 2000).

2 Jagdish Bhagwati – Liberalisierung der Märkte und Gender

Jagdish Bhagwati ist einer der wenigen neoklassischen Handelstheoretiker, der sich ernsthaft mit der Thematik «Handel – Armut – Gender» insbesondere in seinem kürzlich erschienenen Buch *In Defense of Globalization* (2004) befasst hat. Baghwati widmet der Frauenfrage und dem Handel ein eigenes Kapitel unter dem Titel «Women: Harmed or Helped?», in dem er der zentralen Frage nachgeht, ob die Aussenorientierung der Handelswirtschaft die Diskriminierung von Frauen eher verschlimmert oder sie «aushöhlt». Seine keineswegs überraschende Antwort lautet: Die Öffnung der Märkte baut Genderdiskriminierung ab. Er begründet diese These auf der Basis der Studien des Mikroökonomen und Nobelpreisträgers der Ökonomie Gary Becker zum Thema *The Economic Approach to Human Behavior* (1978). Becker untersucht nämlich die Gründe für die weltweit zu beobachtende Tatsache, dass Männer höher bezahlt werden als Frauen, obwohl dies durch keinerlei Produktivitätsleistungen oder andere Faktoren zu erklären ist. Nur durch die These vorherrschender Vorurteile, so Gary Becker, kann dieses Phänomen der Diskriminierung erklärt werden. Becker kommt zu dem Schluss, dass diese Benachteiligung von Frauen aber einen Preis für die Wirtschaft hat: Firmen, bei denen Diskriminierung zum Alltag gehört, sind im komparativen Nachteil gegenüber Firmen, die nicht diskriminieren.

Gleichzeitig sind wir aber auch mit der Tatsache konfrontiert, dass in der Praxis der geschlechtsspezifische Lohnunterschied weltweit praktiziert wird. Bhagwati erklärt dies nun damit, dass Diskriminierung nur in einer geschlossenen Gesellschaft stattfinden kann, da in einem nationalstaatlichen Territorium in allen Firmen gleichermassen die zu Diskriminierung führenden Vorurteile gegenüber Frauen verbreitet sind und deshalb keine Firma nachteilige Konsequenzen für sich daraus zu erwarten hat. In Anlehnung an diese mikroökonomischen Einsichten argumentiert Bhagwati aus makroökonomischer Sicht, dass wenn ausländische, nicht diskriminierende Firmen mit inländischen, diskriminierenden Firmen konkurrieren, die ausländische Konkurrenz einen komparativen Vorteil erzielen wird. Handelsliberalisierung erzeugt somit Druck auf die diskriminierenden heimischen Firmen, ihre geschlechtsspezifischen Vorurteile abzubauen. Die Öffnung der Märkte ist somit der Schlüssel zum Abbau von Diskriminierung (Bhagwati 2004: S. 75–76).

Das auf den ersten Blick nachvollziehbare Argument von Jagdish Bhagwati, dass Genderdiskriminierung nur in geschlossenen Räumen möglich ist, erweist sich aber nach genauerer Prüfung als unhaltbar. Bhagwatis Überlegungen beruhen nämlich auf der Annahme eines scheinbar geschlechtslosen «homo oeconomicus», der von der Autonomie des Individuums und einem rationalen Wahlverhalten von Wirtschaftssubjekten ausgeht. Ausgeblendet in diesen Vorstellungen von einem Nutzen maximierenden, rationalen und autonomen Subjekt sind hingegen Kategorien wie Abhängigkeit, Interdependenz des Handelns, Macht, Interessen, Tradition und Normen (Maier 1993, S. 558). Die in gesellschaftliche Werte, Normen und Traditionen eingeschriebenen Asymmetrien der Machtverhältnisse zwischen Frauen und Männern, institutionalisiert in den Bereichen Schule, Familie, wirtschaftliche Organisationen, gemeinnützige Verbände, Parteien und Staatsapparate, finden in diesen Theorien keine Erwähnung. Nur wenn makroökonomische Theorien auch Machtfragen und Machtasymmetrien berücksichtigen, könnten die globalen Vorurteile gegenüber Frauen konstruktiv analysiert werden (Bakker 2003; Elson 2002; Young 1995; 1998; van Staveren 2002; Grown/Elson/Çağatay 2000).

Offen bleibt in Bhagwatis Argumentation, warum sich die Gendervorurteile trotz offener Märkte und globaler Handelsliberalisierung weiter stabilisieren und *de facto* nicht rückläufig sind. Wenn wir nämlich davon ausgehen, dass sich auch die ausländische Konkurrenz gegenüber Frauen diskriminierend verhält und diese diskriminierenden Praktiken in Auslandsniederlassungen fortgeführt werden, dann ist der «Hebel des Drucks», die Befürchtung eines komparativen Nachteils für heimische Firmen, nicht mehr gegeben. Wenn nämlich «alle» diskriminieren, dann stehen wir auf globaler Ebene einer «geschlossenen Weltökonomie» gegenüber, die diese Handlungen weder für ausländische noch für inländische Wirtschaftsakteure mit für die jeweiligen Unternehmen nachteiligen Konsequenzen beantwortet. Somit wird hier Bhagwatis Eingangsthese bestätigt, dass Diskriminierung in einem geschlossenen Raum keine wirtschaftlichen Nachteile für die Akteure bringen muss. Dies gilt aber auch für den globalen Raum, wenn die Diskriminierung in der gleichen Weise wie seit Jahrhunderten auf nationalstaatlicher Ebene auch auf globaler Ebene fortgesetzt wird (Young 2007a).

3 Feministische Makroökonomie: Der Nexus zwischen Handel und Gender

Das Verdienst der feministischen Makroökonomie besteht darin, es sich zur Aufgabe gemacht zu haben, die «gender-blinden» Modelle der Neoklassik aufzubrechen und die sozialen Themen mit den makroökonomischen Analysen zu verknüpfen. Die feministische Makroökonomie[3] ist eine Reaktion auf die globalen, ökonomischen Ereignisse der 1990er-Jahre: die asiatische Finanzkrise (1997/98), die Auswirkungen der Handelsliberalisierung (NAFTA, WTO) sowie den vom Internationalen Währungsfonds eingeführten «Washington Konsensus» und die damit verbundenen restriktiven Auflagen der Strukturanpassungsprogramme (SAPs) für verschuldete Länder. Es wurde deutlich, dass sozio-ökonomische Aktivitäten und Spielräume auf der Mikro- und Meso-Ebene in entscheidendem Masse von makroökonomischen Faktoren bestimmt werden. Gerade die ärmeren Frauen aus dem Süden gingen zunehmend als Leidtragende aus den globalen, ökonomischen Umbrüchen hervor. Statt auf stabile makroökonomische Eckdaten – wie z.B. Preisstabilität und Haushaltskonsolidierung – zu fokussieren, setzten feministische Ökonominnen den Akzent auf einen transformativen Ansatz der Makroökonomie, der soziale Aspekte in die makroökonomischen Theorien integriert und von der Prämisse ausgeht, «[...] that all macroeconomic policies are enacted within a certain set of distributive relations and institutional structures, and that all of macroeconomic policies entail a variety of social outcomes which need to be made explicit. According to such an outlook, ‹soundness› of macroeconomic policies would be judged not on market-based criteria per se, but in terms of whether they ultimately succeed in bringing societies closer to achieving social justice.» (Elson/Çağatay 2000, S. 1348).

Wenn wir den makroökonomischen Zusammenhang zwischen Gender und Handel analysieren, dann darf dies nicht als eine Einbahnstrasse verstanden werden, in der die Wirkungsrichtung der Handelsliberalisierung die Situation von Frauen nur einseitig entweder positiv oder negativ tangiert. Vielmehr ist die Wirkungsrichtung bidirektional: Durch Liberalisierung oder Privatisierung von Dienstleistungen[4] herbeigeführte Änderungen im Handelsbereich wirken sich auf die Genderverhältnisse aus, und umgekehrt beeinflussen Genderverhältnisse auch den Handel bzw. die Handelsposition eines Landes. Von beiden Wirkungsrichtungen können positive oder negative Impulse ausgehen. Beispiel für eine aus ökonomischer Sicht «positive» Wirkungsrichtung im Sinne der Förderung nationalstaatlicher Konkurrenzfähigkeit ist die Tatsache, dass in vielen Entwicklungs- und Schwellenländern die Diskriminierung von Frauen auf dem privaten Arbeitsmarkt zu einer Verbesserung der Wettbewerbsposition der nationalen Ökonomie führt. Gleichzeitig erhalten Frauen für die gleiche Arbeit oft nur zwischen 50% und 75% oder sogar noch geringere Löhne und Gehälter als Männer. «Genderungleichheit» subventioniert somit den Welthandel, wie Stephanie Seguino (2000) anhand von quantitativen Datenerhebungen bei ihrer Untersuchung des «asiatischen Wirtschaftswunders» der vier Tigerstaaten (Taiwan, Hongkong, Südkorea und Singapur) in den 1980er-Jahren belegt. Andererseits können Frauen zu den Profiteuren einer Liberalisierung zählen, wenn sie Zugang zu den erforderlichen finanziellen Ressourcen haben und diese Chance nutzen können, um kleinere und mittlere Dienstleistungsunternehmen zu gründen und damit auch neue Arbeitsplätze zu schaffen.

4 Handel mit Dienstleistungen – Gender – Finanzen

Wie bereits erwähnt, stellt insbesondere das Analysedreieck «Handel, Gender und Finanzen» ein bislang kaum untersuchtes Forschungsgebiet dar. Auch der Bereich «Gender und Handel» ist immer noch eine «terra incognita» (UNCTAD 2004, S. 55). Während der allgemeine Zusammenhang zwischen Geschlechtergerechtigkeit, ökonomischem Wachstum und Armut vielfach untersucht wurde, existieren zur konkreten Verbindung zwischen internationalem Handel und Gender bisher nur wenige vergleichbare Studien (vgl. Williams 2003; Çağatay 2001; van Staveren 2003; UNCTAD 2004; UNDP 2003). Als das grösste Problem wird hierbei die unzureichende Datenlage ausgemacht (Busse/Spielmann 2005). Aufgrund des Mangels an genderspezifisch erhobenen und ausgewerteten Daten zeichnen sich die Arbeiten zum Thema «Handel und Geschlechterverhältnisse» bisher primär durch «anekdotische Erzählungen» aus. Dies hat zur Folge, dass die auf qualitative Annahmen gestützten Fakten dominieren und die konkreten Zusammenhänge zwischen Handelsliberalisierung und Gender weiterhin nicht systematisch erforscht sind (UNCTAD 2004, S. 60, 175).

Im Bereich des Dienstleistungssektors sind aufgrund fehlender vergleichbarer Daten die Aussagen und Evidenzen sowohl im Hinblick auf die positiven als auch auf die negativen Auswirkungen auf die Genderverhältnisse mit besonderer Sorgfalt zu behandeln.

Kann ein Zusammenhang zwischen den bislang getrennt geführten Diskursen über die Liberalisierung der Dienstleistungen, die Globalisierung der Finanzmärkte und die materiellen Grundlagen der öffentlichen Daseinsvorsorge aufgezeigt werden, und muss diese Entwicklung für Frauen eine Summe negativer Folgewirkungen mit sich bringen? Im Vorfeld kann bereits festgehalten werden, dass durch die Liberalisierung der Märkte eine Grenzverschiebung zwischen Privatheit und Öffentlichkeit stattfindet und sich diese Neudefinition besonders in der Fiskalpolitik widerspiegelt. Dass eine Rekonfiguration von Öffentlichkeit zu mehr Privatheit Männer und Frauen wiederum unterschiedlich tangiert, ist in der Zwischenzeit vielfach dokumentiert worden (Brodie 1994; Bakker 2003; Fraser 1989; Elson/Çağatay 2000; Young 1998).

Aus diesen Überlegungen heraus ergeben sich zwei Analysebereiche. Einerseits muss eruiert werden, wie die Dienstleistungsliberalisierung konkret mit Gender und dem Bereich der sozialen Produktion verbunden ist. Parallel dazu muss die Globalisierung der Finanzmärkte, insbesondere die Entstehung eines globalen Währungs- und Devisenmarktes und der damit einhergehende Druck auf die öffentlichen Finanzen, in die Kalkulation mit einfliessen. Der wachsende Trend zur Entstaatlichung, Kommerzialisierung und Privatisierung öffentlicher Dienstleistungen in Entwicklungsländern sowie in Industriestaaten resultiert aus einer von den Finanzmärkten dominierten Politik. Die Globalisierung der Finanzmärkte spielt deshalb eine solch entscheidende Rolle für den vorliegenden Erklärungsansatz, weil die (Re-)Organisation der Kapital- und Finanzmärkte ausschlaggebend für den Wandel der makroökonomischen Rahmenbedingungen der Staaten ist. Staaten müssen sich dem «disziplinierenden Druck» der globalen Kapitalmärkte unterwerfen, um die mittlerweile international handelbaren Staatsschulden zu finanzieren. Nur durch eine solide Finanz- und Haushaltspolitik können sie das Vertrauen ausländischer Investoren und privater «Rating»-Agenturen gewinnen und eine Bonitätsbewertung erlangen, die den Zugang zu niedrigen Zinsraten auf den Geld- und Anleihemärkten ermöglicht. Die globale Veränderung hin zu einer Vorherrschaft der Finanzmärkte signalisiert, dass es auf der Ebene der öffentlichen Politik nur schwer möglich ist, diese «disziplinierenden Massnahmen» der Kapitalmärkte zu blockieren oder gar zu revidieren (Grahl 2003).

Die Regeln des globalen ökonomischen Wettbewerbs – Liberalisierung, Privatisierung, Deregulierung, Flexibilisierung, private Risikoabsicherung – sind einerseits Produkt eines neuen neoliberalen wirtschaftspolitischen Paradigmas. Zur selben Zeit verändern diese Strukturen die nationalstaatlichen Rahmenbedingungen in Richtung eines «new constitutionalism» (Gill 1998), der sich weltweit als neue, finanzmarktdominierte Governance-Struktur herauskristallisiert. Daher ist es nicht weiter erstaunlich, dass sich Entwicklungsländer – ebenso wie Industrieländer – veranlasst sehen, eine Politik der Preisstabilität und Haushaltskonsolidierung mit der Liberalisierung der Märkte und der Privatisierung von öffentlichem Vermögen zu verfolgen (Altvater/Mahnkopf 1996; Huffschmid 2002; Grown/Elson/Çağatay 2000; Beneria 2003). In fast allen Staaten kann als Reaktion auf diese restriktiven makroökonomischen Rahmenbedingungen ein «fiscal squeeze» (höhere Ausgaben bei geringeren staatlichen Einnahmen) festgestellt werden. Um dieser Tatsache entgegenzuwirken, versuchen Staaten einerseits, sich bestimmter Ausgabenlasten zu entledigen (Privatisierung öffentlicher Dienstleistungen z.B. im Bildungs- und Gesundheitswesen sowie in der Rentenversorgung), andererseits zusätzliche Einnahmen durch die Liberalisierungs- und Privatisierungsprozesse der öffentlichen Infrastrukturleistungen (u.a. Telekommunikation, Post, Energie, Schienenverkehr, Wasserver- und Abwasserentsorgung, Verwaltungen) zu erwirtschaften. Als dritte Variante werden Anstrengungen unternommen, «Public Private Partnerships» durch die Schaffung pluraler Strukturen im Bereich der öffentlichen und privaten Dienstleistungserbringung zu arrangieren (Pelizzari 2001; Fritz 2004).

Hier stellt sich für uns die Aufgabe, den soeben skizzierten Nexus aus einer Genderperspektive herauszuarbeiten. Die zentrale Herausforderung für eine Theoriebildung ist es, die Schnittstelle zu finden, die einerseits den Genderaspekt mit Fragen der Handelsliberalisierung verbindet und andererseits die Liberalisierung der Kapitalmärkte mit der Privatisierung der öffentlichen Dienste und Infrastrukturleistungen verknüpft. Gerade die staatlichen Haushalte können zwischen den globalen Finanzinstitutionen, dem öffentlichen Sektor und der Liberalisierung der Dienstleistungen als eine wichtige Schnittstelle fungieren. Die Frage jedoch, inwieweit mit dem makroökonomischen Wandel von einer kollektiven Gewährleistung öffentlicher Dienste hin zu einem vorwiegend auf individuelle Verantwortung transformierten, öffentlichen Sektor insbesondere für Frauen neue soziale Risiken – aber auch Chancen – (Schmid 2004) einhergehen, stellt derzeit noch immer eine Forschungslücke dar.

Im Folgenden wird in zwei Schritten vorgegangen: Rekurrierend auf die Einsichten der feministischen Makroökonomie und die dort entwickelten holistischen Darstellungen einer Gesamtwirtschaft wird zunächst der geschlechtsspezifische Zusammenhang zwischen der über den Markt vermittelten Sphäre der Produktion und dem Bereich der nicht-monetären, sozialen Reproduktion erläutert. Die Problematisierung dieses Themas soll darüber Aufschluss geben, wie Frauen in ihrer Rolle als Arbeitnehmerinnen, als Konsumentinnen und als Unternehmerinnen in den Dienstleistungssektor integriert sind, um dann daraus zu abstrahieren, welche Auswirkungen eine Liberalisierung dieses Sektors speziell auf die Situation von Frauen hat. Im darauf folgenden Abschnitt wird der theoretische Nexus zwischen Handelsliberalisierung, Finanzmarktliberalisierung und speziell der Liberalisierung von Finanzdienstleistungen herausgearbeitet, um darauf aufbauend zu zeigen, dass diese Strategien – komplementär durch das GATS und die europäische Finanzmarktintegration – einen «fiscal squeeze» auf Staaten ausüben. Diese «fiskalische Schraube» wird gemeinhin zur treibenden Kraft für die Privatisierung und Vermarktung öffentlicher Dienstleistungen.

5   Finanzmarktliberalisierung – Fiscal Squeeze – Gender

Die Finanzmarktliberalisierung seit den 1970er-Jahren, ebenso wie die Handelsliberalisierung und die Liberalisierung der Finanzdienstleistungen im GATS (WTO) und der EU, sind komplementäre Strategien, die durch einen «gleich gerichteten Druck» die Tendenz zur Privatisierung und Vermarktung öffentlicher Dienstleistungen permanent verstärken. Der «fiscal squeeze» ist ein Ergebnis dieser makroökonomischen Politik. Die «fiskalische Schraube» entsteht durch zwei aufeinander prallende Faktoren: «As public spending needs increase with globalization, their capacities to raise revenue weaken.» (Grunberg 1998, S. 591). Diese Entwicklung führt jedoch zu einem weiteren Dilemma für die Nationalstaaten und deren Budgetpolitik: «Either running a fiscal deficit and paying the macroeconomic price, or cutting spending, which would jeopardize social cohesion and competitiveness itself.» (Ebd.).

Besonders die durch die Aufhebung der Kapitalverkehrskontrollen herbeigeführte Liberalisierung der Devisen- und Währungsmärkte intensivierte die internationale Expansion der Finanzbeziehungen. Mit der Globalisierung der Märkte für Staatsanleihen mussten Staaten ihre Haushaltspolitik zunehmend in Reaktion auf die stetige Überprüfung ihrer Anleihemärkte durch internationale Investoren gestalten. Daraus ergaben sich zwei gänzlich neue Konstellationen für die staatliche Finanzierung ihrer Schuldpapiere. Einerseits brachte diese neue Situation einen eindeutigen Verlust an finanzieller Autonomie mit sich, da der durch den offenen Finanzmarkt privilegierte Zugang zu den inländischen finanziellen Ressourcen nicht mehr gewährleistet war. Die expansive öffentliche Finanzierung durch eine Kombination von Inflation und Kapitalverkehrskontrollen, wie dies im «Bretton Woods System» praktiziert wurde, war damit gekappt. Andererseits erhalten Staaten durch die Globalisierung der Märkte für Staatsanleihen Zugang zu einem sowohl vergrösserten als auch beständigen Kreditangebot (Grahl 2003; Bieling 2003). Die Einnahmen des Staates werden dadurch auf mehrfache Weise erheblich tangiert. Profitierten Staaten zuvor selbst in hohem Masse von ihrer eigenen Zinspolitik, indem sie Gelder zu niedrigen Raten akquirierten, so entfiel dieser Vorteil im Zuge der Öffnung der Märkte. Die nationalstaatliche Deregulierung finanzieller Transaktionen führte somit zu erheblichen staatlichen Einbussen. Dies wird u.a. daran deutlich, dass beispielsweise Privatbanken Staatsanleihen unter der marktgängigen Verzinsung gewährten oder mitunter nicht verzinsbare Vermögenswerte in Zentralbanken hinterlegt werden mussten.

Ein weiterer wichtiger Grund für den «fiscal squeeze» und den damit verbundenen Verlust an finanzieller Autonomie besteht neben der Globalisierung der Märkte für Staatsanleihen in der ansteigenden Steuerkonkurrenz und der damit einhergehenden Reduzierung der Steuereinnahmen. Staaten versuchen, durch die Methode des *beggar-thy-neighbor* mit niedrigen Körperschafts- und Kapitalertragssteuern «Policies-Unternehmen» ins Land zu holen, was jedoch mit verringerten Steuereinnahmen verbunden ist. Denn die Liberalisierung der Finanzmärkte und die grenzüberschreitenden ökonomischen Aktivitäten der «global players» (MNC) unterminieren zunehmend die nationalen Steuersysteme. Dass Staaten verstärkt im Bereich der Reduzierung von Unternehmungsbesteuerungen konkurrieren, wird eindrucksvoll dadurch belegt, dass die Körperschaftssteuersätze in der OECD zwischen 1997 und 2004 von durchschnittlich

37% auf unter 30% gefallen sind. Parallel zu den sich neu eröffnenden Möglichkeiten, Steuern legal durch Steuerkonkurrenz zu verringern, bietet die Globalisierung aber auch Optionen zur Steuervermeidung. Dies hat einerseits zur Folge, dass Transnationale Unternehmen (TNC) durch interne, digitale Kommunikationstechniken ihre Gewinnverrechnungen in Länder mit den geringsten Steuern verschieben. Andererseits erhalten Privatanleger die Gelegenheit, ihr Kapital steuergünstig in Steueroasen anzulegen. Nach Schätzungen des Bundesfinanzministeriums verwalten alleine die Schweiz, Liechtenstein und Luxemburg 450 bis 550 Milliarden Euro an deutschem Sparkapital, wodurch dem deutschen Fiskus rund 14 Millionen Euro im Jahr entgehen (Giegold/Wahl 2005).

Neben diesen Möglichkeiten, Steuern zu umgehen und auch zu hinterziehen, gehen dem Fiskus auch in hohem Umfang Steuergelder durch «illegale Kanäle» verloren. Besonders die «Offshore»-Zentren werden von privaten Finanzunternehmen oft zum Zwecke der Geldwäsche verwendet. Der IWF beziffert den Umsatz «schmutzigen Geldes» auf 2% bis 5% des globalen Bruttosozialprodukts, also auf einen Betrag zwischen ca. 600 bis 1500 Mrd. US$ pro Jahr (OECD Observer 1999, zitiert in Altvater/Mahnkopf 2002). In der Konsequenz bedeutet das, dass jährlich ungefähr 50 Mrd. US$ an Steuereinnahmen in sog. Steueroasen/Steuerparadiesen versickern.

Ausgehend von der These, dass der Druck durch die weltweiten Liberalisierungstendenzen und die grenzüberschreitenden Transaktionen von Kapital, Waren, Gütern, Dienstleistungen, Menschen und Informationen sowohl im Hinblick auf die Einnahme- als auch auf die Ausgabeseite der Staaten zunimmt, werden die Handlungs- und Steuerungsmöglichkeiten der Staaten massgeblich eingeschränkt. Nationalstaaten müssen sich dem «disziplinierenden Druck» der internationalen Finanzmärkte unterwerfen und eine restriktive (nicht inflationäre) Haushaltspolitik lancieren. Besonders durch die Einführung der europäischen Wirtschafts- und Währungsunion verfolgen die «Europäische Zentralbank» (EZB) und das «Europäische System der Zentralbanken» (ESZB) das geldpolitische Ziel der Preisstabilität. Andere wirtschaftspolitische Ziele spielen dabei eine untergeordnete Rolle:

«Das vorrangige Ziel der ESZB ist es, die Preisstabilität zu gewährleisten (Art. 105, Abs. 1 EG-Vertrag). Nur soweit es ohne Beeinträchtigung des Ziels der Preisstabilität möglich ist, unterstützt das ESZB die allgemeine Wirtschaftspolitik in der Gemeinschaft [...]» (Kasten/Soskice/ Hennesy 1999, S. 60).

Damit haben die Nationalstaaten in der EU ihre Hoheitsrechte über eine eigenständige Geldpolitik aufgegeben und sie einer supranationalen Behörde übergeben. Die makroökonomische Politik findet somit auf der Ebene der EU statt, wobei die EZB ihre Geldpolitik nicht nach den Bedürfnissen eines einzelnen Mitgliedstaates ausrichtet, sondern mit Blick auf eine stabilitätsorientierte, geldpolitische Strategie, die dem Ziel der Preisstabilität in der gesamten EU dient. Hans Tietmeyer, ehemaliger Präsident der Deutschen Bundesbank, kommentierte wohlwollend die von den Finanzmärkten ausgehende Disziplinierung der staatlichen Fiskalpolitik: «Finanzmärkte können eine laxe Geldpolitik und eine undisziplinierte Haushaltspolitik schon im Ansatz bestrafen. Sie entziehen diesem Land Kapital und fordern einen hohen Zuschlag bei den Kapitalmarktzinsen.»[5]

Dass sich diese Politik, die in der Zwischenzeit weltweit zum Modus geworden ist, durchsetzen konnte, ist vor allem auf eine Kombination aus Liberalisierungs- und Privatisierungsmassnahmen sowie Regelungen der internationalen Finanzmärkte zurückzuführen. Diese wurden – im Rahmen der Handelsliberalisierungsprozesse in der WTO, der Strukturanpassungsprogramme (SAPs) des Internationalen Währungsfonds und der Weltbank für verschuldete Länder des Südens sowie des europäischen Binnenmarkts mit den vier Freiheiten für Kapital, Güter und Waren, Dienstleistungen und Personenverkehr – in regionale und nationalstaatliche Gesetze umgesetzt. Stephen Gill spricht im Hinblick auf diese Liberalisierungsstrategien von einem Prozess des «lock-in»: «[...] to lock in not only present governments and citizens to the reforms, but more fundamentally to prevent *future* governments from undoing the reforms» (Bakker/Gill 2003, S. 30). Regierungen verfolgen demnach das Ziel, Eigentumsrechte zu schützen, Freiheiten für Investoren zu gewähren und vor allem die Fokussierung auf die Wettbewerbsfähigkeit, die als Schlüsselbegriff des neoliberalen Modernisierungskurses gilt, in internationalen Verträgen und Gesetzen festzuschreiben (Bieling/Steinhilber 2000, S. 113).

Weitgehende Einigkeit besteht in der Wissenschaft darüber, dass die Auswirkungen der Globalisierung die Finanzmärkte nach dem Zusammenbruch des «Bretton-Woods-Systems» an die Spitze der globalen Machthierarchie katapultierten (Strange 1998; Helleiner 1994; Cohen 1998; Eichengreen 1996; Bieling 2004; Cox 2002; Huffschmid 2002; van

Staveren 2002; Elson 2002; Bakker 2002). Nicht mehr die klassischen Kreditgeschäfte sind heute für die global ausgerichteten Banken charakteristisch. Das eigentliche dynamische Moment der Finanzmärkte ist der Handel mit Wertpapieren (im Unterschied zur Ausgabe neuer Wertpapiere). Versicherungskonzerne, Investment- und Pensionsfonds («institutionelle Anleger») treten mehr und mehr als Vermittler von Finanzgeschäften auf und spezialisieren sich auf die Ausbreitung von Dienstleistungsaktivitäten, wie sich dies auch in der Organisation der Wertpapiermärkte durch Broker, Händler oder Zeichner von Wertpapieren widerspiegelt (Deutscher Bundestag 2002; Huffschmid 2002).

Das zunehmende Interesse an Dienstleistungsaktivitäten stellt somit auch die entscheidende Verbindung zwischen der weltweiten Liberalisierung der Finanzmärkte und dem «General Agreement on Trade in Services» (GATS) dar. Das WTO-Abkommen über Finanzdienstleistungen, das «Financial Service Agreement» (FSA), ist integraler Bestandteil des allgemeinen Abkommens über den Handel mit Dienstleistungen (GATS), das den internationalen Dienstleistungshandel und -verkehr insgesamt regelt. Der Einzug der Finanzdienstleistungen in die moderne Handelsordnung als eines der letzten Wirtschaftsgüter – nach den Waren, den Dienstleistungen und den geistigen Eigentumsrechten – markiert ein neues handelspolitisches Zeitalter, in dem auch der europäische Finanzmarkt und die europäische Finanzmarktintegration mit ihrem Aktionsplan für Finanzdienstleistungen als Teil der weltweiten Liberalisierung betrachtet werden können (vgl. Werner 2004; Vander Stichele 2005; Lipke/Vander Stichele 2003; Young 2003a; Bieling 2003; Grahl 2003). Unter den Dienstleistungen gehören nämlich die im GATS geregelten Finanzdienstleistungen (FDL) zu den Prioritäten sowohl der USA als auch der EU. Die FDL bilden nicht nur die ökonomische Infrastruktur der globalisierten Ökonomie. Mit der Aufnahme der Dienstleistungen in die Handelsagenda rückten die Finanzdienstleistungen vielmehr von einer Aussenseiterposition in das Zentrum des Interesses der Handelspolitik. Denn mit fast jeder kommerziellen Dienstleistung ist eine Finanzdienstleistung verbunden, die sich nicht in «reinem Bargeld» erschöpft. Die Globalisierung der Finanzmärkte ist somit auch eine Globalisierung der Finanzdienstleistungsmärkte. So identifiziert Eric Helleiner die steigende Bedeutung der Finanzdienstleistungen und deren rapide Nachfragesteigerung als einen von sechs Gründen, warum es überhaupt zur «Reemergence of Global Finance» kam (Helleiner 1994, S. 6).

Einen besonderen Einfluss auf die Liberalisierung der Finanzdienstleistungen hat die Liberalisierung der Auslandsniederlassungen (Direktinvestitionen – Mode 3 im GATS), mit der das Ziel verfolgt wird, durch Kapitalzufluss, Know-how und Beschäftigung günstige Investitionsbedingungen zu generieren. Gerade die Industrieländer rechnen mit entsprechenden Expansionschancen im Bereich der Finanzdienstleistungen durch Auslandsniederlassungen in den Schwellenländern: die USA, Grossbritannien und die Schweiz als die grössten Exporteure von Bankendienstleistungen und Deutschland und Frankreich als Vorreiter bei den Versicherungsdienstleistungen (Mosebach 2003, S. 17). Nationale Finanzsektoren sollen zunehmend für global tätige Banken und institutionelle Investoren geöffnet werden (Werner 2004). Denn international tätige Unternehmen kritisierten immer stärker die Beschränkungen der innerstaatlichen Regelungen im Finanzdienstleistungsverkehr und die damit verbundenen Ineffizienzen für eine wachstumsorientierte, nachhaltige Entwicklung. Dazu gehörte insbesondere das nationale Aufsichtsrecht, das einerseits aus devisenrechtlichen Restriktionen bestand und andererseits aus beschränkenden Vorschriften für einzelne Finanzdienste sowie Finanzdienstleistungsunternehmen und -branchen, die inzwischen als Wettbewerbshemmnis moniert werden (Werner 2004).

6 Gender – Handelsliberalisierung – Finanzen: Risiken und Chancen

Es stellt sich die Frage, welche Konsequenzen sich aus dem Dreieck «Handelsliberalisierung – Gender – Finanzen» ergeben und insbesondere welche sozialen Risiken und Chancen sich damit speziell für Frauen verbinden, die zum Grossteil – in fast allen Gesellschaften der Welt – die Verantwortung für die soziale Reproduktion tragen (vgl. Schmid 2004). Wie bereits in der Einleitung erwähnt, ist der Nexus zwischen Gender und Handel keineswegs nur als Einbahnstrasse zu verstehen, in der die Wirkungsrichtung der Handelsliberalisierung Frauen nur einseitig entweder positiv oder negativ tangiert. Durch die Auslandsniederlassungen von Banken, Versicherungen und Wertpapierhäusern in Schwellenländern und mittleren Entwicklungsländern können Frauen von den neu entstehenden Beschäftigungschancen profitieren, wie dies auch die UNCTAD-Studie (2004) betont. Ein effizientes Bankensystem ermöglicht den gesicherten

Zugang zu günstigerem Kapital und fördert darüber hinaus die Rahmenbedingungen für Investitionen. Jedoch haben viele Frauen in Entwicklungsländern kaum Zugang zu Bankkrediten und sind deshalb auf den informellen Kreditsektor mit «astronomischen» Zinsraten angewiesen.

Genauso gross ist aber auch die Gefahr, dass die einheimischen Banken der Auslandskonkurrenz nicht standhalten können und vom Markt verdrängt werden. Wenn nun Auslandsniederlassungen, wie dies durchaus zu erwarten ist, die Aufnahme von Geschäftsbeziehungen mit den wohlhabenden Schichten oder den meist ausländischen multinationalen Konzernen (MNC) präferieren, dann sind Frauen – schon aufgrund der Tatsache, dass sie einerseits tendenziell den ärmeren Bevölkerungsschichten angehören und andererseits als Unternehmerinnen vor allem die weniger finanzstarken, kleinen und mittelständischen Betriebe leiten – von den Folgen der Handelsliberalisierung stärker betroffen als Männer. Wie die UNCTAD-Studie zeigt, wird der Modus 3 (kommerzielle Präsenz im Ausland) von Frauen deswegen so wenig genutzt, weil ihnen der Zugang zu den für Auslandsinvestitionen notwendigen Krediten fehlt (UNCTAD 2004). Heimische Banken sind dann nicht nur mit weniger «profitablen» KlientInnen konfrontiert, sondern auch die Bereitstellung von «Mikro-Krediten» kann gefährdet werden. Denn es ist noch nicht geklärt, ob ausländische Banken dazu angehalten werden können, Mikro-Kreditprogramme anzubieten, oder ob dies im Rahmen der GATS-Regelungen als ein Handelshemmnis zu interpretieren wäre (Young 2007). So bleiben zwar innerstaatliche Regulierungen zur Sicherstellung der Qualität der Dienstleistung erlaubt, diese müssen aber «objektiven» Kriterien unterworfen werden und dürfen kein «unnötiges» Handelshemmnis darstellen. Der Stand der Verhandlungen zeigt, dass die Forderungen im Bereich der Finanzdienstleistungen in erster Linie auf den Abbau staatlicher Regelungsdichte im Finanzsektor zielen.

Zugleich können sich – trotz zunehmender Beschäftigungsmöglichkeiten für Frauen am Arbeitsmarkt – die Liberalisierungstendenzen ungleich auf die konkreten Lebens- und Arbeitsverhältnisse von Frauen und Männern auswirken. Frauen aus ärmeren Schichten und Staaten sind nicht nur mit einem niedrigeren Einkommen konfrontiert, ihre Verwirklichungschancen können durch den «fiscal squeeze» des Staates negativ beeinträchtigt werden. Die Befürchtung vieler Gewerkschaften, sozialdemokratischer Parteien und NGOs besteht darin, dass die öffentlichen Dienstleistungen zunehmend dem Verantwortungsbereich Einzelner (insbesondere Frauen) zugeordnet werden. Trotz der «fiskalischen Schraube» hat der Staat die Flexibilität, die Verteilung des sozialen Reichtums neu zu arrangieren. Wenn bisher mit einem «versorgenden» Staat gerechnet werden konnte und die – mit Alter, Krankheit, Arbeitslosigkeit, Arbeitsunfähigkeit verbundenen – Risiken Einzelner von der gesamten Gesellschaft mit Hilfe sozialer Sicherungssysteme und öffentlicher Dienstleistungen getragen wurden, so eröffnet sich dem Staat nun die Möglichkeit der Liberalisierung und eventuellen Privatisierung dieser Versorgungsbereiche. Durch die internationalen Liberalisierungsprozesse ist der Staat einerseits «Getriebener», agiert aber auch als «treibende Kraft» bei der Durchsetzung dieser Liberalisierungstendenzen auf der internationalen, nationalen sowie der regionalen Ebene. Er ist somit gleichzeitig Objekt und handelndes Subjekt im Rahmen der Transformation der Weltwirtschaft.

Kurzfristig können Staaten durchaus ihre internationale Konkurrenz- und Standortwettbewerbsfähigkeit durch die Umsetzung der im GATS im Bereich der Dienstleistungssektoren anvisierten Liberalisierungs- und Privatisierungsmassnahmen steigern. Generell ist nämlich davon auszugehen, dass durch die Beschäftigungs- und Wachstumspotentiale im Dienstleistungssektor im Rahmen einer Liberalisierung des Handels mit Dienstleistungen im formellen Bereich die höhere Arbeitslosigkeit von Frauen abgebaut und zum anderen die Präsenz von Unternehmerinnen im Dienstleistungssektor erhöht werden kann. Diesen Chancen stehen allerdings zahlreiche geschlechtsspezifische Risiken gegenüber. Neben der Gefahr eines Anstiegs des Einkommensunterschiedes im Allgemeinen durch Verlagerung von Arbeitsplätzen aus dem öffentlichen in den privaten Sektor lässt die jetzige Datenlage tendenziell darauf schliessen, dass die steigende Zahl von Jobs im Niedriglohnbereich dazu führt, dass diese überproportional von Frauen besetzt werden. Die aufgezeigten geschlechtsspezifischen Chancen könnten somit dadurch konterkariert werden, dass die Stellen in den Wachstumsbranchen meist mit niedriger Entlohnung und Teilzeit- bzw. befristeten Verträgen verbunden sind. Die Zunahme von Dienstleistungsberufen für hoch qualifizierte Arbeitskräfte könnte wiederum einen Anstieg des Einkommensunterschiedes mit sich bringen.

Ferner ist im Bereich der sozialen Reproduktionsarbeit von einer zusätzlichen geschlechtsspezifischen Diskriminierung insbesondere für Migrantinnen auszugehen, da neue Risiken durch Lohndumping entstehen können, die auf die betroffenen Frauen einen zusätzlichen Druck zur Arbeitsaufnahme ausüben. Zusammenfassend lässt sich darauf schliessen, dass die fortschreitende Liberalisierung des Dienstleistungshandels und der dadurch entstehende «fiscal squeeze» für viele Frauen in Entwicklungsländern sowie auch in Industrieländern – insbesondere jene mit geringer Qualifizierung – mit neuen sozialen Risiken verbunden sind. Ob aber die im GATS forcierten Handelsliberalisierungsprozesse die existierenden Genderungleichheiten in Industrie- und Entwicklungsländern perpetuieren, sie akzentuieren oder dazu beitragen, sie zu erodieren, bleibt weiterhin eine ungelöste Frage.

Anmerkungen

[1] Diese Argumentation wurde in dem soeben veröffentlichten Buch *Die Politische Ökonomie des Dienstleistungsabkommens (GATS). Gender in EU und China* (Baden-Baden, Nomos 2007) entwickelt.
[2] Siehe dazu das Einführungsheft der «femina politca» zum Thema «Engendering der Makroökonomie» von Brigitte Young (Gastherausgeberin, Heft 1/2002).
[3] Siehe dazu die Studien u.a. von Diane Elson und Nilüfer Çağatay 2000; Isabella Bakker 1994; 2003; Lourdes Beneria 2003; Shirin Rai 2002 sowie die Beiträge des Journals *Feminist Economics,* und das Schwerpunktheft «Engendering der Makroökonomie» von Brigitte Young, in: *femina politica,* Heft 1/2002.
[4] Liberalisierung und Privatisierung sind nicht synonym. Mit Liberalisierung ist die Öffnung von bisher geschützten Bereichen für konkurrierende Anbieter gemeint, und unter Privatisierung wird die Übernahme öffentlicher Unternehmen durch private Anbieter verstanden.
[5] Jean Monnet Lecture von Hans Tietmeyer an der Europäischen Universität, Florenz, zum Thema «Die europäische Wirtschaft zwischen globalen Märkten und internen Herausforderungen», November 1996.

Literatur

ALTVATER, ELMAR; MAHNKOPF, BIRGIT (1996): Grenzen der Globalisierung. Ökonomie, Ökologie und Politik in der Weltgesellschaft. Münster: Westfälisches Dampfboot.

ALTVATER, ELMAR; MAHNKOPF, BIRGIT (2002): Globalisierung der Unsicherheit. Arbeit im Schatten, schmutziges Geld und informelle Politik. Münster: Westfälisches Dampfboot.

BAKKER, ISABELLA (1994): The Strategic Silence. Gender and Economic Policy. London: Zed Books.

BAKKER, ISABELLA (2002): Who Built the Pyramids? Engendering the New International Economic and Financial Architecture. In: femina politica, Heft1/2000 (S.13–25).

BAKKER, ISABELLA (2003): Neo-liberal Governance and the Reprivatization of Social Reproduction. Social Provisioning and shifting Gender Orders. In: Bakker, I.; Gill, S. (Hrsg.): Power, Production and Social Reproduction. Hampshire: Palgrave Macmillan (S. 66–82).

BAKKER, ISABELLA; GILL, STEPHEN (2003): Power, Production and Social Reproduction. Hampshire: Palgrave Macmillan.

BECKER, GARY (1978): The Economic Approach to Human Behavior. Chicago: University of Chicago Press.

BENERIA, LOURDES (2003): Gender, Development, and Globalization. New York: Routledge.

BHAGWATI, JAGDISH (2004): In Defense of Globalization. Oxford: Oxford University Press.

BIELING, HANS-JÜRGEN (2003): Die neue europäische Ökonomie. Transnationale Machtstrukturen und Regulationsformen. In: Beckmann, M.; Bieling, H.; Deppe, F. (Hrsg.): «Euro- Kapitalismus» und globale politische Ökonomie. Hamburg: VSA (S. 41–67).

BIELING, HANS-JÜRGEN (2004): Social Forces in the Making of the New European Economy: The Case of Financial Market Integration. In: New Political Economy, 8/2 (S. 203–224).

BIELING, HANS-JÜRGEN; STEINHILBER, JOCHEN (2000): Hegemoniale Projekte im Prozess der Europäischen Integration. In: Bieling, H.; Steinhilber, J. (Hrsg.): Die Konfiguration Europas – Dimensionen einer kritischen Integrationstheorie. Münster: Westfälisches Dampfboot (S. 102–30).

BRODIE, JANINE (1994): Shifting the Boundaries: Gender and the Politics of Restructuring. In: Isabella Bakker (Hrsg.): The Strategic Silence. Gender and Economic Policy. London: Zed Books.

BUSSE, MATTHIAS; SPIELMANN CHRISTIAN (2005): Gender Inequality and Trade. Discussion Paper 308. Hamburg: Hamburgisches Welt-Wirtschafts-Archiv (HWWA).

ÇAĞATAY, NILÜFER (2001): Trade, Gender and Poverty, Background Paper. New York: UNDP (October 2001).

COHEN, BENJAMIN J. (1998): The Geography of Money. Ithaca: Cornell University Press.

COX, ROBERT W. MIT SCHECHTER, MICHAEL G. (2002): The Political Economy of a Plural World. London: Routledge.

DEUTSCHER BUNDESTAG (2002): Schlussbericht der Enquete-Kommission, Globalisierung der Weltwirtschaft – Herausforderungen und Antworten. Drucksache 14/9200 (12.06.2002).

EICHENGREEN, BARRY (1996): Globalizing Capital. A History of the International Monetary System. Princeton: Princeton University Press.

ELSON, DIANE (2002): International Financial Architecture: A View from the Kitchen. In: femina politica, 1/2002. (S. 26–37).

ELSON, DIANE; ÇAĞATAY, NILÜFER (2000): The Social Content of Macroeconomics. In: World Development, 28/7 (S. 1347–1364).

FLORO, MARIA; DYMSKI, GARY (2000): Financial Crisis, Gender, and Power: An Analytical Framework. In: World Development, 28/7 (S. 1269–1283).

FRASER, NANCY (1989): Unruly Practices: Power, Discourse and Gender in Contemporary Social Theory. Minneapolis: University of Minnesota Press.

FRITZ, THOMAS (2004): Daseinsvorsorge unter Globalisierungsdruck. Wie EU und GATS öffentliche Dienste dem Markt ausliefern. Blue 21 Arbeitspapier, Januar.

GIEGOLD, SVEN; WAHL, PETER (2005): Internationale Steuern werden ein Kind der Globalisierung sein. Der Kampf gegen Steuerflucht ist eine Frage des politischen Willens. In: Das Parlament, Nr. 47 (21.11.2005).

GILL, STEPHEN (1998): European Governance and New Constitutionalism: EMU and Alternatives to Disciplinary Neo-Liberalism in Europe. In: New Political Economy, 3/1 (S. 5–26).

GRAHL, JOHN (2003): Finanzintegration und europäische Gesellschaft. In: Beckmann, Martin; Bieling, Hans-Jürgen; Deppe, Frank (Hrsg.): «Euro-Kapitalismus» und globale politische Ökonomie. Hamburg: VSA (S. 18–40).

GROWN, CAREN; ELSON, DIANE; ÇAĞATAY, NILÜFER (2000): Introduction: Growth, Trade, Finance, and Gender Inequality. In: World Development, 28/7 (S. 1145–1156).

GRUNBERG, ISABELLE (1998): Double Jeopardy: Globalization, Liberalization and the Fiscal Squeeze. In: World Development, 26/4 (S. 591–605).

HELLEINER, ERIC (1994): States and the Reemergence of Global Finance. From Bretton Woods to the 1990s. Ithaca: Cornell University Press.

HIGGOTT, RICHARD; LEHMANN, JEAN-PIERRE; LEHMANN, FABRICE (2005): Markets and Institutions: How to Manage the Governance Gap at the WTO, GARNET Policy Brief Nr. 2, May 2005 (www.garnet-eu.org).

HUFFSCHMID, JÖRG (2002): Politische Ökonomie der Finanzmärkte. Hamburg: VSA.

KASTEN, GABRIELE; SOSKICE, DAVID; HENNESSY, ALEXANDRA (1999): Möglichkeiten und Grenzen von Beschäftigungspolitik in der Europäischen Wirtschafts- und Währungsunion. In: WZB-Discussion Paper FSI. Berlin: WZB (S. 99–303).

LIM, JOSEPH Y. (2000): The Effects of the East Asian Crisis on the Employment of Women and Men: The Philippine Case. In: World Development, 28/7 (S. 1285–1306).

LIPKE, ISABEL; VANDER STICHELE, MYRIAM (2003): Finanzdienstleistungen in der WTO: Lizenz zum Kassieren? Eine zivilgesellschaftliche Kritik der Liberalisierung von Finanzdienstleistungen im Rahmen der GATS-Verhandlungen. Berlin: Weltwirtschaft, Ökologie & Entwicklung (WEED).

MAIER, FRIEDERIKE (1993): Homo Oeconomicus. Zur geschlechtsspezifischen Konstruktion der Wirtschaftswissenschaften. In: Prokla, 93 (S. 551–571).

MOSEBACH, KAI (2003): Zu wenig Zwang zur Marktöffnung? Die Verhandlungen über Finanzdienstleistungen im Rahmen des GATS. In: WEED (Hrsg.): Die Regeln der Reichen. Handels- und Investitionspolitischer Report 2003 (S. 17–21).

PELIZZARI, ALESSANDRO (2001): Die Ökonomisierung des Politischen. Konstanz: UVK Verlagsgesellschaft mbH.

RAI, SHIRIN M. (2002): Gender and the Political Economy of Development. Cambridge: Polity Press.

SCHMID, GÜNTHER (2004): Risikomanagement im europäischen Sozialmodell. Arbeitsmarktpolitische und normative Aspekte eines Paradigmenwechsels. In: Kaelble, Hartmut; Schmid, Günter (Hrsg.): Das europäische Sozialmodell. Auf dem Weg zum transnationalen Sozialstaat (WZB Jahrbuch 2004). Berlin: Edition Sigma (S. 375–421).

SEGUINO, STEPHANIE (2000): Gender Inequality and Economic Growth: A Cross-Country Analysis. In: World Development, 28/7 (S. 1211–1230).

SINGH, AJIT; ZAMMIT, ANN (2000): International Capital Flows: Identifying the Gender Dimensions. In: World Development, 28/7 (S. 1249–1268).

STAVEREN, IRENE VAN (2002): Global finance and gender. In: Scholte, Aart with Albrecht Schnabel (Hrsg.): Civil Society and Global Finance. London: Routledge.

STAVEREN, IRENE VAN (2003): Monitoring Gender Impacts of Trade. In: The European Journal of Development Research, 15/1 (S. 126–145).

STRANGE, SUSAN (1998): Mad Money. When Markets Outgrow Governments. Michigan: Michigan University Press.

UNCTAD (2004): Trade and Gender. Opportunities and Challenges for Developing Countries: New York/Geneva United Nations.

UNDP (2003): Making Global Trade Work for People. Virginia: Earthscan Publ.

VANDER STICHELE, MYRIAM (2005): Critical Issues in the Financial Industry. Amsterdam: SOMO (updated Version).

WERNER, WELF (2004): Handelspolitik für Finanzdienste. Baden-Baden: Nomos.

WILLIAMS, MARIAMA (2003): A Reference Manual on Gender Issues in the Multilateral Trading System (Revised March 10, 2003).

YOUNG, BRIGITTE (1995): Staat, Ökonomie und Geschlecht. In: Kreisky, Eva; Sauer, Birgit (Hrsg.): Feministische Standpunkte in der Politikwissenschaft. Frankfurt a.M.: Campus.

YOUNG, BRIGITTE (1998): Genderregime und Staat in der globalen Netzwerkökonomie. In: PROKLA, 28/2 (S. 175–198).

YOUNG, BRIGITTE (2002): Engendering der Makroökonomie (Gastherausgeberin). femina politica Heft 1/2002.

YOUNG, BRIGITTE (2003): Financial Crises and Social Reproduction: Asia, Argentina and Brazil. In: Bakker, Isabella; Gill, Stephen (Hrsg.): Power, Production and Social Reproduction. Hampshire: Palgrave Macmillan.

YOUNG, BRIGITTE (2003A): Die Liberalisierung von Finanzdienstleistungen in der EU und der WTO. In: Brunnengräber, Achim (Hrsg.): Globale öffentliche Güter unter Privatisierungsdruck. Festschrift für Elmar Altvater. Münster: Westfälisches Dampfboot.

YOUNG, BRIGITTE (HRSG.) (2007): Die Politische Ökonomie des Dienstleistungsabkommens (GATS). Gender in EU und China. Baden-Baden: Nomos.

YOUNG, BRIGITTE (2007A): Governance im Bereich «Handel-Gender-Finanzen»: Theoretischer Zusammenhang. In Young (op.cit.): S. 38–71.

Carina Lindberg & Johannes Jütting

Gender, Globalisation and Economic Development in Asia

1   Introduction

The second half of the twentieth century witnessed rapid economic growth in East Asia, with several countries experiencing growth rates of more than 5 percent annually. To a large extent, this growth stemmed from a shift away from agriculture towards industry, along with increased trade in goods and services, more integrated capital markets and technological progress. Surprisingly, though, there is an important regional dimension within the «Asian miracle». While countries in Southeast Asia have successfully integrated themselves into world markets and have impressive growth rates and reduced poverty, countries in South Asia are lagging far behind. Even in the light of record growth rates for South Asia's giant, India, available data clearly indicate that the overall standard of living is much lower than that of East and Southeast Asia.

There are several economic and political explanations for these regional inequalities. One explanation that has often been overlooked, however, is the dimension of gender and gender inequality. UNESCAP[1] (2007), for example, estimates that due to women's limited access to the labour market, the Asia-Pacific region is losing between 42 and 47 billion

US dollars a year. Gender gaps in education are estimated to cost another 16 to 30 billion US dollars annually.

How can the very large differences in economic growth and social progress within Asia be explained? To what extent can these differences be attributed to gender inequality in the region? This paper addresses these questions and argues that discrimination against women has significant negative effects on economic growth and social progress. The aim of the paper is to highlight how gender inequality and both economic and social discrimination against women can be overcome, and how gender equality in turn can contribute to wider growth and social progress in the region. The next section examines the main reasons behind Asia's overall success and increasing importance in the world economy but also notes the considerable economic and social inequalities within Asia. The third section looks at various explanations for these regional differences. In particular, it explores the role of gender and the effects that discrimination against women have on a country's economic growth and societal progress. There are several ways to improve the situation of women in the world, and Sect. 4 outlines these options, as well as the obstacles that may be encountered. The fifth and final section provides key conclusions.

2   Economic Growth and Increasing Inequality in Asia

Asia currently accounts for more than 35 percent of world GDP and boasts three of the ten largest economies in the world: China, Japan and India (IMF[2] 2006). The region's impressive economic growth started in East Asia with Japan in the 1950s and 1960s, followed by Chinese Taipei, Hong Kong, Korea and Singapore in the 1970s. More recently, Indonesia, Malaysia, the Philippines, Thailand and China have shown significant growth levels (Fig. 1).

While this progress cannot be attributed to any apparent single «East Asian model», the World Bank (1993) identifies six key policy fundamentals as the main drivers:

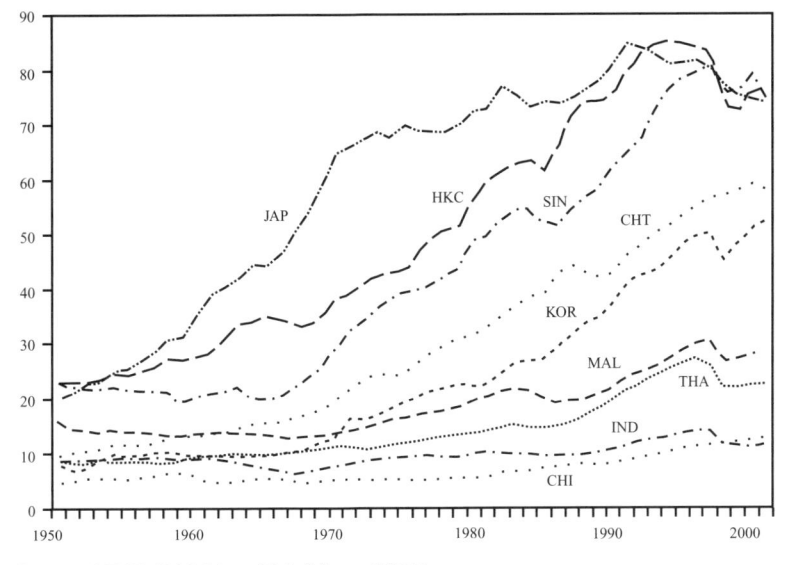

Fig. 1: **Real per capita GDP for nine East Asian economies relative to the United States, 1950–2001** (percentages of US per capita income, expressed in terms of the 1990 purchasing power parity)

Source: OECD (2006b) and Maddison (2003)

1. Ensuring low inflation and competitive exchange rates to support outward-oriented growth;
2. Building human capital, which is critical to rapid growth with equity;
3. Creating effective and secure financial systems to encourage financial savings and channel them into productive investments;
4. Limiting price distortions, to draw resources into labour-intensive production in the early stages of development, then into capital-intensive and knowledge-intensive activities later;
5. Absorbing foreign technology via licensing and/or foreign direct investment (FDI); and
6. Limiting the bias against agriculture, which is key to reducing rural-urban income differentials in East Asia.

These factors concentrate primarily on domestic policy making and economic and political capabilities within the region. For a complete picture, however, one needs to also consider the impact of external factors, such as the influence of geography and security, multilateral trade liberalisation and «open regionalism», OECD-country macroeconomic and technological vectors, the emergence of a trade-FDI nexus, labour migration as a complementary factor and, finally, the role of international aid (OECD 2006b).

Combinations of various domestic policies and global influences have, of course, had different effects in different Asian countries. While South Asia is currently experiencing strong real GDP growth (Fig. 2), the region still lags far behind in absolute terms. With reference to the first Millennium Development Goal, for example, it can be noted that 29.5 percent of the population in South Asia was living on less than a dollar a day in 2004. The corresponding numbers for East Asia and Southeast Asia were 9.9 and 6.8 percent, respectively (United Nations 2007).

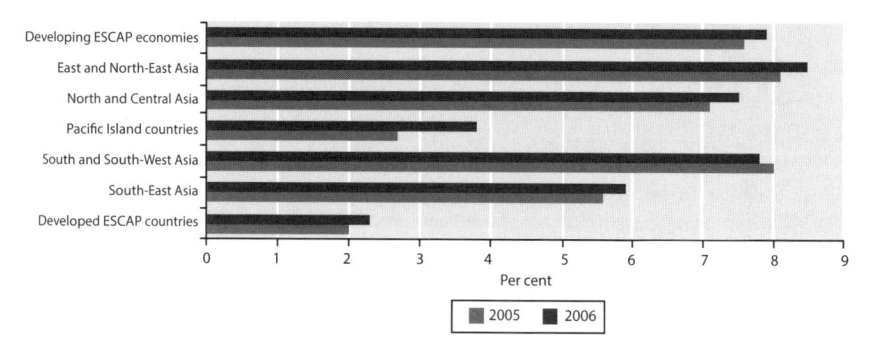

Source: UNESCAP (2007)

* The above country categories represent the UNESCAP region. UNESCAP membership extends to 62 governments, and its geographical scope stretches from Turkey in the west to the Pacific island nation of Kiribati in the east, and from the Russian Federation in the north to New Zealand in the south.

Fig. 2: Regional growth rates of real GDP, 2005–2006*

To get some indication of openness and integration with world markets, one can look at individual countries' shares of imports and exports as percentages of GDP. This is done for a selection of countries in Table 1, where it can be seen that these percentages are generally lower for South Asian countries. It can also be noted that primary exports have declined in favour of manufactured exports in South Asia as well as in East and Southeast Asia.

Table 1: Imports and exports for a selection of countries

Country	Imports of goods and services (% of GDP)		Exports of goods and services (% of GDP)		Primary exports (% of merchandise exports)		Manufactured exports (% of merchandise exports	
	1990	2004	1990	2004	1990	2004	1990	2004
South Asia								
Bangladesh	14	21	6	15	–	10	77	90
India	9	23	7	19	28	26	70	73
Nepal	22	31	11	17	–	26*	83	74*
Pakistan	23	15	16	16	21	15	79	85
Sri Lanka	38	45	29	36	42	26	54	74
East & Southeast Asia								
Cambodia	13	76	6	65	–	3	–	97
China	16	31	19	34	27	8	72	91
Indonesia	24	27	25	31	65	44	35	56
Malaysia	72	100	75	121	46	23	54	76
Philippines	33	51	28	52	31	10	38	55
Thailand	42	66	34	71	36	22*	63	75*
Vietnam	45	74	36	66	–	46*	–	53*

Source: UNDP (2006)

* Data refer to 2003

The availability and quality of physical infrastructure is another area where South Asia lags behind East and Southeast Asia. Recognizing this fact, the Indian government, for example, currently promotes large-scale infrastructural development projects with a special emphasis on rural infrastructure (UNESCAP 2007).

With regard to education and health, it can be noted that total net primary enrolment rates in South Asia are approaching those of East and Southeast Asia, but access to adequate health care still remains a problem.

For example, in 2005 the mortality rate per 1,000 live births for children under five years of age was 82 in South Asia, compared to 48 in East Asia and 41 in Southeast Asia. Similarly, the proportion of deliveries attended by skilled health personnel in South Asia is only half that of East Asia and Southeast Asia. Consequently, the maternal mortality ratio is high in South Asia, second only to that of Sub-Saharan Africa (United Nations 2007).

3   Regional Disparities – The Role of Gender Equality

There are not one but several reasons for disparities between individual Asian countries and regions. One underlying factor that has long been neglected, however, is that of gender equality. In recent years it has become increasingly clear that the discrimination against women results in great economic and social costs. This section looks at the different levels of such discrimination that can be observed within Asia and explores if, to some extent, South Asia's slower growth can be attributed to gender inequality.

Discrimination against women is strong in South Asia, and women are often dependent on men throughout their life – from father to husband to son. This discrimination starts at an early age, and young girls are often discriminated against even in the natal family in terms of nutrition and health care, as well as educational and skill development opportunities. While boys are sent to school, girls are often forced to stay at home and learn domestic skills (Mukhopadhyay et al. 2003). In addition to enrolment rates for boys and girls, the ratio of female to male literacy serves as a good an indication of women's and men's different access to education. Figure 3 shows this ratio for a selection of Asian countries, and it can be noted that it is lower in South Asia than in East and Southeast Asia, with the exception of Sri Lanka.

But the overall performance of a country may sometimes hide regional differences within that country. India, for example, has a rather low ratio of female to male literacy compared to its Eastern neighbours. This is not true for the southern Indian state of Kerala, however, where literacy rates are among the highest in the developing world as a result of successful social reforms. One need also remember that in most developing countries there is a difference between rural and urban areas, and that women in rural areas usually have less economic and social opportunities than women in urban areas.

Source: UNDP (2006)

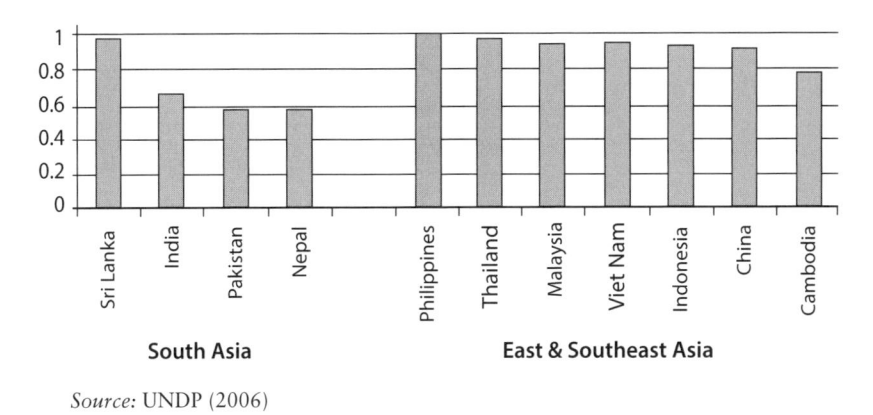

Fig. 3: Ratio of female to male adult literacy in a selection of Asian countries

Low educational achievements of South Asia's women lead to their employment mainly in the informal sector, with its low wages and limited opportunities to gain further skills. Little or no education is also a common trait of women working in the agricultural sector and, not surprisingly, women's employment outside of agriculture is generally higher in East and Southeast Asia (Fig. 4).

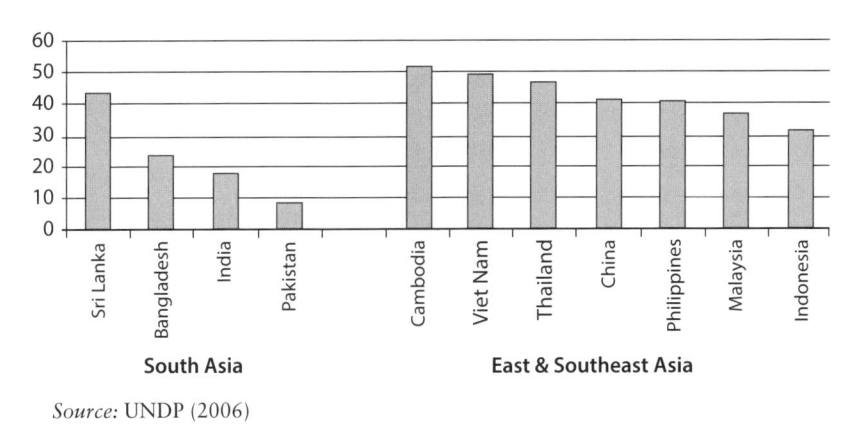

Source: UNDP (2006)

Fig. 4: Female non-agricultural wage-employment, female (as % of total)

Similarly, women's and men's life expectancy rates may be used as proxies of access to health care. In this context, it has been observed that women in South Asia are particularly disadvantaged. While women normally live longer than men, equal life expectancy rates in the region imply that women die earlier than expected, most likely from inadequate health care.

Less obvious discrimination against women occurs through deeply rooted traditions, societal norms, codes of behaviour and customary laws, so-called social institutions. Given their sensitive and sometimes «hidden» nature, social institutions are difficult to measure. To this end, the OECD's *Gender, Institutions and Development Database* (GID-DB) provides a framework that groups twelve individual social institution indicators into four main categories (Jütting et al. 2006)

1. Family Code (early marriage, polygamy, parental authority, inheritance);
2. Physical Integrity (female genital mutilation, violence against women, missing women);
3. Civil Liberties (freedom of movement, obligation to wear a veil in public); and
4. Ownership Rights (access to land, access to bank loans, access to property).

Discriminating social institutions in South Asia may be less severe than in Sub-Saharan Africa and parts of the Middle East, but they are still stronger than in most East and Southeast Asian countries (Fig. 5).

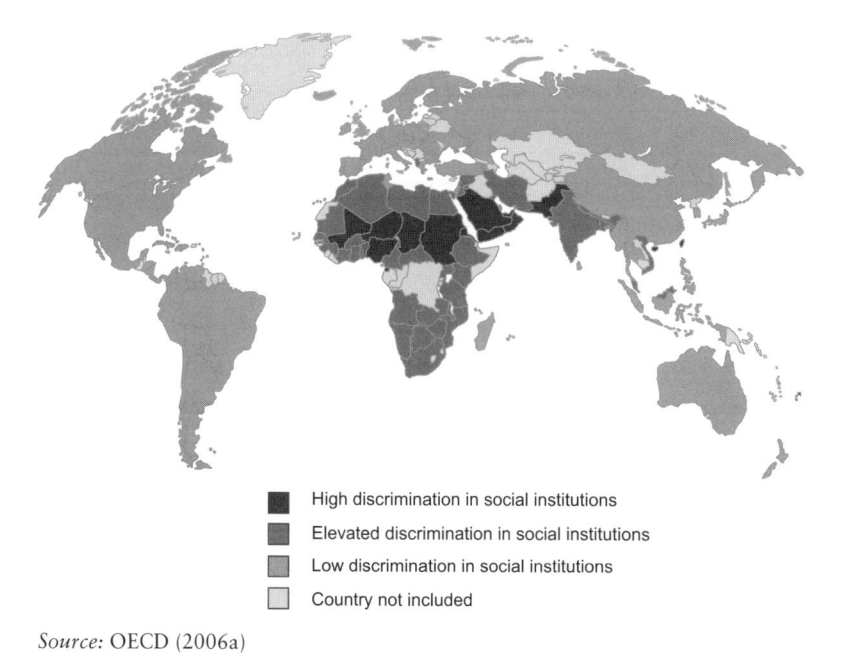

■ High discrimination in social institutions
■ Elevated discrimination in social institutions
□ Low discrimination in social institutions
□ Country not included

Source: OECD (2006a)

Fig. 5: **Discrimination through social institutions worldwide**

A more detailed inter-regional comparison of the magnitude of these indicators of social institutions reveals that women in South Asia are often disadvantaged in terms of inheritance and have access neither to land nor to other property. This contrasts with the situation in East and Southeast Asia, where authority over children is mostly shared, inheritance laws are relatively egalitarian, women have in general access to property and enjoy freedom of movement and dress.

Economic development, of course, also has implications on a country's ability to achieve gender equality. In this sense, there is a two-way causality where gender equality can help to spur economic growth, while at the same time a higher economic development level increases the opportunities and ways in which a country is able to work towards a common goal of gender equality. China, for example, has achieved a greater degree of gender equality than India. It is not unlikely that China's progress has benefited from the country's earlier economic advancement.

It is becoming increasingly obvious that discrimination against women has serious consequences, both social and economic. Limited female access to health services and education reduces women's well-being and human capital development, and violence against women has life-long psychological costs. Barriers to female employment raise labour costs and lower international competitiveness, which in turn may offset overall economic growth (UNESCAP 2007). To address these issues, the next section looks at possible ways of improving the situation of women in regions, including South Asia, where gender inequality seems to be persistent, but also at the many obstacles facing policy makers in this endeavour.

4 Closing the gender gap between the two Asia's: Challenges and Potential Solutions

There are a number of challenges and potential solutions facing policy makers in their efforts to increase gender equality. Some problems may be specific to certain regions or sectors, while others are universal. Similarly, solutions can be tailored to either address specific problems of gender equality or to tackle the overall situation in a country. The latter, however, is generally of a more political nature.

One of the most powerful means to strengthen gender equality is to ensure universal basic education for young boys and girls, as stated in

Millennium Developmental Goal 3. In their 2007 Economic and Social Survey of Asia and the Pacific, UNESCAP proposes the following policy recommendations to reduce gender discrimination in the region:

- Establish schools closer to villages and provide safe transport for girls. Safety concerns make the lack of schools close to where girls live a key constraint to their schooling. Providing gender-specific facilities, such as toilets, may also be necessary.
- Implement legislation ensuring the rights of women to equal access to basic health services in countries where institutional barriers, cultural practices and misconceptions prevent access. Political leadership and commitment will be needed for success.
- Ensure that women are not discriminated against in recruitment, wages or promotions. The public sector should be a model for the private sector.
- Focus on achieving gender equality in the family, where gender discrimination often has its roots, so that efforts spill over to society at large.

For reforms – whether in the sphere of education or elsewhere in the economy – to be successful, however, governments need to be willing to also challenge social institutions that discriminate against women. In doing so, the «legitimacy» of reforms is critical. Policies that aim to improve women's access to education, healthcare, credit and the labour market bear costs and may engender technical problems, but people generally will not see them as interference in their private lives. This is not the case if a government challenges traditions like polygamy, genital mutilation, inheritance rules or male authority over women. Such reforms touch the private lives of citizens and might contradict religious beliefs and cultural traditions.

In this sense, a democratically elected government is more likely to positively influence the reform of social institutions. Yet it is not a cure-all. Democracy alone is often not sufficient. Discrimination against women still exists in many poor countries with democratic structures, because governments' influence on family life remains limited or non-existent, particularly in rural areas. A context of illiteracy, poverty, a non-monetised economy and a mainly rural society does not favour reforms to reduce discrimination.

Introducing changes of social institutions in favour of women is particularly complex in low income (or low middle-income) countries where a large share of the population lives in rural areas and consists of a high percentages of illiterate women. It is no surprise, then, that it is this category that we find most South Asian countries. Overcoming long-lasting discriminatory cultural practices depends heavily on the authority of political leaders, and there is no uniform way of legitimising reforms for gender equality. Whether most of the population accepts or does not accept reform depends very much on a country's specific history, cultural legacies, group composition, level of development, degree of participation and political liberties. Obstacles to reforms, in addition to the question of legitimacy, include constraints on the empowerment of women, flawed interpretations of religious laws and the depth of traditions, missing drivers of change and the vested interests of men, and limited enforcement of reforms (Jütting et al. 2006). These constraints along with the means to overcome them are discussed below.

Constraints on the empowerment of women

To enable the reform of social institutions as well as to ensure their sustainability, women must become their own agents in handling their lives. In many South Asian countries, and for various reasons, men often take the decisions that concern the lives of women. Again, improving women's access to education, and thereby increasing their literacy, is of crucial importance. The problem is that families often refuse to send their daughters to school as they want to retain their labour at home or in the fields. One solution would be for governments to provide families with compensation in cash or in kind. Examples from Bangladesh show that such measures helped to increase the female schooling rate. Public investments in infrastructure (roads, schools and transport) reduce the costs for families to send their girls to school. The sustainability of reforms is also enhanced through female education as it allows women to take part in political debates and thereby influence their own situation.

Access to healthcare is also essential for the empowerment of women. The introduction of user fees has proven very damaging to women's use of health services, particularly in societies that discriminate highly against women. The further development of innovative risk-sharing institutions tailored to women, like the *Self Employment Woman's Association Health*

Insurance Programme in India, would represent a step forward. Improved and free access to family planning, in turn, would enable women to participate in the labour market, obtain their own income and thus gain more independence from their husbands. Improved access to factors of production ensures a long-lasting empowerment of women as a pre-condition for overcoming traditional norms of behaviour. Women's access to land is crucial, but unfortunately a right that South Asia's women often are deprived of. Gaining access to information is important too. With telecommunication facilities accessible to women in rural areas, information circulates more easily and transaction costs fall, leading in turn to more market opportunities for women. The *Grameen Village Phone Initiative* in Bangladesh is an excellent example of how information access can overcome many bottlenecks in the empowerment of women.

Flawed interpretations of religious laws and the depth of traditions

Discrimination against women in Christian and Buddhist countries is generally lower than in countries where Hinduism or Islam is the main religion, though this generalisation is subject to important caveats. Nevertheless, most South Asian countries practice Hinduism or Islam, while the most common religion in East and Southeast Asia is Buddhism. Islamic countries have received particular attention with respect to the relationship between the Islamic law (Sharia) and the situation of women. In Hindu religion, too, very different interpretations with respect to gender issues are common. A detailed analysis of the conditions of women in various Indian states by Morrisson and Friedrich (2004) shows a big gap between the four northern and the four southern states. The indicators measuring the depth of gender discrimination are nearly twice as high in the North as in the South, even excluding Punjab and Kerala, where Hinduism is not the dominant religion. The same gaps exist today as 60 years ago with regard to women's access to education, health care, the labour market and higher-qualified jobs. Changes in the law in the 1950s and 1960s in favour of women have been put into practice and enforced much more in South India than in the northern states.

Whereas in the ongoing debates «religion» is referred to as the main factor constraining change, deeply rooted traditions and customs often play an important role in holding back improvements. Traditions impose heavy discrimination against women in many countries. Genital mutilation, a particularly severe practice, continues despite all the actions led by governments and international as well as non-governmental bodies. None of the main religions prescribes such practices. It is easy to promulgate a law, but rural populations often remain attached to traditions. The abolition of such traditions is a long-term process and requires great perseverance as well as a sequencing of reforms.

A first step could be the legal interdiction of discriminating customs and a concentration of efforts to enforce it, especially in urban areas. A government can, for example, forbid traditions like marriage before the age of 15 and genital mutilation, then try to enforce and gain respect for the law through controls, incentives and information campaigns. A second step could then target the rural population, which generally holds on to traditions more strongly. It is important to target urban and rural populations separately and to obtain the support of the local chiefs and religious leaders. As respected authorities, they can influence families more efficiently than national administrations can do. In both urban and rural areas, improvement in female primary schooling offers an excellent means to accelerate the transformation of attitudes, especially when combined with measures like subsidies to families, fines, advantages for families that respect the laws, support for women's associations and media campaigns.

Missing drivers of change and the vested interests of men

The politics of reforms promoting gender equality can be complex. Politicians and parliamentarians, generally males, often show hostility towards reforms reflecting the opinions of their electorates. There can be deep political conflict within a society on the issue of laws that aim to abolish gender inequalities. In India, for example, immediately after Independence the Parliament did its best to prevent some family laws that would have improved the status of women. When such measures were finally passed, the legislatures of several states sabotaged their application (Coonrod 1998).

Resistance to reforms links not only to religious or traditional beliefs, but also to economic interests. In all societies where women have a status inferior to that of men, this inequality provides men with material advantages that they lose upon reform. Surveys of household expenditures reveal that women usually spend money for items that benefit the whole family, particularly the children (e.g. school fees and healthcare). In contrast, men often tend to buy consumption goods. Empowering women affects the distribution of welfare between household members and can improve children's welfare at the expense of husbands' perceived interests. Polygamy allows wealthy, old and already married men to have second spouses many years younger than themselves. Polygamy usually links with repudiation, a Moslem law that allows any husband to dismiss his wife when he likes and without allowance. If legal reform puts divorce law in place of repudiation, the husband must pay a living allowance to his divorced wife and their children.

How can one address these obstacles? Two complementary sets of actions are necessary. First, women need to be guaranteed more participation in decision making, from the community level to the national level. Women can then influence decisions that have an impact on their daily lives. Second, men need to be given incentives to accept rather than oppose or boycott changes.

A crucial step forward would ensure more equal participation of women in elections, for example, by reserving a certain percentage of seats for women in parliaments (quotas) and assuring that at least some women gain top positions. With the percentage of women in parliaments often at less than five percent, quotas of 20 percent would represent real progress and give women considerable weight in decision making. Such quotas should be associated with even higher quotas (for example 30 percent) at the community level. In India and Pakistan, a third of municipality seats are reserved for women, who may bring forward women's concerns and interests such as support for primary education, access to family planning and healthcare or acting against domestic violence. Larger shares of women in decision-making processes can help to bring issues to the table that are otherwise neglected and can also influence discussion and decisions in favour of women at the local level. All this takes time, however, and it involves a learning-by-doing exercise for women who take on more responsibilities.

Sri Lanka, in turn, has started gender-sensitive budgeting processes that allow systematic tracking of the impact of budgets on women. Civil-society organisations can help such endeavours. Moreover, women need the power to lobby for change. Women's associations play a crucial role and deserve promotion, support and training at national as well as local levels. Professional associations can help women gain better access to resources, teach them how to create and manage enterprises and make their voices heard.

Addressing the male-incentive problem requires, first, emphasising the benefits of gender equality for the whole society including men. In many rural areas in developing countries women are the breadwinners as well as caretakers of the children. In urban areas, booming exports of manufactured goods often produced by women have stimulated growth. The central role of women for economic development, and ultimately the wealth of men, needs to be highlighted better in order to convince more men not to sabotage changes favouring women. A literate woman can better feed and educate her children, including boys. Economically independent women that have access to resources contribute substantially to household revenue and thereby to the social status of the household head. Nevertheless, men rarely renounce their privileges. Reforms furthering gender equality generally do impact on the distribution of individual incomes and wealth in favour of women, though the extent of this effect often remains unknown because statistics concentrate on gross household incomes and estimate average individual incomes, which does not reflect gender disparities. In light of all these factors, overcoming continued strong male resistance to reforms may require not only better enforcement of existing laws but also financial compensation to men.

Limited enforcement of reforms

Many countries show a wide gap in performance between the publication of a law and its effective implementation. This holds true for parts of South Asia, where customary law often prevails over national law. Governments face great international pressure to change laws with the objective of reducing gender inequality. To secure development aid, decision makers may pursue changes on paper to fulfil the requirements of donors, but have less interest in actually enforcing them, given existing male resistance. For these obstacles to be adequately addressed there needs to be a more equal representation of women among political decision makers and judges, as well as in the public administration.

Public opinion can be another important obstacle to the application of laws. Divorce is legal in India, for example, but in reality very few women ask for it because a divorced woman often faces social stigma. To act against such informal resistance, governments should use the media and offer a systematically egalitarian vision of gender relationships through schoolbook texts. Family pressures are usually strong in South Asia, and it is often the family which is the last bastion of resistance to changes in social institutions. Daughters and wives are often expected to stay at home rather than go to school or work. Accepting reforms is a long and slow process for families, especially in rural areas. Again, the state can reduce this resistance to its actions with support from the media, local chiefs and religious authorities.

Finally, a more practical measure towards reducing gender inequality concerns the collection of sex-disaggregated data. While governments are increasingly aware that gender equality can contribute much to a country's long-term growth prospects, policy makers cannot easily change the situation of women in their country without first having a better understanding of the extent of gender inequality in their countries. In this context, regularly collected sex-disaggregated data are essential to enable gender-sensitive analysis both before and after policy decisions are taken.

5 Conclusions

While South Asia lags behind East and Southeast Asia, both in economic and social terms, the region has shown impressive growth levels in recent years. This growth, however, is unevenly distributed between men and women and also between urban and rural areas. Studies point to the large economic and social costs associated with discrimination against women, and in many South Asian countries women remain an underutilised resource. Their labour force participation is limited due to little or no education; inadequate social support makes it difficult for women to reconcile work and family life, and discriminatory social institutions can have direct and indirect negative impacts on women's economic contributions.

If South Asia is to fully realise its growth potential, the region needs to grant women the same conditions and privileges that are currently only awarded to men. The empowerment of women through education and labour force participation is crucial in this aspect but may not be easy to achieve as long as discriminatory social institutions prevail. In this sense, the success of reforms depends very much on the willingness of governments to challenge traditions and privileges in existence for centuries. This calls for a global and coherent approach with careful sequencing.

Moreover, for reforms to be successful they need to be sustained and enforced. Laws that protect the interests of women should be promulgated and widely promoted. Monitoring systems to ensure that legislated changes are actually implemented would be needed. Much can be learned from the experiences of other countries and regions, but governments will also need to tailor their approach in light of the particular context of their own country and its traditions. Achieving gender equality, and thus improving both economic growth and social progress, is neither a simple nor a short-term process, but the benefits are enormous and well worth the effort.

Notes

[1] United Nations Economic and Social Commission for Asia and the Pacific
[2] International Monetary Fund

Literature

COONROD, C. (1998): Chronic Hunger and the Status of Women in India, available on the web at http://www.thp.org/reports/indiawom.htm.

FUKASAKI, K., M.G. PLUMMER AND A. TRZECIAK-DUVAL (2005): Policy Coherence Towards East Asia: Development Challenges for OECD Countries, Policy Brief No. 26, OECD Development Centre, Paris.

IMF (2006): Asia's Role in the World Economy, Finance & Development, June 2006, Volume 42, Number 2, Washington, D.C.

JÜTTING, J., C. MORRISSON, J. DAYTON-JOHNSON AND D. DRECHSLER (2006): Measuring Gender. In: Equality: Introducing the Gender, Institutions and Development Data Base, Working Paper No. 247, OECD Development Centre, Paris.

JÜTTING, J. AND C. MORRISSON (2005): Changing Social Institutions to Improve the Status of Women in Developing Countries, Policy Brief No. 27, OECD Development Centre, Paris.

MADDISON, A. (2003): The World Economy: Historical Statistics, OECD Development Centre Studies, OECD, Paris

MORRISSON, C. AND S. FRIEDRICH (2004): Les conditions des femmes en Inde, Kenya, Soudan et Tunisie, Document de travail No. 235, OECD Development Centre, Paris.

MUKHOPADHYAY, S. AND R.M. SUDARSHAN (2003): Tracking Gender Equity under Economic Reforms: Continuity and Change in South Asia, jointly published by Kali for Women and the International Development Research Centre, New Delhi.

OECD (2006a): Gender, Institutions and Development Database (www.oecd.org/dev/gender), OECD Development Centre, Paris.

OECD (2006b): The Development Dimension – Miracle, Crisis and Beyond: A Synthesis of Policy Coherence Towards East Asia, OECD Development Centre, Paris.

UNDP (2006): Human Development Report 2006, United Nations, New York.

UNESCAP (2007): Economic and Social Survey of Asia and the Pacific 2007, Surging Ahead in Uncertain Times, United Nations, New York.

UNITED NATIONS (2007): The Millennium Development Goals Report 2007, United Nations, New York.

WORLD BANK (1993): The East Asian Miracle: Growth and Public Policy, Washington, D.C.

IV Grenzüberschreitungen II: Körper, Familie und Geschlechterkonstruktionen im transnationalen Raum

Signe Howell

Transnational Families: Changes in Adoption and the Diffusion of Western Norms

Since the late 1960s the number of children adopted from countries in the poor South, and more recently from the former Soviet bloc countries, to prospective parents – mainly involuntarily childless couples – in the rich North, has seen a dramatic increase. More than 40,000 children were adopted by people in Western Europe and North America in 2004, and the demand is steadily rising – not least because Spain and Italy, which previously did not engage in the practice, have started to do so. Today, in terms of transnational adoption per capita, the Autonomous Community of Catalonia in Spain shows the highest rate at 2.3 percent of live births, followed by Spain as a whole and Norway, each with 1.6 percent (Selman 2005).

When we examine the statistics for transnational adoption, a clear picture emerges. Not only is the total number of adopted children steadily increasing, but the profile of the countries (both donor and receiving) is changing (Tables 1–3).

Tab. 1: **Numbers of adoptees by major receiving countries in 1989, 1998 and 2003**

Countries	1989	1998	2003
USA	9,120	15,774	21,616
France	2,441	3,777	3,995
Italy	2,078	2,263	2,772
Sweden	1,074	928	1,046
Germany	874	922	674
Netherlands	577	825	1,154
Norway	566	643	714
Denmark	523	624	522
Switzerland	492	686	366
Canada	232	2,222	2,181
Spain	93	1,497	3,951

Tab. 2: **Numbers of adoptees from major donor countries 1980–89, 1995 and 1998 (to ten receiving countries) (Source Selman 2005)**

1980–88		1995		1998	
Korea	6,123	China	2,559	Russia	5,064
India	1,532	Korea	2,145	China	4,855
Colombia	1,484	Russia	2,014	Vietnam	2,375
Brazil	753	Vietnam	1,249	Korea	2,294
Sri Lanka	682	Colombia	1,249	Colombia	1,162
Chile	524	India	9700	Guatemala	1,143
Philippines	517	Brazil	627	India	1,048

Tab. 3: **Number of adoptees from major donor countries in 2003**

China	10,015	Kazakhstan •	825
Russia	7,503	Colombia #	1,401
Guatemala*	2,328	Bulgaria #	741
South Korea*	1,790	Haiti #	652
Ukraine	1,929	Ethopia #	593
India	942		

1 Thematic-theoretical Setting

Adoption of the unrelated child gives rise to debates about the meaning of kinship, not only amongst anthropologists and those who adopt, but also amongst those who are involved in the administration of adoptions and the public at large. In societies – such as those of Western Europe and North America – where kinship is predicated upon a model of biological connectedness between parents and children, where, in the words of M. Strathern, «[n]ature itself provide[s] the very model for domaining» (1992:177), the debates become particularly intense. In the case of transnational adoption, issues of race, ethnicity and culture – as well as the uneasy relationship between the North and the South and the globalisation of «Western values» – further complicate the issues. With empirical material mainly from Norway, I shall examine some of the debates. My focus will be on the ways Euro-American adoptive parents of children from the Third World and Eastern Europe handle the personal, familial and social challenges inherent in bringing an unknown child, born by unknown parents in an unknown country and who looks different from its adoptive family, into the bosom of their family and country of birth. Towards the end, I shall also consider some of the issues and debates that have emerged as a result of the practice in the global arena of international relations. In particular, I wish to present some of my findings regarding how some donor countries view the practice. Transnational adoption must be regarded as part of a broader field of what one may call «unnatural procreation» on par with the more familiar practice of new reproductive technology. Adoption, whether transnational or not, has until recently received little sustained anthropological attention. Being a non-biological process of procreation, the study of adoption can contribute novel insights into our understanding of the complex cultural meanings and values concerning kinship, parenthood, reproduction, family life and the relationship between nature and culture – or biology and sociality. I wish to suggest that, due to recent advances in medicine and genetics, and the media attention given to these, the semantics – and a chorographical value – of biology, are becoming more and more discernable, resulting in an increasing biologisation of the meaning of kinship. This in itself renders adoption a contested social practice and one that politicians, as lawmakers, increasingly involve themselves in. It is also a practice that has given birth to a range of expert professions whose knowledge derives in the main from psychology. Like abortion, surrogate motherhood and the donation of embryos, adoption of the unrelated child similarly gives rise to emotional debates in parliaments and media. Ultimately, these practices are about the meaning and value of human life, the relationship between nature and culture and the moral understanding of personhood and relatedness. No wonder, then, that people do get worked up. No wonder that politicians, bureaucrats and the expert professions of doctors, psychologists, social workers and pedagogues tend to focus on perceived potential problematic effects of these practices. As far as adoptive parents and their transnationally adopted children are concerned, however, the overwhelming findings by others, and myself, indicate that, in most cases, those concerned experience few special problems. Once the child has arrived, they settle down to lead the lives of «ordinary families». In contemporary Norway, there is no straightforward single perception about transnational adoption, not least because there is, at times, a tension between personal desires (of adoptive parents) and public values and norms (of agencies and public administrators). But the phenomenon highlights several important issues, not only about the relationship between nature and culture in the construction of significant sociality, but also about the significance of origins, reproduction, belonging and place. Most adoptive parents have to find ways to handle the deviant nature of their family from the biological norm of kinship. An expression such as «blood is thicker than water» exists in Norwegian as well as in most European languages, and its implications have to be confronted by adoptive families. Transnational adoption, moreover, provokes issues of race and of radically different cultural backgrounds, in a kinship domain already vulnerable in its handling of relatedness. I am not going to discuss race in this presentation. Let me just state that, unlike the situation in the UK and the USA, race is not an ideological issue in transnational adoption in Scandinavia or in other European countries studied, such as Spain and France. Using ethnographic material obtained from a number of different Norwegian social arenas centred on transnational adoption, the main section of this paper will explore, firstly, some of the socio-cultural background to the practice in contemporary Norway and argue that the dominant motivation why involuntary childless adults adopt is not to fulfil some biological desire to give birth and/or reproduce themselves, but a desire for significant sociality within a conventional model of «the normal family». Secondly, I shall explore how relations are created and maintained by oscillating appeals to biological and cultural codes of relationship by the various actors involved. What might arguably be described as quintessentially a social form of kinship, ends up being alternatively naturalized and de-naturalized, or biologised and de-biologised (Howell 2001, 2003, 2006a, 2006b). Methodologically, a consequence of this realization means that analytic allowances have to be made for multiple discursive practices. In Bruno Latour's terms we are in the world of hybridity, by which «we moderns» believe that we divide society from technology, culture from nature, human from non-human in a modernist attempt at creating distinctions, and yet, at the same time, we do not deploy these divides in the way we interact in and with the world (Latour 1993:10–13). Implicit and explicit values and practices in connection with transnational adoption demonstrate the ambivalences that are at large in contemporary Norway – and elsewhere in Western Europe. However, people's abilities to handle these without losing their grip on their own realities confirm, I suggest, their tolerance towards both multiple and hybrid discourses. In order to do so, adoptive parents create cognitive boundaries between different contexts in which diverse elements of discourses are constitutive. Thus, in certain contexts, the biological nature of the relationship will be stressed, and in others, biology is under-communicated in favour of the social and emotional nature of the relationship. This enables adoptive parents to engage in seemingly contradictory understandings of the process of adopting a child from overseas. They negotiate a fine balancing act between biological and social accounts of the practice in which they under-determine the paradoxes. Whereas paradoxes exist in the mind of the anthropologist who studies them and from an interpretation point of view can become highly problematic, the same paradoxes need not bother one's informants.

2   The Family as the Morally Superior Unit

Norway is a wealthy, well-developed country where the ideals of social democracy to a large extent have been realized. It is a country where the women's movement has born real socio-economic fruits. It is also a country in which family values are high on the agenda. Moreover, in Norway, the percentage of women who give birth (94%) is among the highest in the world (Sundby, personal communication). Family life is not only culturally elaborated, it is also politically endorsed, and increasingly so. Many factors support such a suggestion, ranging from one of the most generous birth leaves, in which the fathers must take their share – a provision that is intimately connected to values already at large. Cultural expectations hold that a woman, and increasingly a man, cannot fulfil themselves without embracing motherhood and fatherhood. Implicitly, these roles are understood to be grounded in the nuclear family, not in individuals. This puts enormous pressure upon those couples that find themselves unable to have their own children.

The major reason for the rise in transnational adoption is a sharp decline in Norwegian-born babies available for adoption. This is due to the free access to modern contraceptive devices, to the legalization of abortion on demand, to the disappearance of a social stigma attached to single mothers and the economic support such mothers receive from the state.

3 Significant Relatedness as a Dominant Value

Adoption of children from Asia began in an organized manner in Norway in the late 1960s. The first children came from South Vietnam and South Korea (Dalen & Sætersdal 1992). As is clear from Tables 1–3, today, children come from many other countries.

Many contradictory ideas may be observed in public and private attitudes to the process of transnational adoption. These raise existential and ontological questions pertaining to indigenous meanings of biology and sociality, and of the significance of procreation and children. However, when all is said and done, kinship as an idiom of significant relatedness emerges dominant in the various discourses and practices that surround transnational adoption. In popular Norwegian conception, kinship (*slektskap*) is about belonging in terms of descent and blood. This idiom of kinship encloses the family within biologically grounded relations. Adoption clearly challenges such notions.

Although the incorporation of adopted children into standard kin structures may, at first glance, seem relatively straightforward, adoptive parents work extremely hard at making themselves and their adopted children conform to their notion of a normal family. Through the various stages that the adoptive parents pass, by creating symbolic «pregnancy» and «birth» events for themselves, they normalize their own experience and make as-if blood bonds with their adopted child-to-be. In effect, the process of adopting a child and making it part of a family may be regarded as a process whereby the child's blood is symbolically transformed to that of his/her parents. Adoption thus confirms, but also changes, the parameters of the biological basis for family and kin. This finding both confirms and expands the argument by David Schneider, the American anthropologist in his seminal study on American kinship, that «adoption makes absolutely no sense without the biological relationship. [And] more than that, adoption makes sense of the biological relationship. The ‹made› relationship delineates the terms of the natural relationship» (1972, pp. 35–36). The Norwegian material indicates that adoptive families re-create the ideals embedded in cultural values about biological relatedness, but that they do so self-consciously and adaptively to accommodate their particular needs. Adoption both challenges and confirms received ideas at the same time. Discussing the related phenomenon of assisted conception, Franklin and Ragoné make a similar point, «At stake are not only traditional definitions of family, disability, parenting, kin connection and inheritance, but the conventional understandings of nature, life, humanity, morality and the future» (Franklin and Ragoné 1998, p. 9).

Despite a noticeable move towards the dominant value in the West of the individual with his or her ever-increasing insistence upon their rights, I wish to argue that people nevertheless seem to orient themselves on a personal, emotional level in relation to significant others within a set of references consistent with traditional family and kin ideology. Meaningful sociality becomes inseparable from individual satisfaction. Most couples who choose to adopt are involuntary childless. According to my findings, the overriding incentive for most Norwegian couples' wish to adopt a child is precisely a desire for significant sociality: to be a family interacting with other families. Social life predicated upon child-related activities and preoccupations is an important part of adult life of Norwegians between the ages of twenty-five and forty. Participating in this becomes highly valued and failure to achieve it, highly problematic. On the personal level, infertile couples feel that, without children, they are deprived of the chance to use and develop important potential qualities of themselves – that of being a father or a mother. On the social level, they wish to negate their exclusion from the social life around them. There is thus a shift in emphasis from the individual within networks of other individuals, to parents within networks of other parents – a powerful motivation for the childless to alleviate their condition (Howell 2007a).

4 The Oscillation Between Biology and Culture

I have isolated four main stages in the process of creating a family through transnational adoption in Norway: pre-pregnancy, pregnancy, birth and family life. With the exception of pre-pregnancy, these terms are used by parents and adoption agencies alike – a fact which in itself demonstrates the hybridity of the adoption discourse. On the one hand, adoption is presented as a social event: the bringing together of adults and children who are total strangers with radically different socio-cultural backgrounds. On the other hand, the vocabulary employed indicates that the whole purpose of the exercise is to create a relationship of parents and children and make them into a normal family. What I claim to have discerned is that people's constructions of each stage is made up of a process of biologising and de-biologising the family relationship – an oscillation between nature and culture as constituting reference. This process I have described as one of «kinning» (2003, 2006). By this term I mean a set of practices by which a previously unrelated infant is brought into a permanent kin relationship with its new parents, new kin, and new country; the child is being kinned. Kinning is a question of belonging. From this perspective, transnationally adopted children become integrated into Norwegian society in radically different ways from other non-Western immigrants.

1. Pre-pregnancy

The «pre-pregnancy» stage begins when a couple decides that they want to have child. The persistent failures to conceive leads to a round of medical check-ups, which may, or may not, include assisted conception. It ends in the decision to adopt a child from a foreign country. The process that leads to a decision to adopt can be a long and painful one for many couples. Once they have decided, however, most put the grief of infertility behind them and want the event to happen fast. They experience a profound sense of frustration when they realize that they have to go through a lengthy investigative process by various social services in order to be approved (Howell 2009). Once the national adoption bureau gives the go-ahead, a formal application is sent to the country in question. This is a time during which the couple are adjusting their expectations from that of having their own «home-made» child, as the jargon runs in adoptive circles, to adopting a stranger; from biological to social kinship.

2. Pregnancy

Once a couple has received the stamp of approval as suitable parents from the relevant public authorities, the pregnancy may be said to start. However, unlike biological pregnancy, pregnant adoptive parents do not know how long it will last, and they are completely at the mercy of a number of institutions and individuals with whom they have an impersonal relationship. They must wait until a child is made available to them in the country concerned. Depending on the donor country, this takes from half a year to three years. In the intervening time, the adoption agencies take care to prepare them for the event. While this used to be rather casual and haphazard in the early days, by now they have developed a fairly organised approach in «preparation for parenthood» courses. In recent years, the agencies jointly have published several pamphlets and edited volumes with titles such as, *The Adoption Family: Information and guidance for adoptive parents* (Carli and Dalen 1997), *Adoption of Foreign Children* (1994), *Who Am I? A brochure written by and for those adopted from different countries* (1997). These are written and compiled by people with research or practical experience regarding the subject (mainly from a psychological standpoint) and deal with many different issues pertaining to transnational adoption. One clear message running through these publications is that adopting children from different cultural backgrounds is not a trivial matter. Earlier assumptions of those involved – that the child would become Norwegian effortlessly – have been replaced by an emphasis on foreign biological and cultural origins. Today, parents are admonished to instil a pride in the children of their «original culture». They are warned against letting the child forget its different «roots», and, in contrast to previous advice, parents today are advised to retain one of the child's original names – as a reminder and aid in the formation of identity (I return to this below).

The pregnancy period is a time characterized by hybrid discourses and rapid shifts between constituting reference points. Nevertheless, the process of de-biologising the semantics of child-parent relations by the expectant parents, which started during the later part of the pre-pregnancy stage, is consolidated at this time.

3..Birth

The social birth of a transnationally adopted child extends beyond the moment of its arrival in Norway. Just as in many African and Asian understandings, a child is not a person until various rituals have been performed before and after actual moment of birth, so also the person-making and «kinning» of the transnationally adopted child. When a particular child is allocated a particular couple, we may say that the birth has started. However, it may still take several months before parents may collect the child and bring it «home».

Formally, the child arriving in Norway is treated as a *tabula rasa*. The main actors are the parents and the judiciary, both of whom are concerned with the incorporation of the child. It is given a new name, new citizenship, new language, home, kin, new relationships beyond the family and new social and cultural expectations. This is a time characterized by an extreme version of de-biologising origins and of creating and consolidating kin relations. Several important processes are carried out during the birthing of the transnationally adopted child. In their different ways, they all normalize the relationships, incorporating the adopted child into its parents' reference points and networks.

(i) Making place, making kin

The symbolic umbilical cord is not cut until the parents have fulfilled their obligations to the donor country. This includes sending regular reports on the child's progress, including snapshots, to the donor orphanage. The image that is created through these reports is one of happy families in settings that are familiar to all Norwegians from media and advertising and is their own recapitulations of these ideals. The child is presented in stereotypical settings together with parents and grandparents: at home having a nice time on the sofa round the coffee table with candles, coffee and cakes; in the child's own specially fitted-out bedroom; in front of the open fire at the cabin in the mountains; at Christmas, national day and birthdays dressed in national costume; being engaged in healthy outdoors activities with Mum and Dad or cousins of the same age. What the photos in the reports state, again and again, is: «Look, the child is a Norwegian child. We are a typical Norwegian family. We have kin, and we are connected to places embedded in kin relations». Through photographing the adopted child in places of parental descent or belongings, the child is being symbolically planted in them. During this process, not a single reference is made to the place of origin of the child.

(ii) Creating sociality through focusing upon the child's country of origin

At the same time, in different contexts, the special origin of the adopted child is foregrounded, while at the same time the idiom of Norwegian-grounded kinship and belonging is maintained. This is manifest in fora that adoptive parents create which focus on their children's country of birth. Social events are arranged when the children are dressed in clothing typical of their birthplace, and local food is prepared. A narrative of kin-like commonality amongst the families emerges out of relationships that are forged with other prospective adoptive parents during the pregnancy stage, during the time when they collected their child, or through these gatherings. Their special situation of being adoptive families creates emotional bonds. The parents look like each other: white, blondish, tallish; whereas most of the children, regardless of country of origin, look more like each other than they do their parents: darker-skinned, dark-haired, brown-eyed, shortish. Only when they come together are the families «normal», provoking no surprised looks or comments by outsiders.

Moreover, to those who travelled and lived together when collecting the children, the shared experiences as well as a shared sense of place are important. The strange town, hotel, and orphanage become places of common origins. Adopted children have no shared place of origin with their parents except the place where they first met. Others who have «given birth» at the same place thus become participants in the same origin narratives. At the gatherings the parents share memories of incidents from their time in Seoul, Bogota, Addis Addeba etc., thus anchoring the birth to a place that is a common social place, a place from which their children are as-if descended, making them as-if kin. To produce shared narratives of origin, linked to a place of origin, is an important aspect of the formation of the new family and its kin-like relations with other families.

4. The family in daily life

Once the birth process is complete, once both parents return to work and the child has settled in kindergarten and school, the family has to function in daily life. At this point parents begin to foreground the fact that the child has a biological and ethnic origin that they do not share, but which they have been told by all the experts during the pregnancy stage that they must not allow themselves – or the child – to forget. Indeed, I wish to argue that in certain contexts, culture itself is biologised. There is much talk of «original culture» and «cultural background» and «search for roots» even when the child arrived as a small baby.

(i) Folklorisation of culture

Coupled with the increased focus on biological relatedness, it is noticeable that, increasingly, the adoption agencies encourage adoptive parents to learn about the donor country and to familiarize their children with it. However, the conceptualization of «culture» is both reified and superficial, confined to certain cultural markers such as food, dress and artefacts that are easily consumed without having to confront real socio-cultural differences. Virtually no serious information is provided about social, economic or political institutions and conditions of the donor countries, and few parents interviewed expressed much interest in this. Having participated on a so-called «motherland tour» to Korea, the picture that emerged is somewhat more complex but, by and large, confirmed my earlier findings.

(ii) Searching for roots

A question that presents itself is whether these children are Norwegian or are they Columbian or Chinese – or whatever? According to which standards should one judge such an issue is an important question that is rarely addressed directly. Ambivalence, however, is expressed again and again. Nowhere is this ambivalence about identity more manifest than in debates about «roots» and the «search for roots», which is high on the agenda these days. Changes in attitude over time can be observed on the part of those involved. The previous dominance of a tabula rasa discourse is now submitted to heavy criticism by the expert professions. The statement that an adopted child was born at the moment that it was united with its adopted parents is ridiculed. Today, it is argued that the adopted child is not tabula rasa but a human being with a personal history. It was born by a flesh and blood mother into a foreign and exotic land. These facts, it is claimed by expert voices, will affect the child throughout its life and may lead to problems of identity and adjustment as they grow up. Parents are told that the child's «natural desire» to «seek its roots» must be accommodated. Again, ambivalences are noticeable. On the one hand, the adoption agencies «bring home» a certain number of children each year to the «expectant» couples. On the other hand, it is stressed that the children are not of their parents' making, either biologically or culturally; they will always demonstrate their different origin in their looks.

To some extent, culture in this usage may be a euphemism for race; the adoptees' different physiognomy becomes the bearer of cultural differences, much less threatening than racial difference. Interestingly, the fact of their different looks may be the reason that their cultural background is so emphasized. Statements by adopted children to the effect that they «have a Norwegian soul in a Korean/Indian/Columbian etc. body» are frequently cited to demonstrate a problem of identity, but also as an incentive to the parents to enable the children to reunite with their «roots». And yet, as the accounts of many adoptees demonstrate, when they actually visit their country of origin, they frequently find that, despite a physical resemblance to the native population, they find that they do not share a common cultural understanding with them, and that they are indeed happy to come «home» to Norway. So, the situation today is more complex than it might at first sight imply (Howell 2002, 2004, 2007a).

The general public expect transnationally adopted persons to feel a strong desire to be reunited with their country and people of their birth. TV programmes and media reports confirm this belief. My research, however, shows very clearly that only a small minority of transnationally adopted young adults harbour a strong desire to do this. The vast majority feel well adjusted in their Norwegian family and Norwegian life. Indeed, many resent being asked about their identity by strangers. In an article, one young woman adopted from India demands «her right to be just a happy Norwegian». She argues that it is high time for Norwegians to accept that there are a number of «ethnic Norwegians» who are dark-skinned but whose family and culture are Norwegian – namely the transnationally adopted children.

This public focus upon roots has led to a sharp increase in organized «motherland visits», also called «roots visits», for adoptive families to the adopted child's country of origin. Invariably, these include a visit to the orphanage where, ideally, children can meet the person(s) who looked after them, and in some countries they are allowed to see all the papers that relate to their own history, and even to try to locate biological relatives. In such contexts, the adoptive children are biologised in relation to their biological parents, but never to such an extent that the social kin relations are seriously challenged.

Interesting shifts in Norwegian transnational adoption thinking and practices can be observed. Initially, the posed analytic – and empirical – opposition between pater/genitor and mater/genitrix did not raise much of a problem. From one perspective the reality of the separation was obvious for all to see because the adopted children could rarely be passed off as biological children. They simply did not look like their parents. On the other hand, in the early days of Norwegian transnational adoption, the parents wished to minimize this, and many played down the fact of adoption, so much so that I have been told by adult adoptees that the issue was never raised – something which produced anxieties in them. There used to be little or no concern with the country of origin, and the adoption agencies saw their role exclusively as providers of children. The Adoption Act of 1986 demonstrates these ambivalences. On the one hand, adopted children are made legally and morally equal to biologically born children. At the same time, the Act states that upon reaching legal maturity, all children have the right to be told who their biological parents are (provided the information exists). So, within the pages of the same law one finds contradictory messages being transmitted about the adoptee as regards its status as a biological and social being.

One argument of this paper has been that the fact of getting and having children is not primarily about individuals, but about making relationships – about mutuality, responsibility, belonging and affection. A sense of being disconnected from people around them seems to drive many couples towards adopting children. While the meaning of kinship in Norway generally may have been transformed in some of its institutional aspects in the post-war period, significant personal relationships are still expressed in a kin idiom. Research on adoption can throw into relief some past and present values about the meaning and the operationality of kinship in Norway. Indications are that adoptive families may be closer to realizing the ideals of family life than those of the rest of the population. Not only are there fewer divorces amongst adoptive parents than the national norm, but also as single-parent adoption is very difficult and homosexual couple adoption is not allowed, a continuation of the traditional nuclear family structure is ensured.

Moreover, a study conducted on the conditions of daily life of transnationally adopted children in Norway shows that the children see their grandparents on average once a week; a phenomenon far above the national average (Botvar 1994). Although the vast majority of adoptive parents interviewed started their path towards parenthood on an unquestioned assumption that their own bodies would do the work, once the decision to adopt was taken, procreation took on a totally new meaning. The Warnock report of 1984 in Britain on the legal and ethical implications of the new reproductive technologies states that having children is «... for many, a powerful urge to perpetuate their genes through a new generation. [And] this desire cannot be assuaged by adoption». This is not borne out by the Norwegian material – or by similar research done on adoptive families in Spain (Howell and Marre 2006). Once embarked upon as *the* method to become a «normal family», transnational adoption is not experienced as second best by the adoptive parents. Rather, as one father of two children from Korea told me, «to adopt is the natural way for us to have children».

The shadow of biology, however, always looms in the background. The material from Norway indicates that adoptive families re-create the ideals embedded in notions about biological relatedness. So I would agree with Judith Modell's (American anthropologist who has studied domestic adoption in the USA) conclusion that «adoption upholds the biological basis for parenthood ... [and] inscribes the natural relationship» (1994, p. 238). But I am dubious about describing this, as she does, as «artificial kinship» because, whether we focus on how adoptive parents work at symbolically transforming the blood of their children to their own, at kinning them, the notion that they are related in an artificial way does not seem to be relevant. Rather, as an approach which allows adoptive parents to expand the categories of kin according to the particular quality of relatedness with others, it might be more appropriate to call it self-conscious kinship.

5 The Globalisation of Western Values

Transnational adoption may be viewed as a practice that is part of a general process of globalisation. In terms of a research project that I participated in entitled «The Transnational Flow of Concepts and Things», I chose to interpret the flow of things as that of children in adoption from the poor South to the rich North and argued that the flow of concepts were going in the opposite direction in the form of values and norms. As globalisation of technology and the market ideology emanated from Europe and North America, and power remains firmly in the hands of institutions and companies in these countries (Howell 2006a) – so too the practice of transnational adoption. Western values, rationality and ethical understandings – loosely understood – today shape and control transnational adoption, and it does so through two international conventions: The UN Convention on the Rights of the Child (1989) and the Hague Convention on Inter-country Adoption (1993). Through the enforcement of the edicts of these two conventions, Western normative understanding of the meaning of family, kinship, children and parenthood is being exported and enforced in most of the countries that send children to the West in adoption.

Transnational adoption is a transaction that involves the most intimate and personal parts of people's lives, namely having and bringing up children. This domain, which until about one hundred years ago was left more or less untouched by state authorities, has today become circumscribed by numerous laws and regulations, both nationally and internationally. At the same time, the Euro-American meaning of mother, father, child and family has changed dramatically. These ideological changes affect the discourse and practice of transnational adoption. Many have argued that the conventions pay minimal attention to the various socio-cultural varieties that exist throughout the world.

The rapid increase in the scale and volume of transnational adoption, and the growth in the number of donor countries, led to the establishment of universal guidelines in order to ensure that the practice is conducted in a proper manner and in «the best interest of the child» – as it is stated in the Preamble to both conventions. The most important of this is to grow up with the biological family within a family home. Any deviance from this must be supervised by the State whose first duty is to «ensure the continuity of a child's ethnic, religious, cultural and linguistic back-ground».

If adoption is deemed necessary, this should first be sought within the child's country of origins, and failing that, transnational adoption may be engaged in. The CRC was particularly anxious that no «improper financial profit was sought» in the transaction, and for this reason, this convention, as well as the subsequent Hague Convention on Inter-country Adoption, insists on all transnational adoption being undertaken through national state agencies in each country. This was in part prompted by the situation that arose following the fall of the Soviet Union. Western Europe was made aware through TV and newspaper reports about the horrendous conditions in child care institutions in several of the eastern European countries. Especially Romania received a lot of attention, which led a number of North Americans and Western Europeans to go there in order to adopt children. Many of these adoptions turned out to be carried out in very dubious ways, with money changing hands through unscrupulous «dealers in children». Although the CRC contains a couple of paragraphs on adoption, these were felt to be insufficient. The Hague Convention was largely initiated as a result of the new situation. An urgent need was felt to control the transaction and make sure that illegal procedures were prevented.

The drafting of the Hague Convention was much more tumultuous than that of the CRC, which was passed without much controversy and ratified by most shortly afterwards. In The Hague, many donor countries objected to what they regarded as imperialistic and post-colonial attitudes of the receiving countries – an unreflected globalisation of Western values. Although most of the receiving nations signed and ratified the convention shortly after its finalisation, donor countries have been much slower to do so. This reluctance may be traced to a perception amongst some donor countries that the transaction reveals features of asymmetric exchange. As children move in one direction, from them to Euro-Americans, values and concepts move in the opposition one; but, importantly, this is not an exchange between equals. The dice are loaded in favour of the receiving countries – despite the fact that they are the main beneficiaries. They not only get the children they strongly desire, they also, albeit from the best of motives – to safeguard what they regard as the best interest of the children – lay down the procedures for how to carry out the transaction. Western attempts at controlling transnational adoption may be understood in terms of the growth of what Foucault has termed «governmentality». Briefly, this is a mode of political thinking that gave birth to a new ideology of the role of the state – that of the liberal benevolent supervision by the democratic state for the best interests of its citizens. Today this is a well-established phenomenon in Western Europe. It is this kind of thinking that led to the initiative of the various international treaties and the resulting bureaucracy that are based on notions of human rights. These are being exported to the rest of world. We may thus observe a globalisation of Western concepts and values that emphasize a discourse of rights, a normative ambition that seeks to impose a single, universal, moral universe.

The controlling role over people's private lives by the state was consolidated throughout the twentieth century in Western Europe to such an extent that, it has been argued (Rose 1999), children today are the most controlled category of humanity. This is particularly noticeable in the case of adoption. Adoption across national borders has become a practice in which the state in both countries plays an increasingly controlling role. Ultimate power to relinquish a child – a citizen – is held by the state. It transfers these rights to another nation-state, which then incorporates the child as its own citizen. As a result of this, I wish to argue that what used to be described as the «adoption triangle», made up of biological and adoptive parents and the adoptee, today should be extended into an «adoption nexus» in which the State is included as a highly influential partner.

However, Western views about children and childhood, and their posited needs, do not necessarily meet with an eager response in countries that send children in adoption to the West. Although most donor countries react to the attempt of superimposing Western values upon their own, the degree to which they seek to resist this varies from country to country. To a large extent, their reactions are due to local attitudes to the West more generally, based on previous history, as well as on the particulars of the local conditions, and on local economic and political power. What is certain is that no donor country feels proud of the fact that they allow Western people to adopt their children. What they have in common is that, due to a myriad of social, political and economic factors they have large numbers of abandoned and orphaned children that they are unable to look after. Most regard it as shameful that they are not able to do so and that Westerners come to take them away. At the same time, transnational adoption represents just a drop in the ocean of helping these children. To varying degrees, countries exercise whatever «weapons of the weak» (Scott) that they have available. One such is to be very restrictive in the number of children that they release for adoption abroad and the criteria demanded for adoptive parents. In fact, it is a common misunderstanding amongst Europeans that the thousands of abandoned and uncared for in the Third World are just waiting to be adopted. While undoubtedly there are many adoptable children who remain unadopted, there are in fact many more people applying to adopt than there are infants made available for adoption in the donor countries. This may be due to donor countries seeking to resist the onslaught of Western interference, but it may also, ironically, be due to an inability to process more children resulting from infrastructure that fails to satisfy the demands of the conventions.

In the time that remains, I shall give some idea of attitudes in four donor countries that I have studied. These are India, Ethiopia, China and Romania (Howell 2006). I start with the last two because they have some important features in common. Both countries are emerging from totalitarian communist regimes in which the role of the State was supreme in organising people's private lives, but where – unlike the liberal democratic welfare states of Western Europe – notions of rights and individual freedom were low on the agenda. These are also countries that received much media attention once they opened their doors to Western observers who, inter alia, reported on the dismal conditions of local childcare institutions and orphanages. Both countries had pursued a policy of birth regulation, which resulted in large numbers of abandoned children, but from an opposite starting point: China with its one-child policy led to a huge number of girl infants being abandoned, and Romania with its pro-birth policy resulted in families with too many children to support. Whereas Romania rapidly became what one commentator has called «the adoption capital of the world» and where virtually no public control of the procedure existed, Chinese authorities arranged transnational adoption in a highly organized manner. Both countries have ratified the UNCRC and the Hague Convention. However, what my researches have shown is that state officials and employees at children's homes in both countries display a very superficial understanding of the ethical concerns and purpose of the provisions of the two conventions, not least because a human rights discourse was absent. Further, psychology as an academic discipline was not taught in the universities of either country, which meant that the premises for Western understanding of childhood and «the best interest of the child» met little resonance amongst relevant officials.

Nevertheless, pressure from bilateral partners and the international community armed with the conventions has resulted in some degree of adhering to the demands. Indeed, in the case of Romania, the EU made their application to join provisional on the country getting its social policy with regard to children in order. Romania was unable to resist the demands. China, on the other hand, with nothing much to lose or gain, has maintained a high degree of autonomy. They have their own procedures and assert their independence vis-à-vis adopting countries by issuing a number of requirements that these have to abide by. Neither country displays an ideological objection to transnational adoption, only to some of the Western values that they are made subject to and whose purpose they fail to appreciate.

When we turn to India and Ethiopia, we find a very different situation. Both ratified the UNCRC early on, but only India has done so with regard to the Hague Convention. They did so recently and reluctantly, finding its tone patronizing. Ethiopia has not yet signed due to the fact that one major requirement – that all transnational adoptions are handled though a national body – is not yet satisfied. While official attitude in India is highly sceptical to transnational adoption, wishing to see it abolished, in Ethiopia the authorities find themselves powerless due to extreme poverty and dependence upon foreign aid. Although critical voices are raised in Ethiopia against some basic premises of the conventions – such as the constituting role of the bounded individual, which they argue is foreign to an Ethiopian worldview – they feel impotent to do anything about it. Unlike Chinese and Romanian senior civil servants who had not been exposed to Euro-American ideas and values on social and psychological themes, their Indian counterparts are highly sophisticated, and India has long academic traditions of their own which have contributed to the development of theory. Nevertheless, or perhaps because of this, they smart under what they perceive as neo-colonial attitudes. The situation in India is more paradoxical than that of many other countries that send children in adoption overseas. Able to look after only a small portion of an estimated 700,000 adoptable children, they adhere to a broadly congruent attitude that is manifested in the conventions, yet they feel hostile to the West, to perceived Western paternalism and Westerners who come to take their children. They are caught in a catch-22 situation. Arguably, the number of restrictions that they are imposing upon transnational adoption could be said to not be in «the best» interest of the child but the expression of anti-Western attitudes.

6 To Conclude

The practice of transnational adoption is here to stay, and in the foreseeable future is likely to increase.[1] As a practice, it is challenging on a personal level to the individuals who engage in adopting a foreign child, and it challenges inter-country relationships between donor and receiving nation-states as well as international relations more generally. In countries where a biologisation of discourses of kinship and identity is increasing, adoptive parents and their children do have a problem. My material from Norway and elsewhere indicates that adoptive families re-create the ideals embedded in notions about biological kinship. In that sense adoption upholds the biological basis for parenthood while, at the same time, the practice should not be described as artificial, or fictive, kinship. It is precisely the juggling act of keeping both biology and sociality as meaningful, but not hopelessly contradictory, categories that is especially challenging for those involved, and which many solve through biologising and de-biologising the relationship according to particular contexts. Thus in the pre-pregnancy stage they foreground biology; during the pregnancy and birthing stages, they foreground the social and emotional nature of the relationship with their adopted child, backgrounding their different biological make-up. During adolescence when return visits are engaged in and questions of roots placed on the agenda, a sort of return to biology is made, but one that makes biology inferior to the achieved kinned status of their relationship.

I have argued that transnational adoption must be analysed as part of an increasing globalisation of norms and values. In matters pertaining to children, a heavy normative trend may be observed that emanates from Western contemporary understanding of childhood and the best interest of the child. As these values have been codified in international conventions, the practice of transnational adoption is increasingly being understood and carried out according to these Western ideals. Only lip service is being paid to alternative cultural and moral understandings of kinship and childhood and, due to unequal power and wealth between those countries that receive children in adoption and those who give them up for adoption, Western values are increasingly making their impact upon local practices, local laws, and perhaps also, upon local understandings.

Notes

[1] For further reading on transnational adoption see Howell 2007b, Howell and Melhuus 2007, Howell and Melhuus 2009, Howell and Marre 2009. For a comprehensive discussion of the anthropological literature on adoption see Howell 2009.

Literature

BOTVAR, K. (1994): *Ny sjanse i Norge: Utenlandsadoptertes levevilkår*. Oslo: Diaforsk.

CARLI, A. AND M. DALEN (1997): *Adopsjonsfamilien: information og veiledning for Adoptivforeldre*. Oslo: Pedagogisk Forum.

DALEN, M. AND B. SÆTERSDAL (1992): *Utenlandske barn I Norge*. Oslo: Universitetet I Oslo. Spesiallærerhøgskolen.

FRANKLIN, S. AND H. RAGONÉ (EDS.) (1998): *Reproducing Reproduction: Kinship, Power and Technology Innovation*. Philadelphia: University of Pennsylvania Press.

HOWELL, S. (2001): «Self-conscious kinship: Some contested values in Norwegian transnational adoption» In: S. Franklin & S. McKinnon (eds): *Relative Values: Reconfiguring Kinship Studies*. Durham: Duke University Press.

HOWELL, S. (2002): «Community beyond Place: Adoptive families in Norway» In: V. Amit (ed): *Realizing Community: Concepts, social relationships and sentiments*. London: Routledge.

HOWELL, S. (2003): «The diffusion of moral values in a global perspective» In: T. Hylland Eriksen (ed.): *Transnational Flow of Concepts and Substances: Methodological issues*. London: Pluto Press.

HOWELL, S. (2003): «Kinning: the creation of life trajectories in transnational adoptive families» *Journal of the Royal Anthropological Institute (incorporating Man)* 9(3): 465–484.

HOWELL, S. (2004): «The backpackers that come to stay: New challenges to Norwegian transnational adoptive families» In: F. Bowie (ed): *Cross-cultural approaches to adoption*. London: Routledge.

HOWELL, S. (2006A): *The Kinning of Foreigners: Transnational Adoption in a Global Perspective*. Oxford & New York: Berghahn Books.

HOWELL, S. (2006B): «Changes in moral values about the family: Adoption legislation in Norway and USA» *Social Analysis* Nr. 3 2006, (pp. 146–163).

HOWELL, S. (2006, WITH DIANA MARRE): «To kin a foreign child in Norway and Spain: Notions of resemblances and the achievement of belonging» *Ethnos* Nr. 4 2006 (pp. 293–316).

HOWELL, S. (2007A): «Imagined kin, place and community: Some paradoxes in the transnational movement of children in adoption» In: M. Lien and M. Melhuus (eds.) *Holding Worlds Together: Ethnography of truth and belonging*. Oxford and New York: Berghahn Books.

Howell, S. (2007b): «Relations with the imagined child: The emotionality of becoming an adoptive parent» In: Helena Wulff (ed.): *The Emotions: A Cultural Reader*. Oxford: Berg.

Howell, S. (2009): «Adoption of the Unrelated Child: Some challenges to the anthropological study of kinship» *Annual Review of Anthropology Nr. 38* 2009 (pp. 149-166).

Howell, S. (2007, with M. Melhuus): «Race, Biology and Culture in Contemporary Norway: Identity and belonging in adoption, donor gametes and immigration» In: Peter Wade (ed.): *Race, Ethnicity and Nation in Europe: Perspectives from kinship and genetics*. Oxford and New York: Berghahn Books.

Howell, S. (2009, with M. Melhuus): «Adoption and assisted conception: One universe of unnatural procreation. An examination of Norwegian legislation» In: Jeanette Edwards and Carles Salazar (eds.): *European Kinship in the Age of Biotechnology*. Oxford & New York: Berghahn Books.

Howell, S. (2009 with D. Marre): «Discours sur la destinée et adoption internationale» In: Enric Porqueres i Gené (ed.): *Défis contemporains de la parenté*. Paris: Éditions de l'EHESS.

Modell, J. (1994): *Kinship with Strangers: Adoption and Interpretations of Kinship in American Culture*. Berkeley: University of California Press.

Rose, N. (1999): *Governing the Soul: The Shaping of the Private Self*. London: Free Association Books.

Schneider, D. (1984): *A Critique of the Study of Kinship*. Chicago: University of Chicago Press.

Selman, Peter (2005): Trends in Inter-country Adopting 1998–2003. School of Geography, Politics and Geography. Newcastle University.

Strathern, M. (1992): *After Nature: English Kinship in the late Twentieth Century*. Cambridge: Cambridge University Press.

Judith Schlehe

Äussere und innere Grenzen
Genderkonstruktionen und die Rede vom Geld in transnationalen Liebesbeziehungen

1 Einleitung

Hier soll es nicht wie in manch anderen ethnologischen Beiträgen um ethnische Minderheiten und nationalstaatliche Grenzen im Sinne von *borderlands* gehen.[1] Vielmehr werde ich mich Grenzüberschreitung und Grenzziehung in transnationalen Handlungs- und Erfahrungsräumen in Verbindung mit ethnologischer Gender- und Globalisierungsforschung zuwenden. Denn schliesslich werden auch im Rahmen globaler Verflechtungen nicht nur äussere, manifeste, sondern auch innere, habitualisierte und imaginierte Grenzen, wie diejenigen zwischen Kulturen und Geschlechtern, von Menschen konstruiert und durch symbolische Repräsentationen von Differenz bestätigt und in immer neuen Weisen reproduziert oder aber durchkreuzt, verschoben, dekonstruiert und überwunden. Letzteres verweist darauf, dass, ganz im Gegensatz zu Annahmen eines neuen kulturellen Fundamentalismus, welcher einen Aspekt menschlicher Natur, eine anthropologische Konstante darin sieht, dass Fremdes ausgegrenzt und abgelehnt wird, Kulturen – und damit auch Geschlechterkonzepte – im Prinzip durchlässig für Diskurse und für eine Reflexion der eigenen durch andere Ideen sind (Fuchs 2005, S. 133).

In einem Überblick über die –«Ethnologische Geschlechterforschung» warnt Ute Luig vor einer «Abkoppelung feministischer Theoriedebatten von empirischen, sozialwissenschaftlich fundierten Forschungsergebnissen» (Luig 2003, S. 318). Daran anknüpfend möchte ich nicht nur theoretische Ansätze zu Gender referieren, sondern Fragen nach einerseits Grenzüberschreitungen und andererseits Differenz-Diskursen bzw. diskursiven Strategien des «Othering» im Rahmen von kultureller Globalisierung und in Zusammenhang mit sozialen Machtbeziehungen in ihren lokalen und translokalen Verknüpfungen behandeln.

Ausgehend von einigen knappen Bemerkungen zu ethnologischen Forschungen über Heiratsmigration und zu Globalisierungs- und Differenz-Diskursen in Südostasien sollen zusammenfassend ausgewählte empirische Befunde zu transnationalen Liebesbeziehungen in Indonesien dargestellt werden. Dabei ist es meine Absicht, Möglichkeiten und Grenzen globalisierter Begegnungsformen zwischen den Geschlechtern und zwischen den Kulturen auszumachen und im Kontext der gegenseitigen individuellen wie gesellschaftlichen Imaginationen und Images zu verorten. Diese sind auf der Makroebene vielfältig geprägt, vor allem durch postkoloniale Strukturen, Globalisierungsprozesse und nicht zuletzt durch die internationale Tourismusindustrie. Als konkretes Beispiel auf der Mikroebene beziehe ich mich in diesem Beitrag aber nur auf transnationale, so genannte «gemischte» Paare auf Java und Bali, bei denen die Frauen aus westlichen Ländern stammen und die Männer aus Indonesien. Das gesellschaftliche Ansehen solcher Paare sowie deren eigene Identifikationen und Geschlechterkonstruktionen sollen zu den aktuellen Diskursen zu Globalisierung und Geld in Bezug gesetzt werden. Diese spiegeln sowohl orientalistische und okzidentalistische Konstruktionen als auch aktuelle politische und wirtschaftliche Probleme wider. Sind solche «gemischten» Paare also Pioniere dichter Kulturverflechtungen oder reproduzieren sie – bzw. ihr soziales Umfeld – kulturelle Differenzen und Grenzen?

2 Ethnologische Forschung zu Gender, Globalisierung und gendered globalizations

Die Kategorie Geschlecht (ausdrücklich als *gender* und *sex* umfassend zu verstehen) bezeichnet eine Differenzsetzung, die in Zeiten der Globalisierung nicht mehr nur kulturell und lokal konstruiert wird, sondern zunehmend auch grenzüberschreitend, inter- und transkulturell (Schlehe 2000; 2001a; Mae 2007). Dies geschieht durch Transformationen von Nation und Kultur, durch Medien, Migration, Begegnungen, multiple Affiliationen und interkulturelle «Kontaktzonen». Es gibt nicht nur eine zunehmende Pluralität von Lebensformen und biographischen Projekten, sondern auch von Geschlechterverhältnissen und Partnerschaftsformen. Zugleich lassen sich aber Gendersymbole und -repräsentationen auch verwenden, um Differenz zu artikulieren und um (neue) Grenzen zu symbolisieren und festzuschreiben. Diese kulturellen Grenzen können «als unüberbrückbare Gräben, als Kontaktzonen, als Zwischenräume, als Passagen oder als Schwelle zum Fremden konzeptionalisiert werden» (Lösch 2005, S. 258). In jeder Ausformung aber und in jedem Falle spielen auch für globalisierte Geschlechterkonstruktionen und pluralisierte Lebensformen sowie für kosmopolitische Akteure konkrete Orte und soziale Kontexte weiterhin eine wichtige Rolle. Wir wissen mittlerweile längst, dass es die homogene Weltgesellschaft nach westlichem oder amerikanischem Vorbild ebenso wenig gibt wie völlig losgelöste, ungebundene postmoderne Subjekte, sondern dass Heterogenisierung, Lokalisierung und Hybridisierung die globalen Konstitutionsbedingungen für Gender und Kultur darstellen, wobei die strukturellen Bedingungen und der Zugang zu kulturellen Ressourcen wesentliche Faktoren bleiben (vgl. Schlehe 2007). Folglich gilt auch umgekehrt, dass Globalisierungsprozesse nicht als geschlechtsneutral, sondern als geschlechtsspezifische Vorgänge zu betrachten sind (als *gendered globalizations*).

In einer Sondernummer der Zeitschrift Signs zum Thema Globalisierung und Gender erschien 2001 ein Aufsatz mit dem Titel: «Is Local: Global as Feminine: Masculine? Rethinking the Gender of Globalization» (Freeman 2001). Dies spielt auf eine Tendenz zur impliziten Maskulinisierung der Makromodelle der Globalisierung an: Mobilität, Modernität, Kosmopolitismus, formale Strukturen und Produktionsorientierung sind männlich konnotierte Elemente. Dem stehen die eher lokal und empirisch orientierten (Mikro-)Studien gegenüber, in denen Gender als

Analysekategorie eine Rolle spielt und in denen Frauen sichtbar gemacht werden. Würden wir diese Gleichung aufnehmen, so wäre die Ethnologie wohl eher auf der Seite des Weiblichen. Denn das Fach steht – trotz seines prinzipiell kulturvergleichenden Anspruches – durch die Methode der Feldforschung und durch den Fokus auf gelebter Erfahrung eher auf der Seite des Lokalen. Das Lokale wiederum wird in konservativen und konventionellen Ansätzen nicht nur gerne mit weiblich, sondern im selben Zuge mit traditionell, statisch, informell, konsumorientiert oder heimgebunden assoziiert. Freilich wurde in der neueren Ethnologie der Kulturbegriff längst deterritorialisiert, das Lokale erfährt neue Aufwertung (Berking 2006), und EthnologInnen bemühen sich mit Erfolg darum, an ihren Feldforschungsorten die *Wechselwirkungen* von Lokalem und Globalem zu erfassen. Die Begriffe von Raum und Lokalität werden also ganz neu gefasst. Die Ethnologie steht auch nicht auf der Seite «des Weiblichen», eine solche Essentialisierung würde ihr zuwider laufen. Wohl aber kann sie auf eine lange Tradition von kritischer Frauen-, Gender-, feministischer und neuerdings auch postfeministischer Forschung blicken. Diese Forschung hat klar gemacht, dass die Verbindung von weiblich mit lokal, traditionell, statisch usw. ein ebensolches kulturelles Konstrukt ist wie die in früheren Arbeiten in den Mittelpunkt gestellte Assoziation von Frau mit Natur.[2]

Wenn die ethnologische Geschlechterforschung sich heute zunehmend auch auf inter- und transkulturelle Konfigurationen bezieht, so ist das Ziel, die Konstruktions-, Vermittlungs- und Wirkungszusammenhänge von Geschlecht und die Pluralität von Geschlechterverhältnissen und Partnerschaftsformen unter den neuen Bedingungen der Globalisierung zu erfassen (Schlehe 2000; 2001a). Wir fragen danach, inwieweit sich die Beziehungs- und Ausdrucksformen zwischen den Geschlechtern in inter- und transkulturellen Kontakten verändern. Oder anders formuliert: In welchem Verhältnis stehen neue, translokal angelegte Lebensweisen und hybride kulturelle Formen zu überkommenen, kulturspezifischen Entwürfen von Geschlecht? Im Folgenden möchte ich in diesem Zusammenhang nicht zuletzt auch danach fragen, wie sich die Selbstsicht der betreffenden Akteure zu den Wahrnehmungen und Deutungen ihrer sozialen Umgebung verhält. Diesen Fragen werde ich am Beispiel einer empirischen Forschung in Indonesien nachgehen, die sich auf Beziehungsstrukturen zwischen westlichen Frauen und indonesischen Männern bezog.[3]

3 Ethnologische Forschung zu Heiratsmigration

In den letzten Jahren erschienen etliche Bücher und Aufsätze zur Heiratsmigration asiatischer Frauen in westliche Länder (Lauser 2004) oder nach Japan (Nakamatsu 2005). Im Gegensatz zu früheren Studien, in denen die betreffenden Frauen vorwiegend als Opfer portraitiert worden waren, wird in diesen neueren Untersuchungen vor allem die *agency* der Frauen betont. Durch die transnationalen Ehen verändern und verbessern sie ihr Leben. Sie etablieren Netzwerke zur gegenseitigen Unterstützung – oder auch um ihrerseits als Heiratsvermittlerinnen tätig zu werden – und sie gestalten ihr Leben zwischen den Welten. *Intermarriage*, wie die Schweizer Ethnologin Barbara Waldis diese Ehen nennt, wird deshalb nicht mehr nur als Indikator für Integration in multiethnischen Gesellschaften betrachtet, sondern auch als Faktor, welcher zu Integration beiträgt (Waldis 2006, S. 4).

In diesen Studien geht es fast immer um die Konstellation «weisser Mann – braune Frau», die wir ja auch aus anderen Kontexten – sowohl aus der Kolonialzeit als auch aus dem gegenwärtigen Sextourismus – hinlänglich kennen. Während meiner Aufenthalte in Indonesien seit Mitte der 1980er-Jahre (im Rahmen unterschiedlicher Forschungsprojekte) fiel mir auf, dass dort sehr häufig weisse westliche – und zunehmend auch japanische – Frauen in Liebes- und Heiratsbeziehungen mit indonesischen Männern zu sehen waren.

Der empirische Ausgangspunkt meiner diesbezüglichen Forschungen steht also im Gegensatz zu obiger Gleichung: Mobile, global agierende, kosmopolitisch orientierte Frauen verbinden sich in diesem Fall mit lokalen Männern. Und die Richtung der Migration ist von Nord nach Süd.

Bevor ich darauf näher eingehe, möchte ich zunächst den ideellen Kontext, in dem diese Paare sich bewegen, kurz skizzieren. Ihre Beziehungen werden nämlich von ihrem sozialen Umfeld mit der Globalisierung in Verbindung gebracht, sie veranschaulichen und verkörpern sie gewissermassen.

4 Globalisierungs-Diskurs in Südostasien: Differenz-Diskurs

Globalisierung wurde und wird in Südostasien einerseits als Weg zum ökonomischen Triumph und als Stimulator sozialer Veränderungen, welche kosmopolitische Bürger hervorbringen sollen, gefeiert, andererseits, und dies zunehmend, als Wurzel der ökonomischen Krisen, Ende des Nationalstaates, Verneinung von kultureller Vielfalt, als Unterminierung der so genannten «eigenen» oder «Asiatischen Werte» und nicht zuletzt als Bedrohung von Religiosität und Moral betrachtet (vgl. Bonnett 2006). Es werden also nach selbst-orientalistischen und okzidentalistischen Modellen[4] binäre Gegensätze aufgebaut zwischen:

- lokaler traditioneller Kultur gegenüber Amerikanisierung und kultureller Gleichschaltung;
- «Asiatischen Werten» (darunter werden Fleiss, Erziehung, Disziplin, Respekt vor Eltern und Lehrern, Familiensinn und eine spirituelle Grundhaltung gefasst, also kulturell-geistige und religiös-moralische Dimensionen) gegenüber der ökonomischen Globalisierung, dem Individualismus des kapitalistisch-säkularen Westens, instrumenteller Rationalität und westlicher Dekadenz in Form von sexueller Freizügigkeit, Konsumerismus, Materialismus sowie dem unter dem Deckmantel des «Kampfes gegen den Terror» verborgenen Willen der Bush-Regierung, nicht-christliche Religionen, insbesondere den Islam, zu schwächen oder zu vernichten.

Viele Menschen in südostasiatischen Ländern sind in dieser Hinsicht zutiefst ambivalent. Sie greifen die genannten essentialistischen Differenz-Diskurse auf, wobei sie sich einerseits in den Bereichen von Konsum, Bildung, Technologie durchaus nach den westlichen Industrienationen richten. Andererseits jedoch grenzen sie sich hinsichtlich geistig-moralischer und als «kulturell» oder «religiös» bezeichneter Werte vom «Westen» ab. Es erübrigt sich wohl, weiter auszuführen, dass nach den Interventionen des IWF und der Weltbank in Folge der Asienkrise und vor allem aufgrund der Reaktionen auf die Ereignisse des 11. September 2001, insbesondere die Kriege in Afghanistan und im Irak, die Kritik an der Politik Amerikas und die Ablehnung der (amerikanisch dominierten) Globalisierung zunahm. Laut einer aktuellen Umfrage der BBC schreiben

71% der Indonesier den USA einen «hauptsächlich negativen Einfluss» im Weltgeschehen zu (BBC 2007).[5]

In Indonesien ist jedoch kaum je «Feindlichkeit» gegenüber Ausländern zu spüren, niemand heisst die Bombenattentate auf Bali und in Jakarta gut, und man weiss, dass Touristen von immenser Bedeutung für die nationale Ökonomie sind. Dennoch lässt sich beobachten, dass in den letzten Jahren die kulturelle Distanz höher gehalten wird, man grenzt sich kulturell, religiös und moralisch ab.

Wie wirkt sich das aus auf Menschen, die eben diese Grenzen überschreiten und überbrücken, die in ihrer Lebenspraxis als transnationales Paar ganz unmittelbar und umfassend so genanntes «Westliches» und «Östliches» verbinden? Welche wechselseitigen Einflüsse und Verwobenheiten von «fremden» und lokalen Diskursen und Debatten zeigen sich dabei?

5   Image und Idiom

In der bisherigen indonesischen Wahrnehmung, genauer gesagt im hegemonialen kulturellen Diskurs, wurde meist vermutet, dass eine asiatische Frau einen westlichen Mann bzw. ein asiatischer Mann eine westliche Frau vor allem aufgrund finanziellen Kalküls wähle. Im Ausland leben, ernährt werden, die Familie absichern, nicht mehr arbeiten müssen, so sehen die unterstellten Motive in Indonesien aus.

In der Wahrnehmung westlicher Länder wird den westlichen Männern, die mit asiatischen Frauen verheiratet sind, häufig nachgesagt, sie hätten ihre Partnerin gekauft, weil sie «zuhause keine gekriegt» oder weil sie eine «sanfte, unterwürfige Asiatin» gewollt hätten. Westliche Frauen dagegen, die asiatische Männer heiraten, gelten ihrer Umgebung oftmals als verblendet und naiv, weil sie sich von einem fremden Mann, der sie finanziell auszunutzen verstehe, etwas vorgaukeln und sich verführen liessen.

Die neueste Entwicklung, die sich nun in Indonesien abzeichnet, ist eine radikale Erweiterung dieses Images: Zunehmend verbreitet sich nämlich die Ansicht, dass *westliche* Männer und Frauen um finanzieller Vorteile willen asiatische (Ehe-)Partner suchten; nicht um von diesen ernährt zu werden, vielmehr um der Aufenthaltsgenehmigung und vor allem um der Möglichkeiten willen, in Indonesien ein Geschäft zu eröffnen, etwa ein Hotel oder Restaurant, Handel zu treiben, Land auf den Namen der indonesischen Ehepartnerin/des indonesischen Ehepartners zu kaufen o.Ä. In einer populären Zeitschrift in Jogjakarta (Zentraljava) erschien 2004 eine Serie von Artikeln mit entsprechenden, anschaulichen Beispielen: Westliche Männer heiraten indonesische Frauen nicht aus Liebe, sondern um ein auf ihren Namen eingetragenes Geschäft zu eröffnen, was ihnen als Ausländer nach dem indonesischen Gesetz grundsätzlich nicht möglich wäre. Besonders im Möbel- und Kunsthandwerksbereich sei dies weit verbreitet, wobei das Problem vor allem darin liege, dass die Geschäfte solcher Ausländer fast immer sehr erfolgreich seien und dadurch eine gefährliche Konkurrenz zu den einheimischen Betrieben darstellten (Kabare Jogja, XXIV, 8, 2004). Es werden herzzerreissende Fälle geschildert, in denen die indonesische Frau von ihrem europäischen Mann tief enttäuscht wird, als sie allmählich begreift, dass er sie ausnutzt und die beträchtlichen Gewinne aus dem gemeinsamen Geschäft alleine einstreicht, während er sie nur mit einem Taschengeld abspeist.

Auffallend ist, dass in der besagten Zeitschrift nur von indonesischen Frauen mit westlichen Männern die Rede ist, kein einziges Mal von der umgekehrten Konstellation, obgleich diese in Jogja sehr verbreitet ist. Damit wird an die konventionelle Assoziation angeknüpft, die auch in der eingangs erwähnten Gleichung zum Ausdruck kam: Frau gleich lokal. Darüber hinaus klingen weitere Motive an: Die Frau verkörpert die Nation, die Reinheit, das Opfer. Und implizit lesen wir die Botschaft: Sie sollte beschützt werden vor der Ausbeutung durch den fremden Mann. Recht deutlich – und durch die implizite moralische Attitüde in bewährter Weise verstärkt – kommt die Warnung zum Ausdruck: Unsere einheimische Wirtschaft ist durch die Ausländer, die unsere Frauen heiraten, bedroht. Damit wird die (berechtigte) zunehmende Sensibilität gegenüber Fremdbestimmung und ökonomischer Ausbeutung, das wachsende Misstrauen, *nicht* auf die fernen, anonymen Akteure von Weltbank, Internationalem Währungsfond und transnationalen Unternehmen oder die einheimischen Wirtschaftseliten gerichtet, sondern eher auf die Fremden in der eigenen Stadt, die unmittelbaren Konkurrenten im eigenen, kleinen Geschäftsbereich.[6]

Wenn wir davon ausgehen, dass eine transnationale Liebesbeziehung Irritation auslöst, weil sie ethnische, kulturelle, sprachliche, oft auch religiöse, moralische u.a. Grenzen überwindet (oder dies zumindest anstrebt), und weil sie zugleich als gesellschaftliches Probehandeln (Giddens 1993) für neue Beziehungsformen, gar für eine «Globalisierung von unten» (Burawoy 2000), gesehen werden kann, so wird hier deutlich, dass das soziale Umfeld in Indonesien mit dieser Irritation so umgeht, dass weder individuelle Gefühle noch die Idee von Innovation und Bereicherung durch neue transkulturelle Mischformen eine Rolle spielen. Auch die oben ausgeführten orientalistischen und okzidentalistischen Differenz-Diskurse werden nicht überdacht oder anhand konkreter Personen überprüft. Vielmehr wird im Rahmen ökonomischer Überlegungen rationalisiert. Die Attraktion wird ausschliesslich auf den Bereich des Materiellen verschoben. Das Begehren gilt in der Wahrnehmung der umgebenden Gesellschaft nicht dem kulturell Fremden, Neuen oder gar Exotischen, es ist nicht von Illusionen gespeist und erst recht nicht von Imaginationen von Liebe und Romantik (vgl. Schlehe 2001b; 2003), sondern es ist, so wird angenommen, ausschliesslich auf Materielles, auf das Idiom des Geldes, gerichtet. Auf diese Weise wird sichergestellt, dass die oben aufgeführten Differenzkonstruktionen durch die Existenz west-östlicher Liebesbeziehungen nicht ins Wanken geraten.

Die «dem Westen» nachgesagte materialistische Grundhaltung stellt sich hier eher als materialistisches Denken von Indonesiern dar. Allerdings relativiert sich dies wieder etwas, wenn man berücksichtigt, dass die Bereiche von sozialer und affektiver Bindung zum einen und materieller und finanzieller Zuwendung und Versorgung zum anderen in Indonesien nicht als getrennt oder gar widersprüchlich konzeptionalisiert werden. Soziale Nahbeziehungen jeder Art sind untrennbar verbunden mit der Verpflichtung zur Unterstützung. Geld und Gefühl gelten nicht als Widerspruch.

6   Identifikationen und Imaginationen

Wie aber sehen die Sichtweisen und Selbstbilder der betreffenden Paare aus, worin liegt ihre *agency*? Wie gehen sie um mit «der Kopräsenz von kulturellen Semantiken unterschiedlicher Provenienz» (Lösch 2005, S. 252), welche die moderne Romantisierung von Liebespartnerschaft, eine westliche Unvereinbarkeit gegenüber der indonesischen Verbundenheit von Geld und Liebe sowie die Ambivalenz von Abwehr und Verlangen gegenüber dem Fremden umfasst?

Sie betrachten sich selbst nicht etwa als Helden und Vorreiter der kulturellen Globalisierung. In ihren Augen leben sie ihre ganz individuellen

Geschichten, primär bestimmt von ihren Persönlichkeiten, nicht von ihrer kulturellen Herkunft. Beck/Beck-Gernsheim formulieren das als «ganz normales Chaos der Liebe» im Rahmen gesellschaftlicher Individualisierung: «Alles vollzieht sich [...] nach dem Schauspiel der Einmaligkeit in den Kostümen des Persönlichen und Individuellen» (Beck/Beck-Gernsheim 1990, S. 11). Die Themen von gegenseitiger Attraktion und Faszination, von Liebe und Romantik, manchmal auch von gemeinsamem Bezug zu einem verbindenden Bereich, wie etwa der Kunst, stehen im Vordergrund der Erzählungen vom Kennenlernen. Bei den Attraktionsfaktoren, die mir genannt wurden, d.h. bei den Attributen, mit denen der geliebte und begehrte fremde Mann oder die geliebte, begehrte fremde Frau behaftet wurde, handelt es sich in meinen Augen oftmals um Imaginationen, die in erster Linie einen Gegenentwurf zu den Männlichkeits- bzw. Weiblichkeitsbildern innerhalb der Geschlechterordnung der eigenen Gesellschaft darstellen (vgl. Schlehe 2003).

Wenn wir die Beziehungsgeschichten der transkulturellen Paare in Indonesien dann über einen längeren Zeitraum verfolgen, wie ich es in etlichen Fällen tun konnte, so lässt sich feststellen, dass es im Rahmen von Aushandlungsprozessen kultureller Identitäten und Alteritäten zwar zu Vernetzung und Hybridisierung von Kulturen kommt. So erklärte etwa eine französische Informantin, die mit ihrem javanischen Ehemann auf Bali lebt: «We are feeding each other with our differences.» Aber solche Kreativität bezieht sich nicht unbedingt auch auf radikale Bedeutungsverschiebungen in den Entwürfen von Weiblichkeit und Männlichkeit und in den Geschlechtsidentitäten. Beiden Partnern ist es auf längere Sicht eher darum zu tun, aus der/dem anfänglich als «ganz anders» Konstruierten auf Dauer eine/n «Gleiche/n» zu machen. An dieser Stelle sei erwähnt, dass bei den binationalen, bikulturellen Paaren, mit denen ich in Indonesien gearbeitet habe, oftmals nicht nur, wie die Bezeichnung nahe legt, Nationalität und Herkunftskultur unterschiedlich sind, sondern nicht selten auch die soziale Schicht und der Bildungshintergrund weit auseinander liegen. In diesem Zusammenhang ist es auch zu sehen, wenn beispielsweise eine Frau, die sich anfänglich von der Gelassenheit, inneren Ruhe oder gar Weisheit ihres Partners angezogen fühlte, dieselben Eigenschaften von ihm später als Antriebslosigkeit, Gleichgültigkeit und Passivität interpretiert und auf entsprechende Stereotype rekurriert. Umgekehrt sagten mir viele Männer, dass sie ihre Partnerin anfänglich für ihr selbstbewusstes Auftreten, ihre Direktheit und Souveränität bewundert hätten, diese im Laufe der Zeit jedoch als Unhöflichkeit, Strenge und Dominanzgebaren erkannt hätten. Solange die Liebe frisch ist, gibt es keine Grenzen, tauchen mit der Zeit aber Probleme auf, so wird auf kulturelle (niemals auf soziale) Differenzen rekurriert. Nicht wenige GesprächspartnerInnen sagten, dass ihnen erst durch das Zusammenleben in der interkulturellen Ehe die eigenen kulturellen Werte wirklich bewusst geworden seien. In diesem Zusammenhang wird dem Partner/der Partnerin dann mitunter angekreidet, dass er/sie nicht dem Geschlechterideal der eigenen Kultur entspricht.[7] Das Thema Geld bzw. Gelderwerb spielt hierbei oftmals insofern eine Rolle als die westlichen Frauen zwar nicht erwarten, von ihrem Partner versorgt zu werden,[8] aber ebenso wenig möchten sie das Umgekehrte. Das heisst, sie erwarten von ihm, dass er aktiv zum gemeinsamen Einkommen beiträgt. Viele westliche Frauen sind diesbezüglich unzufrieden mit ihren indonesischen Männern, sie wünschen sich mehr und nachhaltigeres berufliches Engagement von deren Seite. Manche Männer hingegen hätten nichts dagegen, wenn die Frauen das Geld beschaffen und verwalten würden, allerdings sollten diese daraus dann keine besonderen Ansprüche ableiten.[9] Hier gibt es allerdings auch grosse Unterschiede zwischen den Paaren, die sowohl durch persönliche als auch durch strukturelle Vielfalt geprägt sind. Ähnlich wie es Allmendinger et al. (2004) für moderne deutsche Paarbeziehungen gezeigt haben, so wird auch in Indonesien die alltagspraktische Organisation des Umgangs mit Geld und dessen symbolische Bedeutung in je spezifischer Weise gemeinsam interaktiv konstruiert und stellt sich als «Ergebnis komplexer Definitionsprozesse zwischen den Partnern» (ebd. 316) dar.

Wie wirkt sich aber das Image der sozialen Umgebung auf diese Paare aus? Wie reagieren sie darauf, dass ihnen fast immer unterstellt wird, ihre Beziehung beruhe in erster Linie auf materiellen Grundlagen, und was bedeutet es für sie, dass man in jedem Fall annimmt, sie seien wohlhabender als die Mehrzahl der Menschen in ihrer Umgebung? Anders als bei japanisch-indonesischen Paaren, bei denen die japanische Frau sich meist sehr um Annäherung an die lokale soziale Umgebung und um Integration in familiäre und nachbarschaftliche Netzwerke bemüht, lässt sich bei westlich-indonesischen Ehen beobachten, dass sie sich eher isolieren und eigene Kreise schaffen, meist bestehend aus gemischten Paaren mit kompatiblem Sprachhintergrund (v.a. englisch und französisch). Familie und Verwandtschaft des Mannes werden von den westlichen Frauen nicht selten als Belastung empfunden. Hierbei spielen nicht nur Vorstellungen von Einmischung und Autonomie eine Rolle, sondern wiederum materielle Erwartungen der Verwandten, die sich auf Geschenke, Versorgungsleistungen oder Beiträge zu Familienfeiern bzw. religiösen Zeremonien richten können. Deshalb erleben es viele Paare als entlastend, in räumlicher Distanz zur Familie zu leben.[10] Insbesondere auf Bali finden sich viele Paare, bestehend aus westlichen Frauen und indonesischen Männern aus Java, Sumatra oder Lombok, die höchstens einmal im Jahr ihre Eltern besuchen. Das Alltagsleben findet in balinesischem Kontext statt (so werden etwa die Kinder auf die lokalen Schulen geschickt), aber es wird beidseitig Distanz gehalten, soziale Nahbeziehungen entstehen kaum.

7 Schlussfolgerungen

Soziale und kulturelle Grenzziehungen sind zwar dekonstruierbar, aber das bedeutet nicht, dass Differenzen in Prozessen sozialen und kulturellen Wandels negiert oder vernachlässigt werden können. Offenbar meinen viele Menschen Differenzkonstruktionen zu brauchen, um sich in ihrer Umgebung orientieren und behaupten zu können.

Differenz, so wird neuerdings vorgeschlagen, muss «als unentbehrliche Ordnungskategorie» beibehalten werden, aber das neue, analytische Konzept der «Transdifferenz» möchte nun binäre Oppositionsstrukturen überwinden und offen bleiben für Veränderungen von Bedeutungen und Zuschreibungen, für Neuverhandlungen, in denen Differenzkonstruktionen temporär dekonstruiert und wieder neu rekonstruiert werden. Solche Transdifferenzphänomene zeigen sich beispielsweise, wenn in einem Begegnungsraum verschiedene Konstrukte kultureller Grenzziehungen aufeinandertreffen und aufeinander reagieren (Saal 2007, S. 32; vgl. auch Allolio-Näcke 2005).[11] Dieses Konzept, das binäre Gegensätze wie Orient-Okzident, weiblich-männlich, innen-aussen oder lokal-global transzendiert ohne ihre Wirkmächtigkeit zu leugnen, könnte durchaus hilfreich sein, um sich der Gleichzeitigkeit von grenzüberschreitenden Kulturverflechtungen und neuen Grenzziehungen in den Begegnungsräumen und Lebenswelten transnationaler Paare anzunähern. Dabei sollten wir es aber nicht bewenden lassen, denn insgesamt meine ich, dass EthnologInnen die Theorien der kulturellen Globalisierung zu Hybridisierung, Kosmopolitismus und Transdifferenz – vor dem Hintergrund empirischer Realitäten nicht nur der Eliten – kritisch zu betrachten haben. Wir müssen die diskursiven Strategien des «Othering», die Neukonstruktionen und Instrumentalisierungen von kultureller Differenz und Grenzziehungen aufmerksam und kritisch untersuchen (Schlehe 2001a, S. 14) und nach den global verwobenen Entstehungs-, Vermittlungs- und Rezeptionsbedingungen dieser semantischen Traditionen und symbolischen Grenzen fragen. Wie sich gezeigt hat, leben die hier besprochenen «gemischten» west-östlichen Paare nur zum Teil ihre ganz individuellen, grenzüberschreitenden Geschichten, zu anderen Teilen sind sie in die lokalen Diskurse und in globale Imaginationen einbezogen und werden von diesen mitgeprägt.

Wenn wir an dieser Stelle auch noch einmal auf die eingangs genannte Gleichung zurückkommen, so sollte deutlich geworden sein, dass sie nicht haltbar ist. Denn die Assoziation von Reisen und Beweglichkeit als männliche Domäne lässt sich ebenso wenig aufrechterhalten wie die moderne Ethnologie sich auf die Ebene von Lokalkulturen und Traditionen beschränken lässt. In Indonesien finden sich viele mobile und kosmopolitisch orientierte westliche Frauen, und ich finde es sehr eindrücklich, wie sie als Reisende oder Migrantinnen Grenzen überschreiten und in globalisierten Räumen leben, ohne einfach die herkömmlichen, kapitalistischen Muster zu reproduzieren. Sie übertragen die ökonomische Logik der Globalisierung nicht auf die Beziehung der Geschlechter. Als Tendenz lässt sich feststellen, dass sie nicht wie Sextouristinnen «kaufen», sondern eher Romanzen konstruieren.

Anders verhält es sich mit der umgebenden Gesellschaft. Die komplexen Überschneidungen und Zusammenhänge zwischen patriarchalen, postkolonialen und globalen Machtdiskursen sind im alltäglichen Zusammenspiel von strukturellen Bedingungen und subjektiver Verarbeitung nicht zu unterschätzen. Die sozio-ökonomischen Machtbeziehungen zwischen den Herkunftskulturen transnationaler west-östlicher Paare sowie die Einstellung gegenüber der Globalisierung bzw. den daraus erwachsenden neuen Ungleichheitsverhältnissen werden von der sozialen Umgebung meist so auf sie übertragen, dass angenommen wird, es gehe ausschliesslich um Geld. Die Fantasie des «Versorgtwerdens» und die durch die historische Erfahrung von Kolonialismus und von der gegenwärtigen Ambivalenz gegenüber der Globalisierung geprägten Sorge vor Ausbeutung kommen an dieser Stelle zusammen. Man meint jedenfalls nicht, dass transnationale Paare Ungleichheitsverhältnisse überwinden und kulturelle Diversität konstruktiv nutzbar machen könnten, sondern man reduziert ihre Beziehung auf materielle Interessen. Das Potenzial, das in dieser dichtesten Form von Kulturbegegnung liegt, wird kaum genutzt – von Seiten der Paare in geringem Masse, weil sie dem Anderen nur wenig Anderssein zugestehen (vor allem hinsichtlich der Geschlechterrollen) und weil sie sich in einer eigenen kleinen Szene bewegen, von Seiten der Umgebung nicht, weil diese jede Idee von Innovation und kultureller Bereicherung durch Vermischung hinter dem Idiom des Geldes zum Verschwinden bringt.

Damit hoffe ich, ein Beispiel dafür geliefert zu haben, wie wir zum einen Globalisierung im Konkreten fassbar machen und kritisch auf ihre Bedeutungsgehalte für die Geschlechter hinterfragen können, und zum anderen, wie Grenzüberschreitungen zu neuen, symbolischen Grenzziehungen bzw. Wahrnehmungsgrenzen führen können.

Anmerkungen

[1] Bezüglich Südostasien kann dazu beispielsweise auf den kürzlich erschienenen Band von Horstmann/Wadley (2006) verwiesen werden.
[2] In diesem Zusammenhang sei an den ungemein vieldiskutierten Aufsatz von Sherry Ortner (1974) erinnert.
[3] Es handelte sich um ein DFG-gefördertes Projekt mit dem Titel «Genderidentitäten und kulturelle Formen in Bewegung. Reisende Frauen und einheimische Männer in Indonesien» an der Universität Bremen, mit einer Laufzeit von 2,5 Jahren zwischen 1999 und 2002. Danach konnte ich im Rahmen anderer Projekte die Entwicklungen weiter verfolgen. Beispielsweise leitete ich 2004 und 2005 deutsche und indonesische Studierende im Rahmen einer Lehrforschungskooperation dazu an, gemeinsam über binationale Liebesbeziehungen sowohl in Indonesien als auch in Deutschland zu forschen.
[4] Die im Westen entwickelten imaginären Konstruktionen und Repräsentationen des Orients werden in asiatischen Ländern partiell angeeignet, reproduziert und instrumentalisiert. Komplementäre selektive Wissensformen und diskursive Praxen beziehen sich auf den Okzident.
[5] Nur eines der 25 Untersuchungsländer hat mit 74% ein noch düstereres USA-Bild: Deutschland.
[6] Damit soll nicht gesagt sein, dass dieses Konkurrenzempfinden, angesichts der zahlreichen westlichen KleinhändlerInnen und Business-Leute, die sich v.a. an den beliebteren Touristenorten niedergelassen haben, völlig unberechtigt ist.
[7] Das entspricht dem, was Larcher in «Die Liebe in den Zeiten der Globalisierung» schreibt, nämlich, dass es «unmöglich» zu sein scheint, die «tief sitzenden Vorstellungen über die eigene Geschlechtsrolle und die damit verbundenen Erwartungen an jene der Partnerin/des Partners ganz zu überwinden» (Larcher 2000, S.125).
[8] Alle meine Gesprächspartnerinnen hatten ein mittleres bis höheres Bildungsniveau, und eigene Erwerbsarbeit hatte auch vor der Begegnung mit ihrem indonesischen Mann (oft als Rucksackreisende oder Studentin) zu ihrer Lebensplanung gehört.

⁹ In diesem Zusammenhang wird häufig darauf verwiesen, dass es indonesischer Tradition und Kultur entspricht, dass das Haushaltseinkommen von der Frau verwaltet wird. Eine generelle, traditionelle Zuständigkeit von Frauen für den Bereich des Materiellen gegenüber einer Zuständigkeit von Männern für das Spirituelle, wie sie zuweilen in wissenschaftlicher Literatur als Spezifikum des malaiischen Raumes angeführt wird (Keeler 1990), könnte hinsichtlich dieser Paare zwar auch geltend gemacht werden. Aber mir scheint eine sozioökonomische Erklärung nahe liegender: Die Ehen, in denen dieser Konflikt besteht, zeichnen sich oft durch beträchtliche soziale und Bildungsdifferenzen zwischen den Partnern aus. Wenn die Männer aus armen Verhältnissen kommen, keine Ausbildung haben und nur mit Mühe ein wenig Geld verdienen können, so erscheint es ihnen richtig, dass ihre westliche Frau für den Unterhalt sorgt.

¹⁰ Auch die Ehemänner ziehen den Abstand vor, um Loyalitätskonflikte zu vermeiden.

¹¹ Auch dieses Konzept entbehrt nicht einer gewissen Idealisierung, etwa wenn Michiko Mae meint, dass in der Transdifferenz die Differenzen ihre Bestimmungsmacht verlieren. Sie schreibt: «Offene Grenzen werden [als] Schwellen zu Übergangs- und Austauschzonen, in denen sich Kulturen durchdringen und die Entgegensetzung von Eigenem und Fremdem unnötig wird.» (Mae 2007, S. 47)

Literatur

ALLMENDINGER, JUTTA; LUDWIG-MAYERHOFER, WOLFGANG; SCHNEIDER, WERNER; WIMBAUER, CHRISTINE (2004): Eigenes Geld – gemeinsames Leben. Zur Bedeutung von Geld in modernen Paarbeziehungen. In: Beck, Ulrich; Lau, Christoph (Hg.) (2004): *Entgrenzung und Entscheidung: Was ist neu an der Theorie reflexiver Modernisierung?* Frankfurt am Main: Suhrkamp, pp. 307–325.

ALLOLIO-NÄCKE, LARS; KALSCHEUER, BRITTA; MANZESCHKE, ARNE (Hg.) (2005): *Differenzen anders denken. Bausteine zu einer Kulturtheorie der Transdifferenz.* Frankfurt/New York: Campus.

BBC WORLD SERVICE POLL, 23.1.2007: http://news.bbc.co.uk/1/shared/bsp/hi/pdfs/23_01_07_us_poll.pdf

BECK, ULRICH; BECK-GERNSHEIM, ELISABETH (1990): Riskante Chancen – Gesellschaftliche Individualisierung und soziale Lebens- und Liebesformen. In: Dies.: *Das ganz normale Chaos der Liebe.* Frankfurt am Main: Suhrkamp, pp. 7–19.

BERKING, HELMUT (2006): Raumtheoretische Paradoxien im Globalisierungsdiskurs. In: Ders. (Hg.) (2006): *Die Macht des Lokalen in einer Welt ohne Grenzen.* Frankfurt am Main/New York: Campus, pp. 7–22.

BONNETT, ALASTAIR (2006): Rethinking Asia: Multiplying Modernity. In: Delanty, Gerard (Hg.) (2006): *Europe and Asia beyond East and West.* London [u.a.]: Routledge, pp. 269–283.

BURAWOY, MICHAEL (2000): Grounding Globalization. In: Ders. u.a. (Hg.) (2000): *Global Ethnography: Forces, Connections, and Imaginations in a Postmodern World.* Berkeley: University of California Press, pp. 337–350.

FREEMAN, CARLA (2001): Is Local : Global as Feminine : Masculine? Rethinking the Gender of Globalization. In: Signs, Vol. 26, No.4, 2001, pp. 1007–1037.

FUCHS, MARTIN (2005): Interkulturelle Hermeneutik statt Kulturvergleich. Zur sozialen Reflexivität der Deutungsperspektiven. In: Srubar, Ilja, Renn, Joachim; Wenzel, Ulrich (Hg.) (2005): *Kulturen vergleichen. Sozial- und kulturwissenschaftliche Grundlagen und Kontroversen.* Verlag für Sozialwissenschaften. Wiesbaden, pp. 112–150.

GIDDENS, ANTHONY (1993): *Der Wandel der Intimität.* Frankfurt: Fischer.

HESS, SABINE; LENZ, RAMONA (Hg.) (2001): *Geschlecht und Globalisierung. Ein kulturwissenschaftlicher Streifzug durch transnationale Räume*, Königstein/Taunus: Ulrike Helmer.

HORSTMANN, ALEXANDER; WADLEY, REED (Hg.) (2006): Centering the Margin: Agency and Narrative in Southeast Asian Borderlands. New York: Berghahn Books 2006.

KABARE JOGJA, XXIV, 8, JOGJAKARTA 2004.

KEDDI, BARBARA (2003): *Projekt Liebe. Lebensthemen und biographisches Handeln junger Frauen in Paarbeziehungen*. Opladen: Leske u. Budrich.

KEELER, WARD (1990): Speaking of Gender in Java. In: Atkinson, J. M.; Errington, S. (Hg.) (1990): *Power and Difference. Gender in Southeast Asia*, Stanford: Stanford University Press.

LARCHER, DIETMAR (2000): *Die Liebe in der Zeit der Globalisierung*. Klagenfurt: Drava.

LAUSER, ANDREA (2004): *«Ein guter Mann ist harte Arbeit». Eine ethnographische Studie zu philippinischen Heiratsmigrantinnen*. Bielefeld: transcript-Verl.

LÖSCH, KLAUS (2005): Begriff und Phänomen der Transdifferenz: Zur Infragestellung binärer Differenzkonstrukte. In: Allolio-Näcke, Lars; Kalscheuer, Britta; Manzeschke, Arne (Hg.) (2005): *Differenzen anders denken. Bausteine zu einer Kulturtheorie der Transdifferenz*. Frankfurt am Main/New York: Campus, pp. 26–49.

LUIG, UTE (2003): Ethnologische Geschlechterforschung. In: Fischer, Hans; Beer, Bettina (Hg.) (2003): *Ethnologie. Einführung und Überblick*. Neufassung. Berlin: Reimer.

MAE, MICHIKO (2007): Auf dem Weg zu einer transkulturellen Genderforschung. In: Mae, Michiko; Saal, Britta (Hg.) (2007): *Transkulturelle Genderforschung: Ein Studienbuch zum Verhältnis von Kultur und Geschlecht*. Wiesbaden: VS Verl. für Sozialwissenschaften, pp 37–52.

NAKAMATSU, TOMOKO (2005): Complex Power and Diverse Responses: Transnational Marriage Migration and Women's Agency. In: Parker, Lyn (Hg.) (2005): *The Agency of Women in Asia*. Singapore: Marshall Cavendish, pp. 158–181.

ORTNER, SHERRY (1993): Verhält sich weiblich zu männlich wie Natur zu Kultur? In: Rippl, Gabriele (Hg.) (1993): *Unbeschreiblich weiblich*. Frankfurt: Fischer.

SAAL, BRITTA (2007): Kultur in Bewegung. Zur Begrifflichkeit von Transkulturalität. In: Mae, Michiko; Saal, Britta (Hg.) (2007): *Transkulturelle Genderforschung: ein Studienbuch zum Verhältnis von Kultur und Geschlecht*. Wiesbaden: VS Verl. für Sozialwissenschaften, pp. 21–36.

SCHLEHE, JUDITH (2000): Reiseromanzen: Beziehungsstrukturen zwischen westlichen Frauen und indonesischen Männern. In: Schlehe, Judith (Hg.) (2000): *Zwischen den Kulturen – Zwischen den Geschlechtern. Kulturkontakte und Genderkonstrukte*, Münster: Waxmann, pp. 131–148.

SCHLEHE, JUDITH (2001A): Globalisierung und Gender in neuen Begegnungsräumen, in: Hess, Sabine; Lenz, Ramona (Hg.) (2001): *Geschlecht und Globalisierung. Ein kulturwissenschaftlicher Streifzug durch transnationale Räume*, Königstein/Taunus: Ulrike Helmer, pp. 78–100.

SCHLEHE, JUDITH (2001B): Lebenswege und Sichtweisen im Übergang: Zur Einführung in die interkulturelle Geschlechterforschung. In: Schlehe, Judith (Hg.) (2001): *Interkulturelle Geschlechterforschung. Identitäten – Imaginationen – Repräsentationen*, Frankfurt am Main: Campus, pp. 9–27.

SCHLEHE, JUDITH (2003): Imaginationen und Irritationen in interkulturellen Paarbeziehungen. In: *Freiburger Frauenstudien*, Bd. 13, pp. 195–214.

SCHLEHE, JUDITH (2007): Kultureller Austausch und Globalisierung. In: Weidemann, Arne; Weidemann, Doris; Straub, Jürgen (Hg.) (2007): *Handbuch interkulturelle Kommunikation und Kompetenz*. Stuttgart: J.B. Metzler.

WALDIS, BARBARA (2006): Introduction: Marriage in an Era of Globalisation. In: Waldis, Barbara; Byron, Reginald (Hg.) (2006): *Migration and Marriage. Heterogamy and Homogamy in a Changing World*. Wien, Berlin: Lit, pp. 1–19.

Ingrid Kummels

Grenzen über den Körper: das Sakrale im sozialistischen Kuba

1   Einleitung

Noch bis Mitte der 1980er-Jahre erlebte man das öffentliche Leben in Kuba als durch und durch säkularisiert. Umso mehr erstaunt heute die Präsenz des Religiösen im Alltag von Havanna. Sie zeigt sich unter anderem in einem Verkehrschaos der besonderen Art: Circa 100'000 Hauptstädter machen sich im Monat Dezember auf den Weg ins ansonsten verachtete flache Land. Mit öffentlichen Verkehrsmitteln, illegal gemieteten Autos und zu Fuss brechen sie auf nach Santiago de las Vegas, neunzehn Kilometer im Süden gelegen, um von dort aus die katholische Kirche von El Rincón, die San Lázaro gewidmet ist, zu erreichen. Er ist der Heilige, den man traditionell um Genesung anfleht und neuerdings um ein Visum für eine Auslandsreise. Die Pilger gehen davon aus, dass der Heilige ihnen nur dann ihren Wunsch erfüllen wird, wenn sie ihm bis Jahresende das Versprechen einlösen, zu seinem Heiligtum zu wandern, wenn möglich unter besonderen Erschwernissen. Einige Pilger schleppen sich über das letzte Wegstück nach El Rincón in einer mittelalterlich anmutenden Bussform über den Boden, einen schwereren Stein ziehend. In der kubanischen Tagespresse werden diese prämodern wirkenden Körperinszenierungen beharrlich ignoriert. Gleichzeitig aber lichten Scharen von internationalen Pressefotografen die Büsser ab und schicken die Bilder per Internet um die Welt, damit sie die neuesten Nachrichten aus Kuba illustrieren. Im Dezember 2007 hiess es, sogar der schwerkranke Fidel Castro sei in seinem Mercedes in El Rincón gesichtet worden.[1]

Die aktuelle kubanische Forschung spricht von einer «religiösen Explosion». Renommierte Religionssoziologen wie Jorge Ramírez Calzadilla sehen im Massenphänomen der San Lázaro-Wallfahrt dafür einen Hauptindikator.[2] Als weitere Anzeichen der neuen Kultur des Glaubens, deren steilen Aufschwung sie mit quantitativen Methoden belegen, verweisen sie auf Bekenntnisse über die Kleidung. So trifft man zunehmend in den Strassen ganz in weiss und modisch gekleidete junge Erwachsene, die sich damit als Initianden der so genannten Santería zu erkennen geben. Santería ist ein Sammelbegriff für die Religionsgemeinschaften, die sich auf afrikanische Traditionen berufen. Die Religionssoziologen führen die Renaissance des Sakralen auf das Zusammenspiel historischer, psychologischer und sozialer Faktoren zurück, heben jedoch als wichtigsten Auslöser die «Wirrnisse infolge des Falls des osteuropäischen Sozialismus» hervor. Die Sinnkrise des Rationalismus marxistisch-leninistischer Prägung nach dem Zusammenbruch des sowjetischen Wirtschaftsblocks hätte Teile der Bevölkerung dazu bewegt, auf spirituelle Überlebensstrategien zurückzugreifen. Speziell die Wallfahrt zu San Lázaro erachten die Religionssoziologen als typisch für die «spontane, unsystematische Religiosität», die Kubaner aktuell quer durch alle Schichten in grosser Autonomie von den institutionellen Religionsgemeinschaften manifestieren.[3] Charakteristisch dafür sei, dass Kubaner der unterschiedlichsten Berufgruppen und Konfessionen zu San Lázaro pilgern würden, darunter auch nominelle Katholiken, die aber ansonsten kaum eine katholische Kirche betreten.[4]

An dieser Diskrepanz zwischen religiösen Alltagspraktiken und konfessioneller Zugehörigkeit knüpfe ich an, wenn ich mich im Folgenden der Frage widme, was genau mit Religion in einem gesellschaftlichen Kontext der Moderne, im sozialistischen Kuba, geschieht. Dabei wende ich mich in erster Linie den materiellen Manifestationen zu, insbesondere den optischen Blickfängen, die überhaupt erst die Wahrnehmung einer «religiösen Explosion» bei verschiedenen Adressaten hervorrufen: bei der kubanischen Öffentlichkeit, den Wissenschaftlern und den Auslandsmedien. Diese Körperinszenierungen will ich als moderne religiöse Erscheinungen begreifbar machen, indem ich sie in einem Zusammenhang mit modernen medialen Praktiken wie der internationalen Pressefotografie und dem Internet betrachte. Auch analysiere ich sie im Kontext der restriktiven Kontrolle, die die kubanische Regierung über moderne Massenmedien wie die Tagespresse und das Fernsehen ausübt. Der vermeintliche Widerspruch zwischen den anachronistisch wirkenden religiösen Körperpraktiken und diesen gegenwärtigen medienpolitischen Rahmenbedingungen ist ein erster Hinweis auf das folgende Spannungsfeld: AkteurInnen nehmen in dem Bereich, den der Staat und die katholische Kirche der «Populärreligiosität» zuschreiben, Entgrenzungen und neue Grenzsetzungen vor. Darüber definieren sie das religiöse Subjekt und die religiösen Zugehörigkeiten neu.

Damit verorte ich den aktuellen Boom des Sakralen im Wechselspiel zwischen Religion, audiovisuellen Technologien und staatlicher Medienpolitik. Eine Reihe von Autoren weist darauf hin, dass die weltweit zu verzeichnenden «Wiedergeburten» des Religiösen nicht im Einklang mit der klassischen Säkularisierungsthese als Umkehrbewegungen oder als defensive Reaktionen auf Entwicklungen im Zuge von Globalisierung verstanden werden können. Hent de Vries und Birgit Meyer reflektieren die Bereiche des Medialen und des Religiösen erneut aus einer einzigen zusammenhängenden Perspektive, unter anderem inspiriert durch den Vormarsch des Televangelismus.[5] Sie führen die Thesen von Walter Benjamin und Marshall McLuhan weiter, die besagen, dass die Materialität von einem bestimmten Medium mit einer spezifischen Form der Wahrnehmung und von sozialer Organisation einhergeht. So zeigen sie, wie aufgrund dieser Wechselbeziehung Medien für religiöse Gefühle und Organisation konstitutiv sind, wird doch über sie das Transzendente sinnlich erfahren und erfahrbar gemacht. Auf dieser Grundlage lässt sich nachvollziehen, dass ein Wandel in der Religion stets mit der Aneignung und dem Einsatz neuer Medien einhergeht. Einst waren es aus Holz geschnitzte katholische Ikonen und die Kunde von Wundern, die von Mund zu Mund verbreitet wurden, die es AkteurInnen erlaubten, sich das Transzendente zu vergegenwärtigen.[6] In den vergangenen Jahrzehnten nutzen Religionsgemeinschaften in den verschiedensten Teilen der Welt zunehmend das Fernsehen, Videofilme und vergleichbare populäre Massenmedien, um eine grössere Öffentlichkeit zu erreichen. Diese modernen Medien sind im Zuge dessen ebenso grundlegend für die religiösen Gefühle und die darauf aufbauenden Gemeinschaften geworden. Mit der Aneignung moderner Massenmedien transformieren Gläubige zugleich die religiösen Diskurse, Praktiken und Organisationsformen.[7]

Die perspektivische Öffnung, die Medien als Gegenstand religionsethnologischer Forschung erschliesst, erfordert eine Rückbesinnung auf die Vieldeutigkeit des Begriffs Medium. Auch ist es notwendig, von einem breiten Konzept von medialen Praktiken auszugehen. Körpertechniken und andere Medien konzeptualisiere ich als Teil von *mediations* bzw. Vermittlungen, an welchen Bedeutungen gleichzeitig produziert und rezipiert werden. Bildobjekte und Körperbilder tragen nicht per se den Referenten und eine transzendente Bedeutung in sich. Vielmehr stellen AkteurInnen Bedeutungen über ihre kulturell geprägte Sinneswahrnehmung aktiv her. Auch der kommunikationswissenschaftliche Begriff *mediaciones* von Jesús Martín-Barbero (1991) betont die aktive Rolle von Untergeordneten bei der Störung, Unterwanderung, dem Widerstand und der Aneignung von medialen Prozessen und Botschaften. Ich möchte zeigen, wie mediale Praktiken dem Machtfeld von Politik und Religion entstammen und auf dessen Machtverhältnisse gleichzeitig Einfluss nehmen.

Einer der frappantesten Aspekte an der gegenwärtigen kubanischen Rückkehr zum Sakralen ist, dass sie sich auf dem ersten Blick vor allem über archaisch anmutende Medien und Bilder des Religiösen vollzieht: über die Körperinszenierungen von Büssern, Initianden und Trancetänzern, die Heilige wie San Lázaro, welche bereits während der Kolonialzeit synkretisiert wurden, vermeintlich in dieser traditionellen Form lediglich fortführen. Dies geschieht jedoch im Kuba der Gegenwart und als Teil einer öffentlichen Sphäre, in welcher das Religiöse marginalisiert wird. In den offiziellen kubanischen Medien kommt Religiöses selten vor. Das Massenereignis um den fünftägigen Papstbesuch von Johannes Paul II. 1998 war eine grosse Ausnahme und wurde – in sorgfältiger Orchestrierung – auch landesintern medial verbreitet. Die Regierung hoffte, über den prominenten Gast zum einen die Isolation auf dem internationalen Parkett, zum anderen aber auch die langjährige Eiszeit in der Beziehung zwischen dem Staat und der nationalen katholischen Kirche zu überwinden. Dieses Zugeständnis machte sie gegenüber einer politisch machtvollen Institution. Das Massenphänomen der San-Lázaro-Wallfahrt hingegen wird von der kubanischen Presse und dem Fernsehen weiterhin ignoriert. Erst seit wenigen Jahren setzen Intellektuelle und Künstler in staatlichen kulturellen Einrichtungen neue Akzente, in einem Freiraum, den sie seit langem für gesellschaftliche Diskussion und Kritik nutzen. Sie thematisieren die soziale Relevanz der Pilgerschaft und die politische Dimension der Figur des San Lázaro.[8] Diese «Mini-Sphäre» des Gegendiskurses, wie sie die Politikwissenschaftler Bert

Hoffmann und Laurence Whitehead nennen, ist jedoch in Kuba nur begrenzt öffentlichkeitswirksam.⁹ Auf die Gründe dafür gehe ich später ein.

Demgegenüber vermögen die Körperinszenierungen, wie ich im Folgenden zeigen möchte, in der kubanischen Öffentlichkeit eine vergleichsweise grosse Wirkung zu entfalten. Der Rückgriff von Untergeordneten auf Körperpraktiken wie Musik und Tanz, um eigenständige Positionen im Kulturellen, Religiösen und Politischen auszudrücken, hat in Kuba eine lange Geschichte und hängt unter anderem mit den durchlässigeren Zugang zu diesen Ausdrucksmitteln zusammen.¹⁰ Verschiedene Repräsentationen von San Lázaro stehen in dieser Tradition des verdeckten Widerstands. Im Rahmen der neoafrikanischen Kultgemeinschaften wird der katholische Heilige im Parallelaspekt des Babalú Ayé verehrt, der *oricha* (neo-afrikanische Gottheit) der Pocken und anderen Seuchen.¹¹ Gläubige werden im Rahmen von religiösen Festen, bei welchen die heiligen *batá*-Trommeln gespielt werden, von diesem Heiligen «geritten». Die Personifizierung dieses *oricha* ist meistens sehr eindrucksvoll; die von ihm Besessenen hinken, winden die Arme und schleppen sich mühsam auf dem Boden fort. Für den Anfang des 20. Jahrhunderts ist belegt, dass überwiegend Schwarze und Unterschichtangehörige in Havanna die Figur eines armen San Lázaro verehrten, der in Jute gekleidet und mit Wundmalen bedeckt war.¹² 1919 verbot der Bischof der Diözese von Havanna diese Version in den katholischen Gotteshäusern. Dort liess er lediglich Abbildungen des Lazarus von Bethanien zu, der der erste Bischof von Marseille gewesen war. Die katholische Kirche hatte nur den Letzteren als historische Persönlichkeit anerkannt und heilig gesprochen. In offiziellen kirchlichen Darstellungen nimmt San Lázaro die würdevolle aufrechte Haltung dieses Bischofs ein und ist standesgemäss prachtvoll gekleidet. Auch die beiden San-Lázaro-Statuen, die die Pilger heute in der Kirche von El Rincón aufsuchen, bilden den so genannten «reichen» Lazarus ab.

Folglich ist bei der Analyse des Sakralen im sozialistischen Kuba stärker als bisher auf die Bedeutungen, die kubanische AkteurInnen über ihre Körperinszenierungen und Körperbilder herstellen, zu achten. Zu berücksichtigen ist hierbei die Besonderheit der körperlichen Kommunikation: Menschliche Körperbewegung wird nicht von einem Handlungsautomatismus hervorgerufen, sondern wird bewusst vermittelt, erlernt und sozial geformt. Körperinszenierungen symbolisieren nicht Realität, sie sind eine gelebte Realität. Somit sind sie eine Realitätsebene, die für nichts anderes steht als sie selbst und keine weitere «versteckte Bedeutung» in sich trägt.¹³ Gleichzeitig sind Körperbilder mehrdeutig.

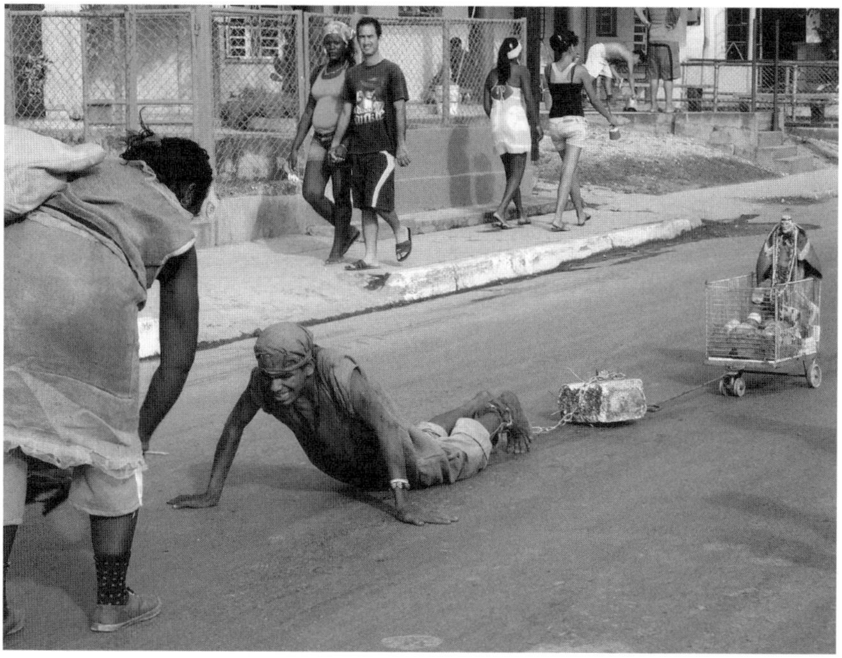

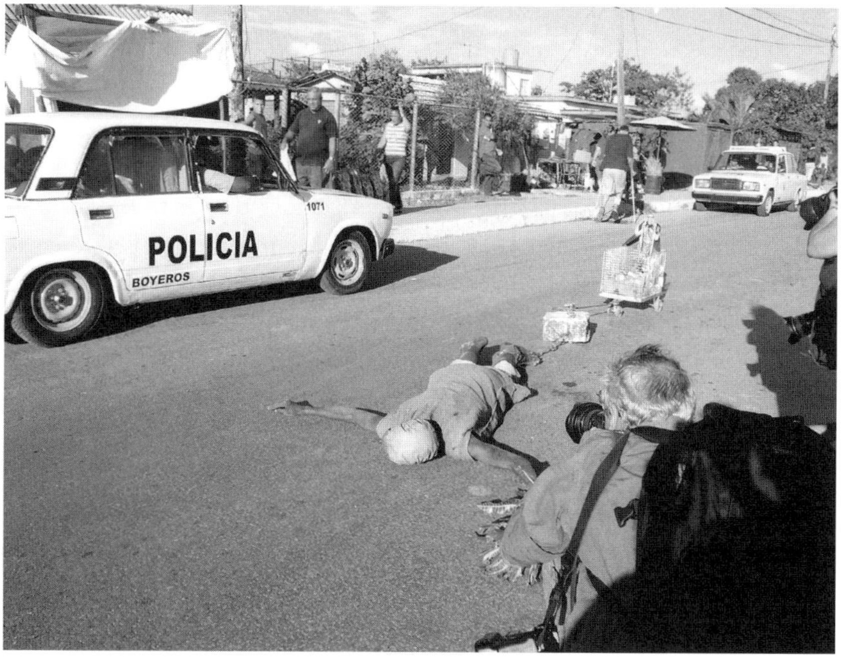
1071
POLICIA
BOYEROS

2 Die Verkörperung des Eklektizismus: Havannas Stadtviertel Lawton und Felder religiöser Autonomie

Bei meinen fast jährlichen Forschungsaufenthalten in Havannas Arbeiterviertel Lawton seit Beginn der 1990er-Jahre – und zuletzt im Dezember 2007 – führte ich teilnehmende Beobachtungen religiöser und ästhetischer Praktiken innerhalb der Haushalte, anstatt von Kultgemeinschaften, durch. Ich protokollierte vor allem die informellen Mitteilungen der AkteurInnen. Dabei fokussierte ich auf das, was man als «geschäftige Schnittstellen» der Aushandlung von Familie und religiöser Identität im transnationalen Kontext bezeichnen kann.[14] Infolge sukzessiver Auswanderungswellen insbesondere seit 1980 leben aktuell etwa zwanzig Prozent der Bevölkerung Kubas ausserhalb der Insel. Die grösste Gruppe, 1,5 Millionen, wohnt in den USA, über die Hälfte im Grossraum Miami. Die kubanische Regierung erlegt ihren Bürgern in Hinblick auf Auslandsreisen und Auswanderung grosse Restriktionen auf. Auf der Gegenseite schränkt die US-Regierung für ihre Bürger, darunter für die dort residierenden kubanischen Einwanderer, Reisen und Geldüberweisungen nach Kuba ein. Trotzdem pflegen Inselkubaner und US-Kubaner ein dichtes Netz von grenzüberschreitenden Familien- und Freundschaftsbeziehungen.[15] Auslandskubaner besuchen in grosser Zahl ihre Familienangehörigen während ihres Weihnachtsurlaubes. Haushaltsfeste wie Weihnachten und *veladas* (Nachtwachen) für Santa Bárbara und San Lázaro, aber auch die Wallfahrten nach El Rincón haben in diesem Zusammenhang in Havanna grossen Auftrieb erhalten. Sie haben sich in symbolisch aufgeladene Kristallisationspunkte von transnationaler Gemeinschaft verwandelt. Der Dezember ist neuerdings ein religiös hochaktiver Monat.

Diese transnationalen Netzwerke und die einhergehende Zunahme öffentlicher religiöser Praktiken hatten grossen Einfluss darauf, dass die sozialistische Regierung beim IV. Parteitag der Kommunistischen Partei 1991 das Verhältnis von Kirche und Staat neu definierte. Sie liess erstmalig zu, dass Angehörige von Religionsgemeinschaften der Kommunistischen Partei beitreten. Damit brach sie erstmals mit dem Modell des wissenschaftlichen Atheismus, den Kuba von der Sowjetunion übernommen hatte.[16] 1998 erkannte die Regierung im Rahmen des Besuches von Papst Johannes Paul II. den Weihnachtsfeiertag wieder offiziell an. Der Staat pflegt seither einen Modus Vivendi mit der katholischen Kirche. Gleichzeitig hat sie seit den 1990er-Jahren die Beziehungen zu einem Teil der neoafrikanischen Religionsgemeinschaften der Santería institutionalisiert, der in der regierungsnahen Dachorganisation Asociación Cultural Yoruba integriert ist. Der Staat und diese Religionsgemeinschaften ziehen daraus Vorteile, letztere darüber, dass die Legalität und Legitimität ihrer einzelnen religiösen Praktiken heute nicht in Frage gestellt wird. Die Zuordnung zu Glaubensvorstellungen und Praktiken zum Bereich des «Populärreligiösen» verweist hingegen darauf, dass diese in einem grösseren Spannungsverhältnis zu den hegemonialen Kräften des Staates und der katholischen Kirche stehen. Untergeordnete unterwandern die hegemonialen Glaubensvorstellungen und Praktiken, indem sie zu eigenen Bedeutungszuschreibungen und Agenden greifen und für sie werben.[17] Ein erster Hinweis darauf, dass gerade die AkteurInnen diese als religiöse Alternative interpretieren ist folgender Satz, den Kubaner häufig verwenden: «Ich bin religiös – aber nach meiner Art.»

Die AkteurInnen grenzen sich über Körperpraktiken von den offiziellen Kategoriensystemen ab und positionieren sich in den komplexeren Realitäten ihrer Lebenswelt. Die «Spontanbesessenheit» ist hierfür ein Beispiel: Nora, Mitte 50, Hausfrau und eine so genannte «Weisse»[18] ist bei meinen Tanten zu Besuch, unterhält sich mit uns entspannt über Banales als sie plötzlich abgehackt spricht und ihr Blick ruhelos umherschweift. *El indio* hat sich ihres Körpers bemächtigt, und er erteilt uns nun lebenswichtige Ratschläge – mitten im Alltag wird Nora von ihrem *guía espiritual* (Schutzgeist) ergriffen. Als Nora wieder Nora ist, ist es ihr ein Bedürfnis mir stolz zu erklären: «*El indio* darf das eigentlich nicht mehr, denn ich bin jetzt Zeugin Jehovas.» Noch vor kurzem verstand sie sich als Katholikin. Kuba zählt derzeit zu den «Top-20»-Ländern weltweit mit den höchsten Anteilen an Zeugen Jehovas.[19] Nach kurzem rhetorischem Nachdenken erklärt mir Nora, sie sei aber auch der Überzeugung, dass das mit *el indio* schon in Ordnung wäre. «Ich denke, die Zeugen werden sich daran gewöhnen, ich kann ja nichts dazu, dass er mich plötzlich reitet.»

Über kurze Spontanbesessenheiten verkörpern Personen in Lawton eindrücklich, dass sie ihre religiösen Orientierungen eigenwillig neu zusammensetzen.[20] AkteurInnen wie Nora nehmen über die Praxis der Besessenheit eine Entgrenzung vor und transformieren diese in eine Demonstration des Eklektizismus ausgerechnet zu einem Zeitpunkt, als der Staat Santería den höchsten Grad Anerkennung in der bisherigen Geschichte Kubas zukommen lässt. Santería heisst wörtlich Heiligenglaube; so bezeichnete die katholische Kirche einst abschätzig die Glaubensvorstellungen der neo-afrikanischen Religionen. Heute wird er in Kuba als ein Sammelbegriff verwendet für ein Konglomerat von neo-afrikanischen Kulten wie *espiritismo*, Santería und *palo monte*. Die Praktizierenden unterscheiden die Glaubensrichtungen als *campos*, Felder, und verflechten sie gleichzeitig gezielt miteinander. Nachdem die sozialistische Regierung über Jahrzehnte Santería als ein «falsches und den Fortschritt behinderndes Bewusstsein» abgelehnt hatte, vereinnahmt sie diese seit den 1990er-Jahren zunehmend als ein nationales Symbol. Für die Kehrtwende gibt es mehrere Gründe. Einer ist, dass über die Bezugnahme zu Santería die Nation mit der schwarzen Unterschicht identifiziert wird, dies gemäss der kubanischen Version eines Arbeiter- und Bauernstaates. Zudem erweist sich Santería infolge der global gestiegenen Nachfrage als einträgliche Devisenquelle. In staatlichen Institutionen wird Santería folkloristisch umgedeutet – und dementsprechend auch als *folclór* bezeichnet –, im Einklang damit werden die Körperverfahren und ästhetische Formen des Religiösen gezielt verändert. Regierungsfunktionäre begründeten dieses Verfahren in den 1960er-Jahren damit, dass die exzessive Gestik und Gesichtsmimik der Besessenen pathologische Züge trage; anderseits sprachen sie den Trancetänzen der Santería als eine «authentische, ursprüngliche Sakralform» gewisse positive ästhetische Aspekte zu.[21] Sie integrierten die Tänze, die die Gläubigen früher nur im Zustand der Besessenheit durch einen Heiligen ausführten, in standardisierte, säkularisierte Bühneninszenierungen. Das Nationale Folkloreballett und ähnliche Einrichtungen bieten sie seither einem breiten Publikum dar. Die Tänze, Kostüme und Gesänge wurden zu diesem Zweck den Massstäben der Elitekultur, etwa denen des modernen Balletts, angepasst.[22] Der kubanische Nationalismus wird folglich über eine Fusion des Ideologischen mit dem vermeintlich prämodernen Körperlichen naturalisiert – und auch darüber erhält das aktuelle körperliche Medienregister seinen archaischen Anstrich.

AkteurInnen behaupten demgegenüber autonome ästhetische Formen des Religiösen. Als Ausdruck davon geniessen mehrere Viertel der Zwei-Millionen-Metropole Havanna einen stadtübergreifenden Ruf als Hochburgen spezifischer religiöser Praktiken und nicht etwa einer Kultgemeinschaft. Das Arbeiterviertel Lawton gilt als ein Hort der religiösen Feste und der Verehrung des San Lázaro und zieht als solcher auch verstärkt die Auslandskubaner an, die solchen Manifestationen eine grössere spirituelle Kraft zusprechen als den Parallelpraktiken in ihren neuen Heimaten. Lawton weist eine heterogene Zusammensetzung auf: Es entstand in den 1920er-Jahren, als dort gezielt

Arbeiter aus den Zigarrenfabriken angesiedelt wurden.[23] Der Zuzug von Zuwanderern aus der ländlichen Umgebung von Havanna hält weiterhin an. Gleichzeitig wandern Viertelbewohner stetig ins Ausland aus, vor allem die im besten berufstätigen Alter. Die Haushalte formieren sich dynamisch neu, indem sie zunehmend Solidarnetzwerke zu Verwandten aus der erweiterten Familie, Nachbarn sowie ausländischen Verwandten und Freunden knüpfen.

Vor diesem Hintergrund ist religiöse Zugehörigkeit in Lawton eine höchst individuelle Sache. Diese Situation spiegelt sich in einer Pluralität von Dutzenden von Glaubensrichtungen wider, wobei in letzter Zeit besonders die Pfingstkirchen, die Zeugen Jehovas sowie die charismatische Strömung auf den Vormarsch sind, die der Regierung weiterhin nicht genehm sind.[24] Mitglieder einer Familie wählen oft unterschiedliche religiöse Orientierungen. Zudem kombinieren Personen gezielt zwei oder mehr Weltanschauungen aus der Palette von *espiritismo*, Santería, *palo monte, catolicismo, cristianismo* (Pfingstgemeinde), *marxismo* und vielen anderen. Dorita zum Beispiel bezieht sich dabei explizit auf verschiedene mediale Register, auf die Sinne, die diese ansprechen, und auf die Bilder, die über sie hervorgerufen werden. Dorita, Mitte vierzig, war früher Staatsangestellte und eine treue Regimeanhängerin. Aufgrund der Wirtschaftskrise arbeitet sie aber seit längerem als Haushaltshilfe in der Schattenwirtschaft. Sie erläutert mir den Dissens in religiösen Fragen mit ihrem 21-jährigen Sohn, der in der Schule gelernt hat, den wissenschaftlichen Atheismus zu verteidigen, in einem amüsierten Ton:

> Ich habe praktisch keine Religion! Mein Sohn fragt mich: ‹Mami, warum sieht man dich mal die Bibel *lesen*, mal für San Lázaro *eine Zigarre anzünden* und mal beim Ehemaligentreffen der kommunistischen Jugend vom Marxismus *reden*?›

Wenngleich man ihr Eklektizismus vorwirft, legt mir Dorita ihre religiöse Haltung im Folgenden recht kohärent dar. Sie schildert mir ihre Streitgespräche mit Vertretern der Pfingstgemeinde «Embajadores de Dios», die sie gerade wegen der anregenden Diskussionen jede Woche in ihr Haus lässt:

> Die glauben nicht an *Bilder*. Sie behaupten, dass sie direkt mit *Jesús* reden anstatt auf dem Umweg einer Mittlerin wie die Virgen de la Caridad (Jungfrau der Barmherzigkeit). In ihrer Kirche *höre* ich immer nur was von ‹Jesús› und ‹El Señor›. Daran kann ich mich einfach nicht gewöhnen. *El Señor* möge es mir nachsehen, aber mir gefallen die anderen Kirchen besser, die katholischen. Dort *sehe* ich die Virgen de la Caridad und richte meine Bitten an sie, und das kenne ich seit meiner Kindheit so.

Grenzen über den Körper: das Sakrale im sozialistischen Kuba

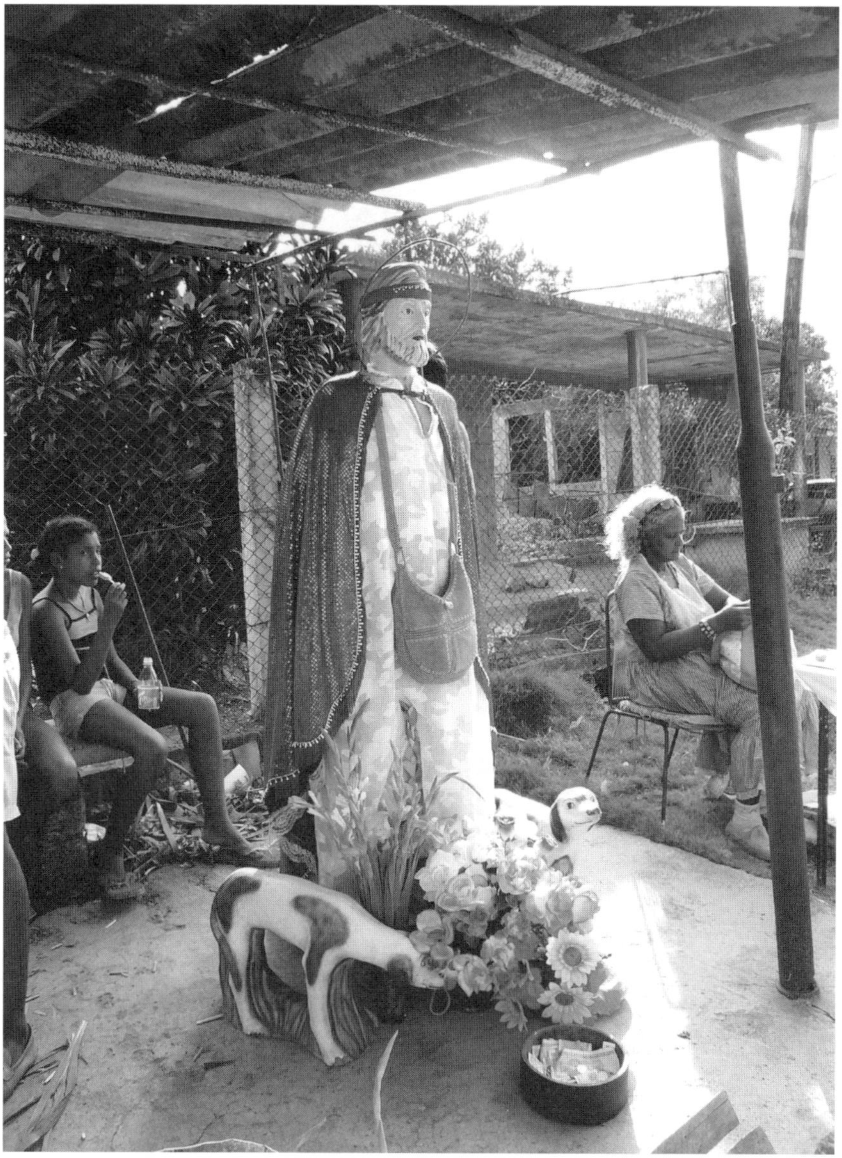

Dorita beschreibt die religiösen Positionen, die im Wettstreit stehen, als eine Auseinandersetzung um mediale Register; die entsprechenden Abgrenzungen orientieren sich an einem Bild-Wort-Gegensatz. Diese mögen uns an die Konflikte erinnern, die oft religiöse Erneuerungsbewegungen in der europäischen Geschichte begleiteten. Im Kuba der Gegenwart stehen sie jedoch in Zusammenhang mit einer öffentlichen Sphäre, die die Regierung wesentlich über das gesetzlich festgeschriebene Staatsmonopol über alle Massenmedien kontrolliert. Den Zugang zum Programm des internationalen Fernsehens und zum Internet begrenzt sie zudem effektiv über den legalen Markt. Erst seit April 2008 erlaubt die kubanische Regierung ihren Bürgern nach Belieben einen Computer zu erwerben. Im Alltag aber erweist sich der Einkauf in staatlichen Läden als ein schwieriges Unternehmen.[25] Für die Anschaffung eines Fernsehsatelliten brauchen Kubaner nach wie vor eine offizielle Genehmigung, die restriktiv gehandhabt wird.

Auf dieses Staatsmonopol reagieren die AkteurInnen mit ungewöhnlichen medialen Alternativen. Besitzer von illegalen Satellitenschüssel (*antenas*) – die sehr kreativ getarnt werden – erlauben zum Beispiel Nachbarn über heimliche Kabelverbindungen (*tendederas*, wörtlich: Wäscheleinen) diesen mit zu nutzen und kassieren dafür ein monatliches Entgelt. So verschaffen sich einige einen Zugang zum Miami-Fernsehen, das, so der regierungskritische Journalist Reinaldo Escobar, «von schlimmster Machart ist und nicht die Wahrheit sagt, uns aber wenigstens mit jener anderen Version versorgt, die wir hier nie zu hören bekommen». Viele Viertelbewohner lassen trotzdem diese Möglichkeit links liegen, wenn sie der internen Realpolitik gegenüber Stellung beziehen wollen. Sie greifen lieber auf die offiziellen Staatsmedien zurück, weil sie darüber leichter einen Bezug zu ihrem Alltag herstellen können. Dorita schaut jeden Abend die – in meinen Augen – absolut langweilige Nachrichtensendung im nationalen Sender Cubavisión um 20 Uhr hochaufmerksam an, so am 14. Dezember 2007. Eines der üblichen Jubelbilder flimmert über den Schirm: Hauptstädter steigen im Stadtzentrum geordnet in funkelnagelneue Kleinbusse aus China ein. Dazu hören wir den Kommentar: «Ab sofort stehen neue Busse der Bevölkerung im öffentlichen Verkehr für die neunzehn Kilometer lange Fahrt nach Santiago de las Vegas zur Verfügung, denn das ist im Dezember, am Festtag des San Lázaro, ein beliebtes Rieseziel». Worauf Dorita ausser sich ist: «Endlich! Sie geben uns Busse, mit denen können wir jetzt nach Las Vegas.» Es ist für sie eine

Sensation, dass der Name des lange totgeschwiegenen Heiligen artikuliert wird – wenn auch als Nahverkehrsziel verkleidet – und dass seine Kirche verkehrstechnisch durch die neuimportierten Fahrzeuge geadelt wird. In den folgenden Tagen wird die Nachricht in Lawton vielfach in einem ähnlichen Tenor kommentiert.

Dieses Beispiel zeigt, wie die Viertelbewohner offizielle Nachrichten verfolgen, gerade um kleinste Akzentverschiebungen in Wort und Bild zu registrieren, zu deuten und so mit anderen diskutieren zu können.[26] Darüber führen sie einen Gegendiskurs, der vielen zugänglich ist. Autonome Medieninitiativen wie die der Blogger und der alternativen Presse erreichen aufgrund der effektiven Restriktionen beim Internetzugang nur eine kleine Leserschaft im Land. Dafür werden sie bisweilen im Ausland umso aufmerksamer verfolgt. Diese erzwungene Auslandorientierung erlaubt es wiederum der Regierung, autonome Medieninitiativen als eine «fünfte Säule», die US-amerikanische Interessen Vorschub leisten würde, zu diskreditieren.[27]

3 Die Wallfahrt des San Lázaro: der öffentliche Raum und mediale Praktiken

Auch die religiöse Gegenöffentlichkeit ist von dieser polarisierenden Logik betroffen und als Folge wird auch darin einiges für den Blick von ausländischen Adressaten produziert. Die Bewohner von Lawton stellen in der äusserst religionspluralen Situation gemeinsame visuelle Referenzpunkte her, die auch für Aussenstehende attraktiv sein sollen und darüber hinaus durch diesen Aussenblick beglaubigt werden. Chavelita, Anfang sechzig und eine ehemalige Sportlehrerin, vermittelte mir dies in folgender Situation:

Ein Bekannter von mir aus Deutschland will zum ersten Mal ein religiöses Fest in Havanna sehen und am liebsten gleich filmen. Auch wenn mir diese Blitzform von visueller Aneignung nicht ganz geheuer ist, frage ich Chavelita, eine alte Freundin. Eine vergleichbare medienkritische Haltung ist ihr jedoch fremd. «Ihr wollt ein *folclór*-Fest filmen?» fragt sie hocherfreut nach. Man bemerke, dass sie den gleichen Begriff wie die Staatsregierung benutzt, womit sie einen möglichen Dissens zur staatlichen Santería-Version verwischt. Gleichzeitig klingt in der Vokabel *folclór* der Adressatenkreis der Touristen an. Der Wunsch nach einer «Festteilnahme, um Bilder mitzunehmen» ist aktuell struktureller Bestandteil bestimmter Feste. Deswegen preist mir Chavelita Regla, die Schwester ihrer Patin, bei der bald ein Fest stattfinden wird, sehr bildlich an:

> Regla ist wirklich dick und trotzdem macht sie Sachen. Wie sie tanzt! Wie sie spricht! Die Sachen, die sie macht, obwohl sie schon 60, 61 Jahre alt ist. Was für eine Energie, eine Energie, bei der sich jeder sagt, wie kann es sein, dass sie nicht müde wird, so dick wie sie ist. Welch eine Leichtigkeit. Ihr müsst hin, denn nur wer solche Sachen gesehen hat, lernt, daran zu glauben. Wenn du es nicht mit eigenen Augen siehst, kannst du nur sagen: ‹Ach ja, könnte sein, ach ja, es wird erzählt ...› Nein, nein, nein, man muss es schon selber sehen, um zu glauben. Spiritualität erfährt man nur über die realen Sachen, die man sieht. Ich werde dir dazu das Sprichwort sagen: ‹Das Sehen erzeugt den Glauben!› (*Vista hace fé!*) Ja, so ist es!

Diese Offenheit gegenüber dem voyeuristischen Blick, die Chavelita religiös begründet – bzw. ein regelrechtes Verlangen danach – erwähnen Analytiker meist in Zusammenhang mit der aktuellen Kommodifizierung von afrokubanischen Religionen. Der kubanische Religionsethnologe Rogelio Martínez Furé etwa spricht von einem «pseudo-kulturellen *jineterismo*» (das semantische Feld von *jineterismo* umfasst Schwarzmarktgeschäfte bis hin zur Prostitution) im Rahmen der Santería.[28] Er bezieht sich darauf, dass neuerdings Kultspezialisten von Auslandskubanern bis zu 10'000 US-Dollar für eine Initiation kassieren. Doch bei der kritischen Haltung gegenüber der Kommodifizierung wird nicht berücksichtigt, dass Pragmatismus in finanziellen Dingen eine Wertvorstellung ist, die seit längerem im Heiligenglauben verankert ist. AkteurInnen wie Chavelita betrachten das für den Glauben konstitutive Sehen und den touristischen Voyeurismus nicht als Widersprüche. Ihre Körperbilder richten sich gleichzeitig an kulturell verschiedene Adressaten. Diese beinhalten deshalb eine doppelte Repräsentation, über die wiederum die Viertelbewohner ihre religiöse Wahrnehmung als wahrhaftig legitimieren.[29]
Dies trifft auf eine Reihe von Heiligen zu, die die Viertelbewohner im Alltag und in der Besessenheit bisweilen verkörpern. Sie erachten den Körper als den primären Ort von dem, was Mircea Eliade Hierophanie nennt, die Manifestation des Sakralen im Gewöhnlichen oder Alltäglichen.[30] Alle in Lawton nehmen Bezug auf solche Körperinszenierungen, um eine Wesensverbundenheit und -gleichheit zwischen bestimmten Menschen,

bestimmten *muertos* (Totengeister) und *orichas* bzw. *santos* zu behaupten. Viele konzipieren diese numinosen Wesen als Archetypen, die als typisch kubanisch erachtete Eigenheiten besitzen: Changó etwa, den sie mit der katholischen Santa Bárbara identifizieren, gilt ihnen als der virile Macho; Ochún, das afrikanische Alter Ego der Virgen de la Caridad, der Jungfrau der Barmherzigkeit, als schelmisch-flirtende *mulata* und erotische Ikone.[31] Zum Repertoire gehört auch der *bozal*, der gerade aus Afrika eingeführte Sklave, und *el indio*, der im Fall von Nora vorgestellt wurde, der figürlich als Filmindianer repräsentiert wird, in der Konvention einer von Hollywood geprägten Bildsprache.

Chavelita stellt in diesem Zusammenhang den menschlichen Körper als einen Behälter dar, dem neben dem Subjekt heilige Wesen innewohnen:

> Vor kurzem widerfuhr es mir auf einem Fest. Seit langem bemerke ich, dass *es* in mir ist, dass ich *es* entwickeln muss. Wie ich so etwas feststelle? Immer bei solchen Festen. Aber ich hatte wenig Lust darauf (*es* hervortreten zu lassen), mir ist das nicht ganz geheuer. Gestern rief mich die Gastgeberin an: ‹Chavelita, ich bin noch ganz hin und weg. Wie du gestern Abend getanzt hast, wie du getanzt hast! Unglaublich wie dieses Ding in Dir tanzt.› Und dann erklärte sie mir: ‹Du bist eine Mischung aus zwei Heiligen.› (...) Immer wenn die (Trommel-)Musik sehr stark wurde, fühlte ich etwas Seltsames in mir, das mich bewegte und bewegte. Ich versuchte mich in den Ecken des Raumes zu verstecken. Aber *es* hat mich nahe zu den Trommelspielern hinbewegt. *Es* hat mich zum tanzen gebracht und mich dazu gezwungen, Sachen ganz nahe an der Trommel zu machen. Ich wollte es nicht, aber nun ja.

Das Heiligenpantheon, auf das Chavelita und andere Bezug nehmen, scheint über die letzten Jahrzehnte eine relativ konstante Zahl und Ausformung von «Archetypen» aufzuweisen. Bei genauerer Betrachtung der San-Lázaro-Verehrung wird aber ersichtlich, dass die Hauptstädter ihre Vorlieben doch sehr verlagert haben. Noch vor zwei Jahrzehnten waren die Virgen de la Caridad und die Pilgerschaft zu ihrer Kirche bei Santiago de Cuba am populärsten. Die Caridad ist bezeichnenderweise Kubas Nationalheilige und wurde 1916 kanonisiert. Seit Mitte der 1980er-Jahre hat die Pilgerschaft zu San Lázaro die ihrige überrundet.[32] Insbesondere die Frauen von Lawton verehren die Virgen de la Caridad im Doppelaspekt des afrikanischen *oricha* Ochún, die sie meist bei Privatfesten im Tanz und in Trance verkörpern und zwar als vibrierende und opulente *mulata*.

Grenzen über den Körper: das Sakrale im sozialistischen Kuba

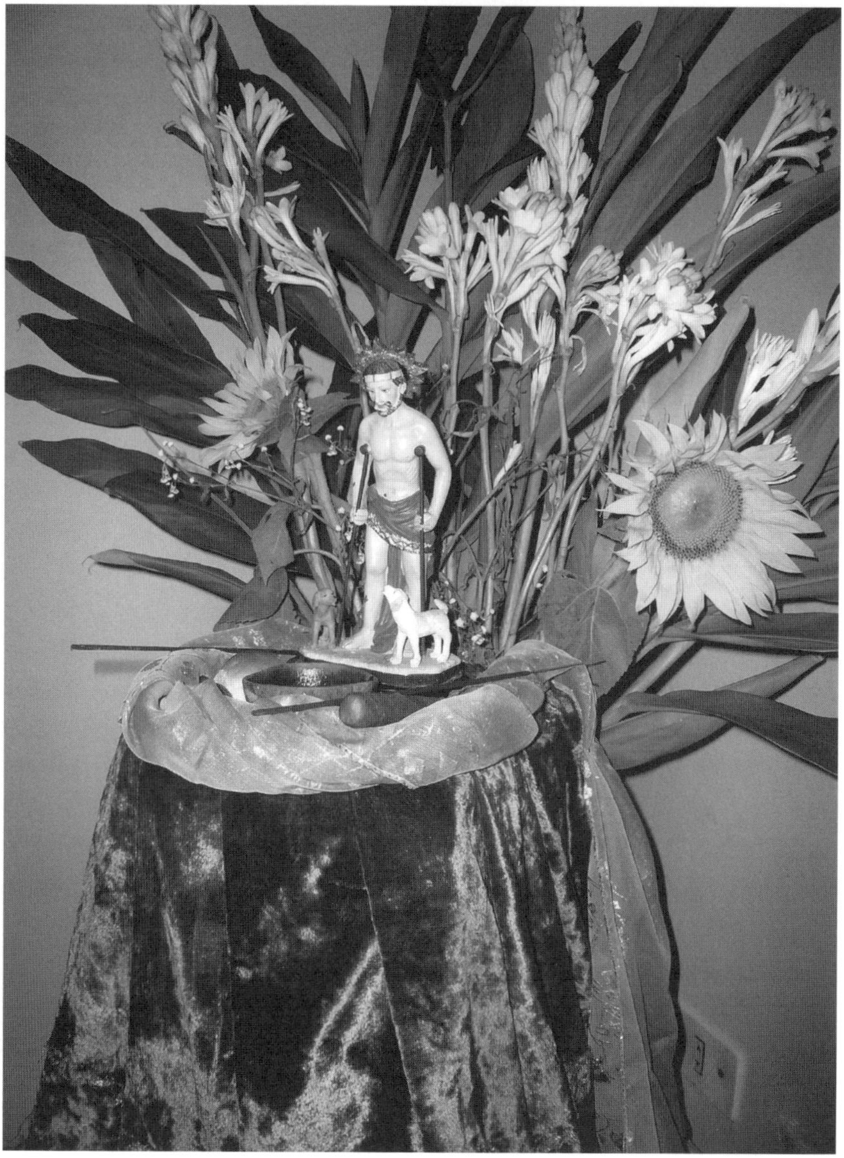

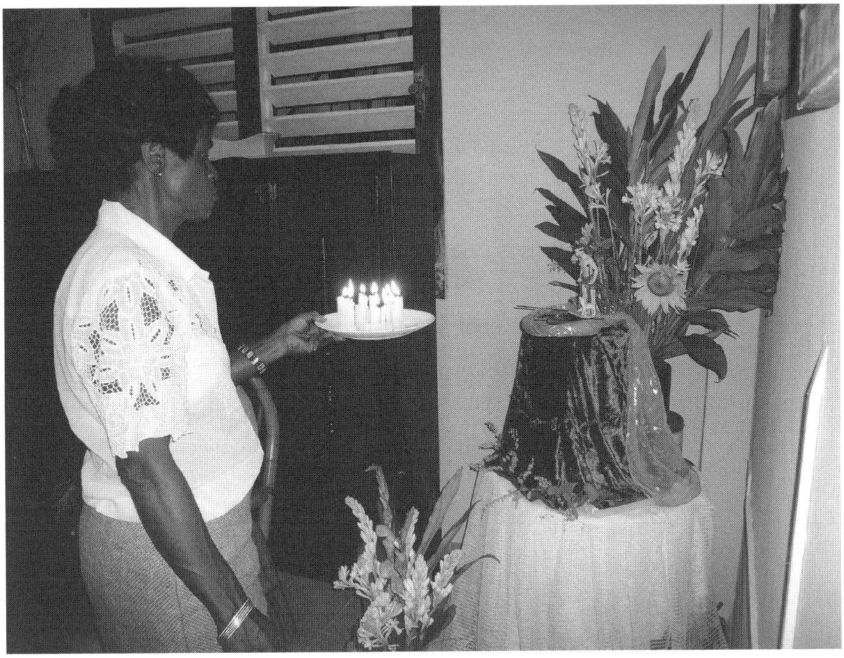

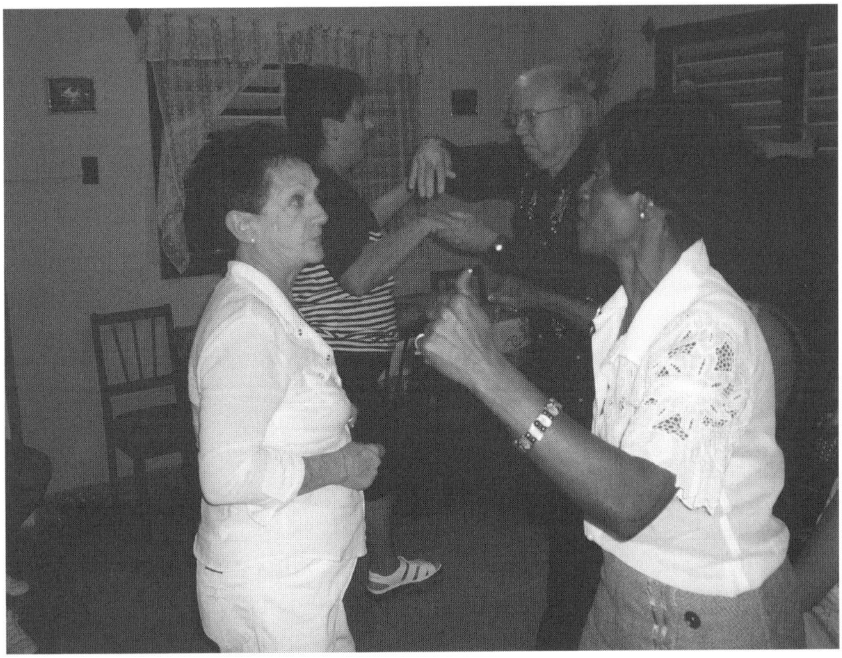

Am Rollenvorbild der Ochún orientieren sich viele Frauen im Alltag.[33] Parallel hierzu aber hängen viele in ihrer Wohnung ein Bild der Virgen de la Caridad auf, das sie in der «aufgeräumten» Version der katholischen Muttergottes zeigt, also konträr zur körperlichen Inszenierung der Ochún. Die Popularität von Ochún/Caridad als Schönheits- und Rollenmodell hat nun im Zuge der aktuellen Orientierung an den Westen gelitten: Ihr erwächst von Seiten einer säkularen Ikone, des «coolen Models», eine ernste Konkurrenz. Das Nationale Folkloreballet hat diese letzte Figur in ihren Aufführungen integriert, interessanterweise in enger zeitlichen Abfolge zu semisakralen Santería-Performances, in welchen Ochún noch eine Hauptrolle spielt. Als Teil des Showabschnittes, der *pasarela* (wörtlich: Laufsteg) genannt wird, bewegen sich Models im Stile einer Modenschau à la Chanel perfekt katzenhaft inklusive jenem klassischen Gesichtsausdruck von abgehobener Langeweile. Auch ihre Körperformen haben sie erfolgreich der Abgemagertheit der internationalen Supermodels angepasst.[34]

In vergleichbarer Weise hat San Lázaro mit seiner Leidensfigur der Jungfrau der Barmherzigkeit auf der Ebene der Pilgerschaft ebenfalls den Rang abgelaufen. Die AkteurInnen produzieren je nach Adressatenkontext unterschiedliche Repräsentationen von San Lázaro. Dies zeigt sich bei Haushaltsfesten, die viele Bewohner in der Nacht zum 17. Dezember feiern, eine traditionelle Nachtwache für San Lázaro. Die GastgeberInnen nutzen sie, um über neue visuelle Amalgame Körperkompetenz zur Schau zu stellen, die ihnen religiöse Autorität verleiht. Seit vielen Jahren lädt Chavelita einen ähnlichen Kreis in ihr Haus ein, Freunde und Künstler der gleichen Rock'n'Roll-Generation. Ihre Nachtwache für San Lázaro versteht sie als ein «internes» Fest, das sie nicht *folclór* nennt. In diesem Zusammenhang bevorzugt Chavelita eine Manifestation von San Lázaro, die auch gern *el viejo* oder Babalú Ayé genannt wird. Er ist ein armer, alter Bettler, dessen Körper von Krankheit gezeichnet ist, sich auf Krücken stützt und von zwei Hunden begleitet wird. Chavelita gibt den Altar bei einem so genannten *decorador* in Auftrag (*decorador* ist auch die Bezeichnung für Schaufensterdekorateur), denn von seiner Schönheit hängt ihrer Meinung nach das Gelingen folgenden Tauschgeschäftes ab: Sie und die Gäste zünden um Mitternacht eine Kerzen an und geben dem Heiligen ein Versprechen, damit er ihnen jeweils einen konkreten Wunsch erfüllen möge – alles mediale Praktiken, über die sie das Transzendente sinnlich erfahren. Jeder verspricht San Lázaro, ihm seine Wohltaten zu entlohnen, sie zu «bezahlen» (*pagar*), indem er zum Beispiel einen Teil des Weges zu seiner Kirche mit einer Beschwernis geht. Die meisten versprechen ihm leichtere Beschwernisse als ein Stein zu schleppen, so etwa kasteiende Kleidung aus Jute zu tragen. Chavelita bringt ihr Verständnis von dem, was schick und zugleich religiös ist, in das Fest ein, und gestaltet das Büssergewand zu einem modischen Rock, der bei den Festgästen grossen Anklang findet.

Mit diesen kultiviert wirkenden Körperdarstellungen beim Privatfest kontrastieren die, die viele Pilger bei der Wallfahrt zur Kirche des San Lázaro wählen. Insbesondere Männer zelebrieren spektakuläre Selbstgeisselungen auf den letzten Kilometern zu der Kirche von El Rincón. Ähnlich wie die Besessenen verwandeln sie darüber ihre Körper in «eine Form von Schrift», in exhibitionistische Vehikel, die bei den Zuschauern je nach kulturellem Hintergrund unterschiedliche Imaginationen hervorrufen:[35] Touristen und ausländische Pressefotografen reagieren darauf mit Faszination. In den sich schindenden Körper können sie eine modernistische Phantasie des Primitivismus projizieren. Währenddessen gehen viele kubanische Zuschauer daran anscheinend gleichgültig vorbei, mal aus Teilnahmslosigkeit, mal, weil diese Haltung ein Code von religiöser Ehrfurcht ist. Die San-Lázaro-Wallfahrt ist innerhalb weniger Jahren zu einer Touristen-Attraktion aufgerückt, die inzwischen in jedem Reiseführer ausführlich Erwähnung findet und wegen der eindrücklich präsentierten Inbrunst der Pilger angepriesen wird. Mit den professionellen Fotos, den medial vermittelten Körpern, werden die verschiedensten Arten von Nachrichten aus Kuba illustriert und ihre Dramatik unterstrichen.[36]

Die doppelte Repräsentation der medial vermittelten Körper ist es wiederum, die bei den Regierenden ein Unbehagen gegenüber dieser spezifischen Wallfahrt auslöst. Darauf beruht das heutige Ignorieren dieses Phänomens in den offiziellen Medien. In ihrer Anfangszeit hatte die sozialistische Regierung auch deswegen einen Schwerpunkt auf den Ausbau eines hochqualitativen Gesundheitssystems, das für die gesamte Bevölkerung zugänglich ist, gelegt, weil sie eine Alternative zu den Heilpraktiken der neo-afrikanischen Religionsgemeinschaften bieten wollte. Sie lehnte deren vermeintlich präwissenschaftlichen Heilpraktiken ab.[37]

Alle Fotos: Ingrid Kummels

Die Verehrung des San Lázaro stand dabei an vorderster Stelle, da sich Gläubige gerade an diesen Heiligen in Fragen von Gesundheit wandten. Die Pilger, die sich aktuell über den Boden schleppen, lassen sich daher als Scheitern der staatlichen Gesundheitspolitik lesen.[38] Vielleicht sollen die bequemen Kleinbusse aus China gerade gegen diese visuelle Verstörung Abhilfe schaffen. Als eine weitere relativierende Massnahme zeigt der kubanische Staat am Wallfahrtsort über zahlreiche Polizisten eine massive Präsenz. Sie säumen seit Mitte der 1990er-Jahre den Weg der Pilger und sperren – zum Ärger vieler – bestimmte Strecken für den Autoverkehr ab und erschweren insofern den Weg dorthin, da die Zeiten dieser Absperrungen nicht in den Medien angekündigt werden und somit nicht kalkulierbar sind. Auch diese letzten Beispiele zeigen, wie das vermeintlich archaische Körperbild der leidenden Büsser fest in der gegenwärtigen Bilderökonomie Kubas verankert ist.

4   Schlussgedanken

Der Blick auf das Wechselspiel zwischen Religion, audiovisuellen Technologien und staatlicher Medienpolitik zeigt, wie sehr die Materialität von Religion und damit die medialen Register Körper, Wort und Bild im Mittelpunkt von den Auseinandersetzungen zwischen religiösen AkteurInnen und hegemonialen Religionsgemeinschaften bzw. zwischen ihnen und Vertretern der sozialistischen Regierung stehen. Das Gleiche gilt für die Wahrnehmungen des Religiösen, die spezifisch über die jeweiligen Medien vermittelt werden. Folglich bietet dieser Ansatz eine neue Möglichkeit, die Dichotomien zu überwinden, die auch gegenwärtig die religionsethnologische Forschung noch behindern, etwa die, die den Sozialismus und moderne Massenmedien als Fremdkörper im Bereich der populären religiösen Glaubensvorstellungen und Praktiken erscheinen lassen.[39]

Ein Ergebnis, das auch über den kubanischen Kontext hinausweist, betrifft die Feststellung, wie sehr das Materielle der Religion – das oft Sparten wie «Magie» oder «Alltagsreligiosität» zugeordnet wird und so aus dem «eigentlichen» Religiösen ausgegrenzt wird – Kerngeschäft des Religiösen ist. Gerade deshalb rücken entsprechende Praktiken immer wieder in den Mittelpunkt heftiger Debatten. Im kubanischen Fall verorten die AkteurInnen ihre Gegendiskurse im Medium des Körpers. Darüber definieren sie sich als religiöse Subjekte auch jenseits von aufgedrängten Essentialismen und bilden Gemeinschaften des Glaubens, die transnational vernetzt sind.

Anmerkungen

1 Jorge Ferrer, «Secretismo en torno a la visita de Fidel Castro en El Rincón en la tarde de ayer», Cuba Encuentro, 28.12.07. Bei diesem Artikel handelt es sich um einen Scherz aus Anlass des *Día de los Inocentes*, den viele Leser durchaus ernst nahmen. In anderen Fällen illustrieren die Bilder der San Lázaro-Büsser Artikel, in denen verschiedene Themen, etwa die aktuelle Situation der kubanischen Wirtschaft, angesprochen werden.

2 Die meisten inselkubanischen Forscher, die die aktuelle kubanische Religiosität untersuchen, gehören dem Departamento de Estudios Socioreligiosos an, das 1982 gegründet wurde. Auf die Gründe für die «religiöse Explosion» gehen Ramírez Calzadilla (1997: S. 149f) und Ramírez Calzadilla (2006: S. 14) ein.

3 Ramírez Calzadilla (1997: S. 139).

4 Für Zahlen der religiösen Zugehörigkeit der Kubaner in 2004 siehe Ayorinde (2004: S. 229, FN16).

5 De Vries (2001); Meyer (2006; 2008).

6 De Vries (2001: S. 23–29; Meyer (2006: S. 9,17).

7 Meyer/Moors (2006: S. 3).

8 Für Diskussionsbeiträge der Ethnologin Lázara Menéndez und der bildenden Künstlerin Sandra Ramos Lorenzo bei einer Tagung zur Populärreligiosität in der kubanischen Kunst: siehe http://www.arteamerica.cu/1/debates.htm (eingesehen am 2.7.2008). Die Tagung wurde im Januar 2003 von der Kulturinstitution Arteamérica veranstaltet.

9 Hoffmann/Whitehead (2006: S. 16).

10 Moore (1997).

11 Zamora (2000: S. 76ff). Indem sie einen bestimmten *oricha* mit einen bestimmten katholischen Heiligen identifizierten, konnten afrikanische Sklaven zunächst die Ersten in verdeckter Form weiterverehren. Damit aber schufen sie zugleich eine neue Vorstellung des *oricha*-Heiligen als ein numinoses Wesen mit einem afrikanischen und spanisch-katholischen Doppelaspekt, die unterschiedlich repräsentiert werden.

12 Zamora (2000: S. 26).

13 Jackson (1983: S. 331).

14 Katherine Hagedorn entleiht den Begriff *busy intersection* Renato Rosaldo (1993: S. 17,20,194,229). Sie sieht in den Bühnenperformances des Nationalen Folkloreballetts eine geschäftige Schnittfläche der Konstruktion von «Rasse», der Politik des vor- und des nachrevolutionären Kubas und der zeitgenössischen Praktiken der Santería jenseits der institutionellen Religionsgemeinschaften.

15 Siehe hierzu Blue (2005).

16 Ayorinde (2004: S. 147).

17 Zur aktuellen politischen Instrumentalisierung des Begriffes *religiosidad popular* siehe Ayorinde (2004: S. 149–155). Für Definitionen von *religiosidad popular*, die den Machtfaktor berücksichtigen, siehe Norget (1997: S. 67, 69–70) und Quezada (2004: S. 9). Ramírez Calzadilla (2006: S. 18) hingegen schreibt dem Feld der Populärreligiosität grundsätzlich einen spontanen, unorganisierten Charakter zu, der mit dem orthodoxer Religionsgemeinschaften in Kontrast stehe.

18 Die Kategorie «Rasse» wird sozial konstruiert, weswegen der Begriff «weiss» an dieser Stelle mit Anführungszeichen versehen wird.

19 Für die Zahlen von 1998 siehe http://www.adherents.com/largecom/com_jw.htlm (eingesehen am 25.9.2007).

20 In der Fachliteratur wird Besessenheit durch Heilige und Tote wie *el indio* meist nur den Adepten von neoafrikanischen Religionsgemeinschaften wie die der *regla de ocha* und des *espiritismo cruzao* zugeschrieben. Sie wird nur im Rahmen von religiösen Festen beschrieben, bei denen die heiligen *batá*-Trommeln gespielt werden.
21 Hagedorn (2001: S. 174).
22 Für Bilder siehe die Website des Conjunto Folclórico Nacional http://www.folkcuba.cult.cu/ (eingesehen am 3.5.2008).
23 Kummels (1996).
24 Siehe Ramírez Calzadilla (2006:60-65) und Beiträge in Quezada (2004).
25 Christian Schmidt-Häuer: «Die letzte Perestrojka», In «Die Zeit» 18/2008, 24. April.
26 Dieses Mittels bedienen sich auch Journalisten der alternativen Medienszene, die über das Internet veröffentlichen. Die regimekritische Bloggerin Yoani Sánchez vergleicht die entsprechende Interpretationsarbeit an Reden von Raúl Castro spöttisch mit der Entzifferung von Worten auf dem Rosetta-Stein.
27 Hoffmann/Whitehead (2006: S. 16).
28 Ayorinde (2004: S. 190).
29 Zum Konzept der doppelten Repräsentation von Trancetänzen im Spannungsfeld zwischen dem «westlichen» Blick und als authentisch imaginierte Subjekte siehe Russell (1999: S. 194).
30 Mircea Eliade (1959) zitiert in Hagedorn (2001: S. 108) und in Van de Port (2006: S. 445).
31 Siehe auch Ayorinde (2004: S. 192).
32 Zamora (2000: S. 266); Ramírez Calzadilla (2006: Anexo, Tabla 6).
33 Kummels (2005: S. 13).
34 Kummels (2005: S. 20).
35 Russell (1999: S. 194,198).
36 Siehe Fussnote 1.
37 Ayorinde (2004: S. 118).
38 Eine solche Interpretation legt zum Beispiel Zamora (2000: S. 254) nahe. Er fragte den Religionssoziologen Ramírez Calzadilla, ob die Pilgerschaft nach El Rincón nicht im Widerspruch zum hohen Niveau des öffentlichen Gesundheitssystems in Kuba stehe.
39 Vgl. Van de Port (2006: S. 445).

Literatur

AYORINDE, CHRISTINE (2004): *Afro-Cuban Religiosity, Revolution, and National Identity*. Gainesville: University Press of Florida.

BLUE, SARAH A. (2005): From Exiles to Transnationals? Changing State Policy and the Emergence of Cuban Transnationalism. In: Fernández, Damián (Hrsg.): *Cuba Transnational*: S. 24–41. Miami: University Press of Florida.

DE VRIES, HENT (2001): In Media Res: Global Religion, Public Spheres, and the Task of Contemporary Comparative Religious Studies. In: Vries, Hent de/Weber, Samuel: *Religion and Media*. Stanford: Stanford University Press.

HAGEDORN, KATHERINE J. (2001): *Divine Utterances. The Performance of Afro-Cuban Santería*. Washington: Smithsonian Institution Press.

HOFFMANN, BERT/WHITEHEAD, LAURENCE (2006): *Cuban Exceptionalism Revisited*. In: GIGA Working Papers 28.

JACKSON, MICHAEL (1983): Knowledge of the Body. In: *Man* 18: S. 327–345.

Kummels, Ingrid (1996): Der Alltag der Krise: Betrachtungen einer Ethnologin zum Gegen-, Mit- und Ineinander verschiedener Weltbilder in der kubanischen Alltagskultur. In: Hoffmann, Bert (Hrsg.) *Wirtschaftsreformen in Kuba – Konturen einer Debatte*: S. 184–197. Frankfurt a.M.: Vervuert.

Kummels, Ingrid (2005): Love in the Time of Diaspora. Global Markets and Local Meanings in Prostitution, Marriage and Womanhood in Cuba. In: *Iberoamericana* 20: S. 7–26. http://www.iberoamericana.de//articulos-pdf/20-kummels.pdf

Martín-Barbero, Jesús (1991): De los medios a las mediaciones: comunicación, cultura y hegemonía. Madrid: Gili.

Meyer, Birgit (2006): Impossible Representations. Pentecostalism, Vision and Video Technology in Ghana. In: Meyer, Birgit/Moors, Annelies (eds.) *Religion, Media, and the Public Sphere*: S. 290–311. Bloomington: Indiana University Press.

Meyer, Birgit (2008): Religious Sensations. Why Media, Aesthetics and Power Matter in the Study of Contemporary Religion. In: Vries, Hent de (Hrsg.) *Religion. Beyond a Concept*: S. 704–723. New York: Fordham University Press.

Meyer, Birgit/Moors, Annelies (2006): Introduction. In: Meyer, Birgit/Moors, Annelies (eds.) *Religion, Media, and the Public Sphere*: S. 1–25. Bloomington: Indiana University Press.

Moore, Robin (1997): *Nationalizing Blackness. Afrocubanismo and Artistic Revolution in Havana, 1920–1940*. University of Pittsburgh Press.

Norget, Kristin (1997): Progressive Theology and Popular Religiosity in Oaxaca, Mexico. In: *Ethnology* 36(1), S. 67–83.

Quezada, Noemí (2004): Introducción. In: Quezada, Noemí (Hrsg.) *Religiosidad popular, México, Cuba*: S. 9–22. Mexiko-Stadt: Universidad Nacional Autónoma de México.

Ramírez Calzadilla, Jorge (1997): Religión, cultura y sociedad en Cuba. In: *Papers* 52: S. 139–153. http://ddd.uab.es/pub/papers/02102862n52p139.pdf

Ramírez Calzadilla, Jorge et al. (2006): *Religión y cambio social: el campo religioso cubano en la década del 90*. Havanna: Ediciones de Ciencias Sociales.

Rosaldo, Renato (1993): *Culture and Truth. The Remaking of Social Analysis*. Boston: Beacon Press.

Russell, Catherine (1999): *Experimental Ethnography. The Work of Film in the Age of Video*. Durham: Duke University Press.

Van de Port, Mattijs (2006): Visualizing the Sacred: Video Technology, «Televisual» Style, and the Religious Imagination in Bahian Candomblé. In: *American Ethnologist* 33(3): S. 444–461.

Zamora, Laciel (2000): *El culto de San Lázaro en Cuba*. Havanna: Fundación Fernando Ortiz.

V Zur Aushandlung von Grenzen der Pluralität und Toleranz

Rainer Forst

Toleranz: die Herausforderung neuer Grenzziehungen für westliche Demokratien

I.

Es gibt Zeiten, die historisch gesehen von besonderer Art sind – Zeiten, in denen aktuelle Konflikte vergangene (oder besser: scheinbar vergangene) Auseinandersetzungen sowie verschiedenste Versuche von deren Überwindung wie in einem Brennglas bündeln und wiederholen, Zeiten, in denen welthistorische Tragödien wieder aufgeführt werden, von denen man, wenn sie nicht immer noch tragisch wären, mit Marx sagen wollte, dass sie sich beim zweiten Mal als Farce ereignen würden. Wir leben in solch einer Zeit.

Wer hätte vor ein paar Jahrzehnten, nach dem Ende des Kalten Krieges, schon gedacht, dass wir heute in den Feuilletons nahezu selbstverständlich die Rede vom «religiösen Weltbürgerkrieg» lesen können und dass sich eine aufgeregte Weltöffentlichkeit herausbildet, in der Bücher, Karikaturen, Filme, Opern, Reden des Papstes oder Verleihungen von Literaturnobelpreisen und die jeweiligen Reaktionen darauf sofort in einem globalen Konfliktszenario verortet werden. In der entsprechenden Kampfrhetorik tauchen vom Wort des «Kreuzzugs» über die Beschwörung der Verteidigung der westlichen Werte gegen die islamistische Herausforderung (bisweilen gar «islamischer Faschismus» genannt) bis hin zu den dem entgegensteuernden Friedensbemühungen eines religiösen Dialogs und der Besinnung auf gemeinsame Wurzeln all die Formeln auf, die wir aus lange zurückliegender Vergangenheit kennen. Bei alldem gibt es ein Zauberwort, welches lange Zeit in eher schlechtem Ruf stand, das dabei immer wieder genannt wird, weil es das Wort ist, das geprägt wurde, um eine Haltung oder Praxis auszuzeichnen, die Konflikte beilegt, ohne sie aufzulösen: das der *Toleranz*.

Fraglich ist aber, ob dieser Begriff sich den täglich tiefer werdenden Gräben zwischen den Parteien entziehen kann. So wird einerseits die Regensburger Rede des Papstes,[1] in der er die Einheit des christlichen Gottesglaubens und des griechischen Logos beschwört, um sowohl irrationale Formen des Glaubens – zu denen die «muslimische Lehre» gehört, wie die Rede nahe legt – als auch einen in seinen Augen irrationalen Rationalismus zurückzuweisen, als intolerant kritisiert, während andererseits eben diese Kritik als Bestätigung des geäusserten Intoleranzverdachts angesehen wird. Die in einer dänischen Zeitung Anfang 2006 erschienenen Mohammed-Karikaturen gelten als Zeichen der Intoleranz, der Widerstand dagegen nicht minder.

Wir brauchen jedoch nicht auf die weltpolitische Bühne zu schauen, um festzustellen, wie umstritten die rechte Verwendung des Begriffs der Toleranz ist. Nicht allzu lange zurück liegt ja der Streit um das Kruzifix in bayerischen öffentlichen Schulen und die Frage, ob das Anbringen dieser Kreuze auf staatliches Geheiss ein Zeichen der Intoleranz ist oder vielmehr der Widerstand dagegen. In Bezug auf das religiös motivierte Kopftuchtragen wird argumentiert, dies sei ein Symbol der Unfreiheit und der Intoleranz, während das Verbot desselben ebenfalls als intolerant verurteilt wird. Und schliesslich denken wir an den Streit um das Gesetz zur «eingetragenen Lebenspartnerschaft» in der Bundesrepublik zurück, in dem die Kritiker desselben als intolerant bezeichnet wurden, während diese mit dem Slogan «Toleranz ja, ‹Ehe› nein» konterten. Die letztgemeinte Toleranz jedoch wurde von den Befürwortern des Gesetzes gerade nicht gewünscht.[2]

Solche Beispiele zeigen, was der Titel «Die Herausforderung neuer Grenzziehungen für westliche Demokratien» andeuten soll: Dass die Frage nach dem rechten Verständnis von Toleranz und insbesondere die Kernfrage, wo ihre Grenzen zu ziehen sind, ein Licht auf die *eigenen Grenzen* wirft – auf die Grenzen unserer «westlichen» Toleranz, die Grenzen unserer Verständnisse des gerechten und demokratischen Umgangs miteinander. Die erwähnten Konflikte sind zu Recht als «Identitätskonflikte» bezeichnet worden, und das heisst, dass es dabei nicht nur um den

Umgang mit und die Integration von «fremden» Identitäten geht, sondern um die Identität der westlichen Demokratien selbst in einer sich rapide verändernden Welt. Die Grenzen der Toleranz zu bestimmen heisst stets auch, die eigenen Begrenzungen zu überprüfen.

II.

Wie nähern wir uns solch einem zutiefst umstrittenen Begriff wie dem der Toleranz? Wir könnten in seine reichhaltige Geschichte eintauchen, die von seiner ersten Erwähnung, etwa in den Schriften des Cicero, über die erste religiöse Verwendung bei den Apologeten und Kirchenvätern an zu erzählen wäre.[3] Aber diese zweitausendjährige Geschichte erschliesst sich erst, wenn man von einem hinreichend klaren Vorbegriff der Toleranz ausgeht. Dieser ist durch drei Komponenten gekennzeichnet:

a. Die erste ist die sogenannte *Ablehnungs-Komponente*. Sie besagt, dass die tolerierten Überzeugungen oder Praktiken als falsch angesehen oder als schlecht verurteilt werden. Ohne diese Komponente lägen entweder Indifferenz oder Bejahung vor, nicht aber Toleranz.
b. Zweitens gehört zur Toleranz eine positive *Akzeptanz-Komponente*, die Gründe dafür nennt, wieso es richtig oder gar geboten ist, die falschen oder schlechten Überzeugungen bzw. Praktiken zu tolerieren. Dabei werden die Ablehnungsgründe nicht aufgehoben, sondern nur aufgewogen und übertrumpft.
c. Drittens schliesslich kommt eine *Zurückweisungs-Komponente* hinzu, die Gründe für die Bestimmung der vieldiskutierten Grenzen der Toleranz enthält. Hier überwiegt eine eindeutig negative Bewertung, die ein Ende der Toleranz und gegebenenfalls ein Eingreifen fordert. Ersichtlicherweise muss diese Bewertung besonders gut begründbar sein, wenn sie etwa Rechtsfolgen nach sich zieht.

Diese sehr knappe Analyse zeigt, dass wir es mit drei Arten von Gründen zu tun haben, so dass für die Praxis der Toleranz die Aufgabe der rechten Verknüpfung dieser Gründe vorgegeben ist. Sichtbar wird jedoch auch, dass der Begriff der Toleranz *normativ unbestimmt* ist, denn er bedarf an allen drei Stellen der Füllung durch bestimmte Prinzipien oder Werte. Diese können unterschiedlicher Natur sein; etwa können alle drei Gründe religiöser Art sein, es ist aber auch möglich, an der zweiten und besonders der dritten Stelle andere Prinzipien zu Rate zu ziehen – etwa solche des wechselseitigen Respekts, der Gerechtigkeit und der Menschenrechte. Von der besagten normativen Füllung hängt es ab, ob die Toleranz gut begründet ist – ja, ob sie überhaupt in einem bestimmten Fall eine Tugend ist. Sie ist es jedenfalls nicht von sich selbst aus.

III.

Machen wir, um die Palette möglicher Toleranzgründe zu betrachten, einen weiteren Schritt und treten – kurz – ein in die nahezu unendliche Geschichte der Toleranz (die stets auch eine der Intoleranz ist). Denn angesichts des vielstimmigen Chores, der die Toleranz als «unser» westliches Erbe ansieht, lohnt sich ein genauer Blick auf die Art dieses Erbes und wie es sich entwickelt hat. Zuweilen könnte man den Eindruck gewinnen, als sei die Toleranz ureigenster christlicher Besitz, authentisches Produkt eines vernünftigen Glaubens, der auch die Menschenrechte hervorgebracht oder zumindest ermöglicht habe.[4] Die bislang säkular geprägte Kultur wird vermittels dieser kunstvollen Dialektik in ihrem Kern zu einer religiösen.

Nun ist es nicht falsch, die Toleranz und die Idee unveräusserlicher individueller Rechte als weltgeschichtliche «Errungenschaften» von Gesellschaften anzusehen, die vom Christentum – neben einer Reihe anderer Grössen, von der antiken Kultur und Philosophie Griechenlands, dem römischen Recht, etc. – geprägt waren, nur muss man dabei das Wort *errungen* betonen: Die Toleranz musste in der Regel *gegen* die Macht der Kirchen und der sich religiös legitimierenden Staatsgewalt erkämpft werden. Es waren die offiziell Verfemten und die Dissidenten, die Ketzer, die die Toleranz begründeten und einforderten; ja mehr noch, erst der Durchbruch des lange bezweifelten und bekämpften Gedankens, dass es eine unter allen Menschen als Menschen, *unabhängig* von ihrem Glauben, geteilte praktische Vernunft gibt, die wechselseitig teilbare Normen, Rechte und Pflichten ermöglicht, machte den Weg zu einer Konzeption der Toleranz frei, von der wir heute erwarten können und müssen, dass sie eine geeignete Grundlage des politischen Zusammenlebens bildet.

Ich kann hier nicht auf die lange Geschichte der Herausbildung der Toleranz im Einzelnen eingehen. Aber einige Gestalten und Ereignisse, die in unseren Diskussionen immer wieder anwesend sind, wenn auch eher implizit, seien erwähnt. Sie zeigen, wie nahe uns diese Geschichte ist.[5]

Die frühen Christen, im römischen Reich verfolgt, verstehen unter der *virtus tolerantiae* einerseits die Tugend des Aushaltens im Glauben und fordern andererseits von der Obrigkeit eine *libertas religionis* als *huma-*

ni iuris et naturalis potestatis, als Menschen- und Naturrecht, das aus dem Grundsatz entspringt, wie Tertullian es formuliert, dass die Gottesverehrung keinen Zwang duldet: Gott soll aus freien Stücken angebetet werden.[6] Was die Beziehung zu Andersgläubigen angeht, bezieht sich der frühe Toleranzdiskurs insbesondere auf biblische Gleichnisse wie das vom Unkraut auf dem Weizenfeld (Matth. 13, 24ff.), das nicht vor der Zeit ausgerissen werden soll, um nicht den Weizen zu schädigen. Erst am «Ende der Welt» wird ein höherer Richter urteilen.

Im Laufe von nur einem, dem vierten Jahrhundert steigt das Christentum zur herrschenden Religion auf, und nun ist es selbst der Adressat von Toleranzforderungen. In dieser Phase zeigt sich die ganze Ambivalenz christlicher Toleranz, und sie macht sich fest an einem der wichtigsten und grössten Denker, an Augustinus.[7] In seinen Schriften findet sich eine ganze Reihe klassischer Toleranzargumente, insbesondere jenes der Toleranz aus Liebe zum Nächsten, dessen Schwächen zu vergeben sind; der Toleranz aufgrund der Trennung der zwei Reiche, die irdische Wesen nicht entwirren können, sondern nur Gott; der Toleranz um der Bewahrung der Einheit willen, so dass die Abtrünnigen mit Sanftmut zu behandeln sind; schliesslich die Toleranz aufgrund des Grundsatzes *credere non potest homo nisi volens*, wonach allein ein frei zustande gekommener Glaube seligmachend sein kann. Dieser Gedanke wird in keiner weiteren religiös begründeten Toleranzreflexion fehlen, auch über das Christentum hinaus; er findet seine Entsprechung in Sure 2, 256 des Koran «Es gibt keinen Zwang in der Religion».

Im Zuge der Auseinandersetzungen mit den Donatisten während seiner Zeit als Bischof von Hippo verkehrt sich Augustinus' Position jedoch in ihr Gegenteil. Nun sind es dieselben vier Argumente, die die *Intoleranz* zur Pflicht machen. Die Liebe zum Nächsten würde verraten, sähe man tatenlos zu, wie er sein Seelenheil aufs Spiel setzt; dabei kann selbst eine vorübergehende «Geisselung» zum Zwecke der Rückkehr zur Wahrheit notwendig sein. Ist es möglich, auf Erden das Unkraut deutlich vom Weizen zu scheiden, hat man die Pflicht, dies zu tun. Das Argument der Einheit endet erkennbar dort, wo das Schisma zu weit geht. Und was die Freiheit des Gewissens angeht, so ist Augustinus nun – bestätigt durch viele Beispiele bekehrter Donatisten – der Ansicht, dass Zwang und *terror* nützlich und legitim sein können, um jemandem die Augen für die Wahrheit zu öffnen, indem man ihn vom Falschen losreisst.[8]

Hier zeigt sich, dass die christliche Toleranz allein dem Seelenheil des Menschen dienen soll; noch hat sich kein Begriff des *Individuums* gebildet, das um seiner selbst willen moralisch zu respektieren ist. Solange der «ewige Tod» der Seele das schlimmere Übel im Vergleich zum bloss irdischen Tod ist (so auch später Thomas von Aquin), gilt die erste Pflicht dem Heil der Seele und der göttlichen Wahrheit. Eine bestimmte extreme Form dieser Pflichterfüllung nennen wir «Fanatismus» und Intoleranz, eine andere, die dem frühen Augustinus folgt, Toleranz. Und die Grenze zwischen beiden ist bei bestimmten Prämissen sehr dünn, wie dessen Beispiel zeigt. Solange, anders gesagt, die *Würde* des Menschen religiös begründet wird, bleibt der Respekt dieser Würde qualifiziert durch die oberste Wahrheit Gottes; Andersgläubige und – insbesondere – Atheisten und Häretiker erscheinen damit in einem moralischen Zwielicht. Zur Erinnerung: Erst in der Erklärung «De libertate religiosa» des Zweiten Vatikanischen Konzils machte die katholische Kirche ihren Frieden mit dem subjektiven Recht auf Religionsfreiheit.

Die Lehre des Augustinus bleibt, die Toleranz wie auch die Intoleranz betreffend, bis in die Neuzeit hinein der wichtigste Referenzpunkt des Toleranzdiskurses. Dieser weist viele weitere Pfade auf, die ebenfalls sehr aktuell sind. Erwähnt seien die Religionsdialoge, etwa von Abailard, Lullus oder Cusanus, die zwar alle – insbesondere der von Cusanus, der 1453 angesichts der Eroberung Konstantinopels durch türkische Truppen in *De pace fidei* eine *una religio in rituum varietate* konzipiert, die freilich der katholischen nahe kommt – die Überlegenheit des Christentums zu erweisen suchen, aber dennoch relevante Gemeinsamkeiten im Glauben der konkurrierenden Religionen ausmachen. In diesem Zusammenhang sind freilich auch neben Abailard zwei grosse – ebenfalls in ihren Gemeinschaften angefeindete – nichtchristliche Denker des 12. Jahrhunderts zu nennen, die innerhalb ihrer Religionen einen Freiraum für das philosophische Fragen zu schaffen suchten, in dem die Vernunft herrschen darf: Maimonides und Ibn Rušd, auch Averroës genannt. Wer heute über das Verhältnis von Glauben und Vernunft in historischer Perspektive spricht, wird besonders den Namen des Averroës nicht beiseite lassen können.

Fortzusetzen wäre die Geschichte der Toleranz über humanistische Versöhnungsversuche und Luthers Radikalisierung der Lehre vom freien und doch unmittelbar an Gott gebundenen Gewissen.[9] Wiederum ist seine Freiheit allein eine zu Gott. Dies wird auch das zentrale Argument des berühmten Briefes über Toleranz (1689) von John Locke sein, und es ist der anglikanische Gelehrte Jonas Proast, der es mit eben jenem Argument zurückweist, das sich bereits bei Augustinus findet: Ob man das Gewissen des Anderen zwingen *darf*, hängt davon ab, zu welchem Zweck man es tut; dass man es nicht zwingen *kann*, ist eine empirisch widerlegbare These – richtig eingesetzter Zwang bzw. Indoktrination können sehr wohl zu «echten» Gläubigen führen.[10]

Lockes Theorie ist nicht nur wegen dieser Problematik lehrreich, sondern auch wegen seiner Diskussion der Grenzen der Toleranz. Er schliesst nämlich die Toleranz für Atheisten mit dem Hinweis aus, dass diesen nicht zu trauen sei, da sie nicht an eine höhere moralische Macht glaubten (und auch kein Gewissensprivileg beanspruchen könnten, weil sie kein Gewissen hätten). Ebenso schliesst er die Toleranz für Katholiken mit dem Hinweis aus, dass diese bereit seien, ihr Gewissen an eine innerweltliche Instanz zu binden, die mit der politischen Gewalt in Konflikt kommen könnte. Anstelle des Papstes, den er damit meint, erwähnt er – und das klingt heute aktueller denn je – den «Mufti von Konstantinopel».[11]

Erst der in meinen Augen klarsichtigste Toleranzdenker und Zeitgenosse Lockes, der Hugenotte Pierre Bayle, überwindet die Aporien der Lehre vom freien Gewissen, in denen Locke sich verfängt. Er wendet sich direkt gegen Augustinus' Doktrin, insbesondere gegen dessen Deutung des Gleichnisses vom *compelle intrare*, vom Zwang zum Eintreten zum Abendmahl (Luk. 14, 16ff.).[12] Bayle sieht, dass das Argument gegen den Gewissenszwang, um wechselseitig verbindlich und dem ewigen Religionsstreit enthoben zu sein, eines sein muss, das an eine *raison universelle* appelliert, eine allgemein menschliche Vernunft, die wahrhaft allgemeine Prinzipien der Moral enthüllt. Die Vernunft erkennt zugleich, dass auf dem metaphysisch-religiösen Gebiet im Unterschied zu den Grundsätzen der Moral Streit unter endlichen Geistern unabwendbar und unauflöslich ist. Religiösen Zwang auszuüben ist daher aus *moralischen* und *erkenntnistheoretischen* Gründen falsch: Eine jede Ausübung von Zwang ist unter Freien und Gleichen zu rechtfertigen, ohne sich dabei auf eine höhere Legitimation berufen zu können, die der Andere aus religiösen Gründen zurückweisen kann. Die dazu notwendige Einsicht ist neben dem Respekt für Andere als moralisch Gleiche eine in die Endlichkeit der Vernunft, die keine skeptische Einsicht ist, sondern eine der Grenze zwischen Glauben und Wissen. Religiöse Wahrheitsüberzeugungen sind, so Bayle, nicht wider-, sondern «übervernünftig»; widervernünftig ist es, sie zur Grundlage von Zwangsausübung zu machen.[13]

Es sind Denker wie Bayle, und vor ihm (in Ansätzen) Hugo Grotius, Jean Bodin (in seinem *Colloquium heptaplomeres*) und Sebastian Castellio, die uns auf die rechte Spur der Toleranzbegründung bringen. Sie beinhaltet die erwähnten zwei Elemente, und zwar erstens ein alle Menschen, unabhängig von ihrem Glauben, bindendes Prinzip des Respekts für Andere, denen wir Gründe für die Normen schulden, die zu befolgen wir von ihnen verlangen, und zweitens eine Einsicht in die Grenzen des Wissens auf metaphysischem Gebiet. Dadurch wird der Raum frei für religiöse Differenz wie auch für die Achtung des Anderen, unabhängig von meinem oder seinem Glauben. So erst kann der wichtige und wuchtige Satz, den Castellio einst Calvin in den Auseinandersetzungen über die politisch-religiöse Ordnung Genfs entgegenschleuderte – «Einen Menschen töten heisst nicht, eine Lehre verteidigen, sondern einen Menschen töten»– verstanden werden.[14] Er appelliert an ein unabhängiges moralisches Verständnis des Menschen.

Viele weitere Stationen des Toleranzdiskurses wären hier zu nennen, und bei aller Bewunderung für die Aufklärer des 18. Jahrhunderts muss bemerkt werden, dass die Idee der Überwindung von Religionsstreit durch die Hoffnung auf eine «Vernunftreligion» vergebens war; in dieser Hinsicht war Bayle näher an der Wahrheit, wie wir heute wissen. Dennoch brauchen wir hier und da einen Voltaire, der immer wieder den Fanatismus angreift und lächerlich macht, zuweilen aber auch verzweifelt ausruft: «Was soll man einem Menschen entgegenhalten, der sagt, er wolle lieber Gott als den Menschen gehorchen, und daher überzeugt ist, in den Himmel zu kommen, wenn er einem den Hals abschneidet.»[15]

IV.

Kehren wir von diesen historischen Reflexionen zum Begriff der Toleranz zurück. Ich hatte eingangs erwähnt, dass der Begriff der Toleranz nicht immer positiv besetzt war und ist; Kant etwa nannte ihn «hochmütig»,[16] und Goethe formulierte prägnant: «Toleranz sollte nur eine vorübergehende Gesinnung sein: sie muss zur Anerkennung führen. Dulden heisst beleidigen.»[17] Andererseits sehen Voltaire und Lessing die Toleranz als menschlichste und vernünftigste Haltung an. Wie ist dieser Widerstreit zu erklären, der sich bis in heutige Debatten darüber fortsetzt, ob es gut ist, eine Minderheit «bloss» zu tolerieren?

Dies rührt daher, dass sich historisch eine Reihe von Toleranzkonzeptionen ausgebildet hat, von denen ich die beiden wichtigsten kurz erwähnen will. Das erste, in einem gewissen Sinne klassische Toleranzverständnis nenne ich *Erlaubnis-Konzeption*. Eine Autorität gibt dabei einer oder mehreren Minderheiten die Erlaubnis, ihren als «abweichend» gekennzeichneten Überzeugungen gemäss zu leben, solange sie nicht die Vorherrschaft der Autorität in Frage stellen. Das Anderssein der Minderheiten soll «Privatsache» bleiben, innerhalb eines eng umgrenzten und klar definierten Rahmens, den die machthabende Seite allein festlegt; die Toleranz wird gewährt und kann jederzeit zurückgezogen werden, wenn die Minderheiten bestimmte Bedingungen verletzen. Ablehnung, Akzeptanz und Zurückweisung liegen in der Hand der Autorität, die unter keinem prinzipiellen, institutionalisierten Rechtfertigungszwang steht.

Diese vertikale Toleranzkonzeption findet sich in den klassischen Toleranzgesetzgebungen, etwa im Edikt von Nantes (1598), dessen Sprache eindeutig ist: «Um keinen Anlass zu Unruhen und Streitigkeiten zwischen Unseren Untertanen bestehen zu lassen, haben Wir erlaubt und erlauben Wir den Anhängern der sogenannten reformierten Religion, in allen Städten und Ortschaften unseres Königreiches (...) zu leben und zu wohnen, ohne dass dort nach ihnen gesucht wird oder sie bedrückt und belästigt und gezwungen werden, etwas gegen ihr Gewissen zu tun.»[18]

Hier zeigt sich die ganze Ambivalenz dieser Art von Toleranz. Während sie einerseits verfolgten Minderheiten eine gewisse Sicherheit und bestimmte Freiheiten gewährt, ist sie andererseits eine Fortsetzung der Herrschaft mit anderen Mitteln. Denn die tolerierten Minderheiten müssen ihre Freiheiten mit Gehorsam und Loyalität bezahlen, da sie auf den Schutz der Autorität angewiesen sind, und sie werden als Bürger zweiter Klasse, als normabweichend, gekennzeichnet. Diese – zugleich disziplinierende und repressive – Toleranz ist es, die in den erwähnten Bemerkungen von Kant und Goethe attackiert wird. Sie kennzeichnet auch andere historische Toleranzkonstellationen, etwa das islamische System der «Schutzbefohlenen» in der Milletstruktur des osmanischen Reiches.

Im Zuge der revolutionären neuzeitlichen Veränderungen zunächst in den Niederlanden, dann in England und schliesslich in Amerika und Frankreich bricht sich demgegenüber eine zweite, nicht vertikale, sondern horizontale, demokratische Toleranzvorstellung Bahn, die ich *Respekt-Konzeption* nenne. Dabei ist der Grundgedanke der, dass die Toleranz eine Haltung *der Bürger zueinander* ist: Sie sind zugleich Tolerierende und Tolerierte, und zwar als dem Recht Unterworfene und es Setzende. Obwohl sie in ihren Vorstellungen über das Gute und das Seligmachende deutlich voneinander abweichen, erkennen sie einander einen Status als gleichberechtigte Bürger (und später: Bürgerinnen) zu, der besagt, dass die allen gemeinsame Grundstruktur des politischen und sozialen Lebens allein mit solchen Normen gerechtfertigt werden kann, die alle Bürger *gleichermassen* akzeptieren können. Die «Autorität», Freiheiten zu «verleihen», liegt nun nicht mehr bei einem Machtzentrum allein, sondern in einem Prozess der Legitimation, der bestimmte Grundrechte nicht verletzen darf und in Grundsatzfragen ein besonderes Rechtfertigungsniveau vorsieht.

Ich halte diese Toleranzkonzeption, kombiniert mit einer modernisierten, Neo-Bayleschen Begründung, für das Modell, das den besten Weg durch die Konflikte weist, die unsere Gegenwart prägen.[19] Demnach ist die Toleranz dort gefordert, wo ethische bzw. religiöse Differenzen aufeinander treffen, bei denen keine Seite gute Gründe hat zu behaupten, die andere verletze die Grundregeln des Zusammenlebens. Trotz tiefgreifender Unterschiede respektieren die Einzelnen einander, auf der Basis von Normen, die nicht einer Seite allein entstammen, sondern wechselseitig *teilbar* sind. Die wichtigste Lehre aus der Geschichte der Toleranz ist die, dass ohne solche Normen, die sich auf konfliktreichem Wege herausgebildet haben, ein faires Zusammenleben nicht möglich ist. Die entsprechenden Grundprinzipien, zu denen die Menschenrechte zählen, «gehören» somit keiner Religion oder Kultur; sie sind vielmehr die Errungenschaft, die aus dem Streit derselben hervorgegangen ist. Dies ist die entscheidende reflexive Lehre für alle Beteiligten.

Die wichtigsten Komponenten der demokratischen Toleranzvorstellung, für die ich argumentiere, sind erstens ein Verständnis der autonomen moralischen Person als Wesen mit einem «Recht auf Rechtfertigung», d.h. mit dem Recht darauf, dass die Normen, Gesetze und Strukturen, denen sie unterworfen wird, ihr gegenüber adäquat gerechtfertigt werden können, ohne dass eine Partei ihre Interessen und Überzeugungen einseitig auf die andere projiziert.[20] Zweitens gehört dazu ein Verständnis der Differenz von Glauben und Wissen als Differenzierung der endlichen Vernunft selbst, so dass es Raum für das gibt, was John Rawls *reasonable disagreement* nennt: einen Dissens, bei dem beide Seiten die Positionen der anderen als falsch ansehen, ohne dass sie damit auch der Auffassung sind, diese seien unvernünftig oder unmoralisch.[21] Tolerant zu sein heisst folglich zu sehen, dass die eigenen Ablehnungsgründe stark, aber *nicht stark genug* sind, um eine Zurückweisung zu begründen. Darin steckt eine komplexe Form der Selbstüberwindung ohne Selbstrelativierung – ein Kennzeichen der Tugend der Toleranz.

Nur wenn es gelingt, die Basis wechselseitiger Toleranz und die der Bestimmung ihrer Grenzen nicht auf die «Hausordnung» einer kulturell-religiösen Gemeinschaft zu reduzieren, sondern als allgemein teilbaren Besitz anzusehen, erhält das Bestehen auf nicht zur Disposition stehenden Prinzipien wie solchen der Rechtsstaatlichkeit, der Gleichberechtigung der Geschlechter, der Demokratie und der Freiheit der Rede seinen besonderen normativen Sinn, der Mehrheiten und Minderheiten gleichermassen bindet. Toleranz und Menschenrechte stellen ein Erbe dar, das nur als geteiltes genossen werden kann. Dies einzusehen und unterscheiden zu können, (a) welche Grundsätze des Zusammenlebens in einer Demokratie essenziell sind und generell eingefordert werden können, (b) welche eingewöhnten Werte und Normen revisionsbedürftig sind oder sogar in den Hintergrund treten müssen, weil sie überkommene Privilegien ausdrücken, sowie (c) wie allgemeine Prinzipien angesichts einer zunehmend pluralistischen Gesellschaft zu reinterpretieren sind, um den unterschiedlichen Identitäten gerecht zu werden, ist in meinen Augen die grösste Herausforderung, vor der westliche Demokratien stehen. Die «Spielregeln der Demokratie» zu verteidigen heisst dann zu wissen, wie dieses Spiel in einer sich wandelnden Gesellschaft fair zu spielen ist.

Anmerkungen

[1] Papst Benedikt XVI., «Glaube, Vernunft und Universität», *Frankfurter Allgemeine Zeitung* v. 13.09.2006, S. 8.
[2] Ich diskutiere diese Beispiele in meinem Buch, Forst (2003): *Toleranz im Konflikt. Geschichte, Gehalt und Gegenwart eines umstrittenen Begriffs*, Kap. 12.
[3] Ausführlich stelle ich diese dar in Forst (2003): *Toleranz im Konflikt*, Teil I.
[4] Vgl. etwa Hans Maier, «Demokratischer Verfassungsstaat ohne Christentum – was wäre anders», Theo Kobusch, «Nachdenken über die Menschenwürde» und Tine Stein, «Rechtliche Unverfügbarkeit und technische Machbarkeit des Menschen: Zur metaphysischen Begründung der Menschenwürde», in: Manfred Brocker u. Tine Stein (Hg.) (2006): *Christentum und Demokratie*.
[5] Vgl. zum Folgenden Forst (2003): *Toleranz im Konflikt*, Kap. 2.
[6] Tertullian, *An Scapula*, 2, in: *Tertullians ausgewählte Schriften*, Band 2.
[7] Vgl. Forst (2003): *Toleranz im Konflikt*, 69ff., und Forst (2006): «Die Ambivalenz christlicher Toleranz», a.a.O.
[8] Vgl. dazu den berühmten Brief an Vincentius aus dem Jahre 408, in: Augustinus, *Ausgewählte Briefe*, hg. v. A. Hoffmann (1917): Brief Nr. 93.

[9] Vgl. dazu Forst (2003): *Toleranz im Konflikt*, Kap. 3.
[10] Siehe ebd., Kap. 5.
[11] John Locke, *Ein Brief über Toleranz*, hg. v. J. Ebbinghaus (1996), S. 95.
[12] Pierre Bayle (1965): *Commentaire philosophique*, Oeuvres diverses II.
[13] Pierre Bayle, *Historisches und kritisches Wörterbuch*, Auswahl, hg. v. G. Gawlick u. L. Kreimendahl (2003), S. 584.
[14] Castellio, zitiert in: Hans Guggisberg (1997): *Sebastian Castellio 1515–1563*, S. 121.
[15] Voltaire, Artikel «Fanatismus» in: *Philosophisches Wörterbuch*, hg. v. K. Stierle (1967), S. 68.
[16] Immanuel Kant, «Was ist Aufklärung?», in: *Kants gesammelte Schriften*, Akademie-Ausgabe (1968), Band 8, S. 40.
[17] Johann Wolfgang Goethe, *Maximen und Reflexionen*, S. 507.
[18] Edikt von Nantes, in: Claudia Herdtle u. Thomas Leeb (Hg.) (1987): *Toleranz*, S. 69.
[19] Dazu Forst (2003): *Toleranz im Konflikt*, Teil 2.
[20] Vgl. dazu ausführlich Forst (2007), *Das Recht auf Rechtfertigung. Elemente einer konstruktivistischen Theorie der Gerechtigkeit*.
[21] John Rawls (1998): *Politischer Liberalismus*, S. 127ff.

Literatur

AUGUSTINUS, *Ausgewählte Briefe*, IN: Hoffmann, A. (Hg.) (1917): 1. Band, Kempten u. München: Kösel.

BAYLE, PIERRE (1965): *Commentaire philosophique, Oeuvres diverses II*, Hildesheim: Olms.

BAYLE, PIERRE (2003): *Historisches und kritisches Wörterbuch*, Auswahl, in: Gawlick, G.; Kreimendahl, L. (Hg.), Darmstadt: WBG.

PAPST BENEDIKT XVI. (2006): «Glaube, Vernunft und Universität», *Frankfurter Allgemeine Zeitung* vom 13.09.2006

BROCKER, MANFRED; STEIN, TINE (Hg.) (2006): *Christentum und Demokratie*, Darmstadt: WBG.

FORST, RAINER (2003): *Toleranz im Konflikt. Geschichte, Gehalt und Gegenwart eines umstrittenen Begriffs*, Frankfurt am Main: Suhrkamp Verlag.

FORST, RAINER (2006): «Die Ambivalenz christlicher Toleranz», in: Brocker, Manfred; Stein, Tine (Hg.) (2006): *Christentum und Demokratie*, Darmstadt: WBG.

FORST, RAINER (2007): *Das Recht auf Rechtfertigung. Elemente einer konstruktivistischen Theorie der Gerechtigkeit*, Frankfurt/M.: Suhrkamp.

GOETHE, JOHANN WOLFGANG, MAXIMEN UND REFLEXIONEN, IN: *Werke 6*, Frankfurt/M: Insel, 1981.

GUGGISBERG, HANS (1997): *Sebastian Castellio 1515–1563*, Göttingen: Vandenhoeck u. Ruprecht.

HERDTLE, CLAUDIA; LEEB, THOMAS (Hg.) (1987): *Toleranz*, Stuttgart: Reclam.

KANT, IMMANUEL, «WAS IST AUFKLÄRUNG?», IN: *Kants gesammelte Schriften*, Akademie-Ausgabe, Band 8, ND Berlin: de Gruyter, 1968.

KOBUSCH, THEO (2006): «Nachdenken über die Menschenwürde», in: Brocker, Manfred; Stein, Tine (Hg.) (2006): *Christentum und Demokratie*, Darmstadt: WBG.

LOCKE, JOHN: Ein Brief über Toleranz, in: Ebbinghaus, J. (Hg.) (1996), Hamburg: Meiner.

MAIER, HANS (2006): «Demokratischer Verfassungsstaat ohne Christentum – was wäre anders», in: Brocker, Manfred; Stein, Tine (Hg.) (2006): *Christentum und Demokratie*, Darmstadt: WBG.

RAWLS, JOHN (1998): *Politischer Liberalismus*, Frankfurt/M.: Suhrkamp.

STEIN, TINE (2006): «Rechtliche Unverfügbarkeit und technische Machbarkeit des Menschen: Zur metaphysischen Begründung der Menschenwürde», in: Brocker, Manfred; Stein, Tine (Hg.) (2006): *Christentum und Demokratie*, Darmstadt: WBG.

TERTULLIAN, *An Scapula*, 2, IN: Kellner, H. (Hg.) (1915): *Tertullians ausgewählte Schriften*, Band 2, Kempten u. München: Kösel.

VOLTAIRE, ARTIKEL «FANATISMUS», IN: Stierle, K. (Hg.) (1967): *Philosophisches Wörterbuch*, Frankfurt/M.: Insel.

Andrea Büchler[1]

Kulturelle Identität und Familienrecht
Modelle, Chancen und Grenzen familienrechtlicher Pluralität

I Einleitung

Kulturelle[2] Pluralität ist ein gesellschaftlicher Zustand, dem grosse Aufmerksamkeit gebührt. Dies nicht etwa trotz, sondern wegen der Prozesse der Globalisierung.[3] Erweiterungen von Handlungsspielräumen durch die funktionale Überschreitung und Überwindung nationaler Grenzen werden nämlich begleitet durch die (Rück-) Besinnung auf die Rechtsidentität[4] – und zwar sowohl auf diejenige territorialer Gebilde wie von Gemeinschaften und des Einzelnen. Kulturelle Identität ist zum Menschenrecht avanciert – dies ergibt sich aus einer ganzen Reihe völkerrechtlicher Vereinbarungen.[5] Auf das Recht auf kulturelle Identität folgt einen denklogischen Schritt weiter das Recht auf Diversität, wie es auch die Erklärung der Generalversammlung der UNESCO von 2001 kennt.[6] Vielfalt allerdings ist ein Potenzial, das nur durch einen positiven Umgang mit Differenz zur Entfaltung gelangen kann. Die Frage liegt nahe: Ist rechtliche Homogenität – ein bedeutendes Element des modernen, westlichen Nationalstaates – mit kultureller Diversität zu vereinbaren? Wenn Recht eine kulturelle Erscheinung, ja kulturelles und kollektives Gedächtnis ist, muss es nicht auch die kulturelle Identität des Einzelnen spiegeln und absichern?

Die Migration aus aussereuropäischen Ländern verhilft solchen Fragen zu fortwährender Aktualität. Nehmen wir als Ausgangspunkt die Präsenz muslimischer Gemeinschaften in Europa, welche im Wesentlichen das Resultat von Migrationsprozessen der letzten 30 Jahre darstellt:[7] Dimension und Geschwindigkeit dieser Einwanderungsbewegung haben diffuse Besorgnis auf Seiten der Aufnahmegesellschaften ausgelöst. Andererseits haben Zugewanderte Angst um ihr religiöses und kulturelles Erbe, was sie umso mehr dazu bewegt, zu versuchen, offensiv und öffentlich ihre kollektive Identität zu behaupten.[8] Die sich auf diese Weise vertiefenden Gräben gefährden zusehends das interreligiöse und interkulturelle Zusammenleben, das, wie es scheint, immer wieder neu gelernt sein muss. Das Losungswort heisst Integration, ein dauerhafter Lernprozess, an dem sowohl Migrantinnen und Migranten wie auch Einheimische beteiligt sind.

Während soziale und wirtschaftliche Integrationsbedingungen breit diskutiert werden, erfahren rechtliche Techniken der Integration eher wenig Aufmerksamkeit. Dies erstaunt deshalb, weil zum einen das Recht individuelle Positionen im multikulturellen Kontext sichert. Zum andern ist das übergeordnete Normensystem Referenz und Massstab eines erfolgreichen Integrationsprozesses. Insbesondere familienrechtliche Angelegenheiten sind Brennpunkt kultureller, religiöser, alltagspraktischer Konflikte: eheliches Güterrecht, Abstammung, Adoption, Rechte und Pflichten der Ehegatten, nichteheliche Lebensgemeinschaft und elterliche Sorge. Und zweifelsohne gehört das Familienrecht zu den wichtigen Integrationsbezügen. Ihm sollen denn auch die folgenden Ausführungen gelten.

Schliesslich noch eine begriffliche Klärung: Im hier relevanten thematischen Zusammenhang wird nicht selten der Begriff des Rechtspluralismus bemüht. Rechtspluralismus dient als Chiffre für eine Wirklichkeit, die in ihrer Mannigfaltigkeit nur schwer zu fassen ist, für die Gleichzeitigkeit von Fragmentierung, Pluralisierung, Überlagerung und Verschmelzung rechtlicher Systeme. Rechtspluralismus ist nicht zuletzt ein Produkt der mit der Globalisierung einhergehenden Transnationalisierung des Rechts, welche die nationalstaatlichen Bezugsrahmen ergänzt oder gar verdrängt. Damit verbunden ist eine Vervielfältigung global agierender Instanzen mit gerichtlichen oder legislativen Funktionen,[9] was das Prinzip, der Staat sei Garant für die Einheitlichkeit der Rechtsordnung, zumindest herausfordert.[10]

Rechtspluralismus meint aber für die westlich-industrialisierte Welt eine ganze Reihe weiterer bedeutsamer Prozesse, die sich weniger mit einem möglichen Weltrecht befassen, sondern vielmehr auf das Lokale, die Fragmentierung als Folge globaler Migration innerhalb eines einzelnen Staates fokussieren – was freilich ebenfalls eine Erschütterung der rechtspositivistischen Identifizierung von Recht und Staat zur Folge hat.

Kollidieren die rechtlichen Anforderungen der Einwanderungsgesellschaft mit den Vorstellungen und kulturellen Praxen der Migrantinnen und Migranten, so entsteht ein Spannungsfeld von Recht und Kultur, von Gleichheit und Freiheit. Wie ist der Umgang mit kulturell-rechtlichem Dissens, das Verhältnis zwischen nationalstaatlichem Recht und verschiedenen Rechtsformen ethnischer, kultureller oder religiöser Gemeinschaften zu gestalten? Ist zum Beispiel eine Formalisierung von verschiedenen, kulturell konnotierten rechtlichen Referenzsystemen für Familien wünschenswert? Soll und darf ein Gericht das Herkunftsrecht oder Rechtsverständnis und die kulturelle Prägung migrierter Personen in der Entscheidungsfindung berücksichtigen, selbst wenn dies der Rechtskultur des Aufnahmestaates widerspricht? Oder konkret: Anerkennen wir in Europa eine in einem arabischen Land geschlossene Ehe unter Minderjährigen?[11] Darf ein Mann, der im Heimatland die Ehefrau verstossen hat, in der Schweiz eine neue Ehe eingehen? Welche Bedeutung haben interreligiöse Eheverbote nach dem Recht des Herkunftslandes der Parteien? Sind Kinder der Zweitfrau des Ehemannes eheliche Kinder?

Dies ist ein weitläufiges Themenfeld. Eine Erörterung der Fülle unterschiedlicher Fragestellungen mit ihren umstrittenen Bewertungen, welche als umfassend bezeichnet werden könnte, kann im vorliegenden Rahmen nicht geleistet werden. Es muss deshalb beim bescheidenen Versuch einer Annäherung an das Verhältnis zwischen kultureller Identität und staatlichem Privatrecht bleiben, eine Annäherung in Form der Beschreibung verschiedener Modelle und Instrumente der Integration «fremden Rechts» beziehungsweise der Berücksichtigung rechtskultureller Diversität.

II Kulturelle Pluralität und Internationales Privatrecht

Eine mehr oder weniger grosse Integrationsleistung vollbringt naturgemäss das Internationale Privatrecht als die klassische rechtliche Technik zur Lösung von Rechtskonflikten mit internationalem Bezug. Das Internationale Privatrecht legt unter anderem fest, welche Rechtsregeln im konkreten Fall zur Anwendung gelangen und ob fremden Rechtsinstituten

Anerkennung gebührt. Es besteht aus Normen, welche auf die Rechtsordnung verweisen, die für die materielle Beurteilung des Sachverhalts massgeblich ist – entweder auf das einheimische oder auf das ausländische Recht. Versteht man Recht als Kulturerscheinung eines bestimmten Landes, welche als «Teil des kulturellen Gewebes»[12] die Menschen massgebend prägt, und anerkennt man gleichzeitig den oben erwähnten Anspruch auf Wahrung der kulturellen Identität, so folgt daraus ein Recht, nach derjenigen Rechtsordnung beurteilt zu werden, mit welcher die engste Verbindung besteht.[13]

Eine erste Betrachtungsweise geht davon aus, dass zwischen einer Person und dem die Staatsangehörigkeit verleihenden Staat und seiner Rechtsordnung ein besonders enges kulturelles Band besteht.[14] Daraus wird das Staatsangehörigkeitsprinzip abgeleitet, wonach Fragen des Personalstatuts nach demjenigen Recht zu beantworten sind, dessen Staatsangehörigkeit die betroffene Person besitzt.[15] Die Schweiz kennt im internationalen Personen-, Familien- und Erbrecht nur im Verhältnis zum Iran die primäre Staatsangehörigkeitsanknüpfung: Das schweizerisch-iranische Niederlassungsabkommen von 1934[16] sieht vor, dass Staatsangehörige des Irans iranischem Recht unterworfen bleiben.[17] Deutschland hingegen, aber auch andere kontinentaleuropäische Länder, betrachten traditionell die Staatsangehörigkeit als zentrales Anknüpfungsmoment, auch wenn an deren Stelle zunehmend der Wohnsitz oder der gewöhnliche Aufenthalt tritt.[18]

Vorteile, die sich aus der Anknüpfung an die Staatsangehörigkeit ergeben, sind namentlich die Kontinuität und die einfache Feststellbarkeit.[19] Gegen die Staatsangehörigkeit als massgeblichen Anknüpfungspunkt werden allerdings auch zahlreiche berechtigte Einwände vorgebracht. Zum ersten können Rechtsvorstellungen, die das individuelle Verhalten beeinflussen, von der tatsächlichen Rechtslage deutlich abweichen – man denke an die verbreitete Imam-Ehe in der Türkei oder an die Überzeugung, unehrenhaftes Verhalten innerfamiliär sühnen zu müssen.[20] Rechtssysteme oder Rechtsordnungen mögen eine kulturelle Prägung haben oder Ausdruck kultureller Werte sein, dies bedeutet aber nicht notwendigerweise, dass sie die individuelle kulturelle Identität ausmachen. Hinzu kommt, dass ethnische Minderheiten,[21] wie beispielsweise Kurdinnen und Kurden oder palästinensische Flüchtlinge, sich kaum durch die Staatszugehörigkeit vertreten fühlen, sondern ihre kulturelle Identität in Abgrenzung zur Mehrheitsgesellschaft des betreffenden Staates definieren.[22] Weiter ist gerade für die dem Islam verpflichteten Menschen eher die Religions- als die Staatsangehörigkeit Quelle kultureller Identität, was sich nicht zuletzt darin äussert, dass in zahlreichen islamischen Ländern das Personen- und Familienrecht interreligiös gespalten ist. Zweitens beinhaltet die kollisionsrechtliche Anknüpfung an die Staatsangehörigkeit ein Moment der Diskriminierung. Sie unterstellt einer ausländischen Person, sie sei stärker durch das Heimatrecht als durch das Recht ihres Aufenthaltsstaates geprägt, was zum einen ihre individuelle kulturelle Identität womöglich gerade nicht respektiert oder sie an einem für sie allenfalls günstigeren Recht nicht partizipieren lässt[23] und zum andern der Integrationsdialektik entgegensteht oder doch zumindest entgegenwirkt.[24] Scheitern muss die Anknüpfung an die Staatsangehörigkeit dort, wo die dem Recht Unterworfenen unterschiedliche kulturelle Prägungen aufweisen, die eine einheitliche Zuordnung nicht zulassen,[25] was mitunter für gemischtnationale oder gemischtgenerationelle Beziehungen gilt. Drittens ist kulturelle Identität bekanntlich keineswegs eine statische Erscheinung oder gar eine ontologische Evidenz. Mithin blendet die kulturelle Zuordnung anhand der Staatszugehörigkeit die dialogische und dialektische Beziehung zu dem Anderen, die Widersprüchlichkeit und Gleichzeitigkeit verschiedener sinnhafter Welten im Migrationskontext aus. Und schliesslich ist die nationalstaatliche Perspektive, die der Anknüpfung an die Staatangehörigkeit zu Grunde liegt, in Zeiten der Globalisierung, der Krise von Nationalkultur, zu eng. Im Europa unserer Zeit haben sich zahlreiche Migrantinnen und Migranten definitiv im Aufenthaltsland niedergelassen, sie sind hier, um zu bleiben; die Nationalität ist (dies allenfalls im Unterschied zur Ethnizität oder zur Religion) nicht zwingend ein konstitutives Element ihrer Identität.[26] Im Übrigen entscheidet ein mehr oder weniger liberales Bürgerrecht, ob Migrantinnen und Migranten durch den Erwerb der Staatsbürgerschaft die Möglichkeit der rechtlichen Integration gegeben ist.[27]

Ein alternatives Anknüpfungsmodell basiert auf dem Wohnsitzprinzip oder dem Prinzip des gewöhnlichen Aufenthalts. Nach diesem Modell, das zum Beispiel in der Schweiz vorherrschend ist,[28] ist eine Rechtsfrage nach denjenigen Normen zu beantworten, die im betreffenden Staatsgebiet, auf welchem sich die rechtsunterworfene Person aufhält, gelten. In diesem Zusammenhang wird häufig die wenig in der Realität begründete Befürchtung geäussert, man könne sich so ohne grossen Aufwand die gewünschte Rechtsordnung aussuchen.

Eine mehr am Einzelfall orientierte Anknüpfung ist diejenige der engsten Verbindung: Das Gericht entscheidet jeweils neu, ob das Recht des Aufenthaltsstaates oder dasjenige des Heimatstaates zur Anwendung gelangt, je nachdem, welche sozialen und kulturellen Bindungen überwiegen. Zum Beispiel kommt nach Art. 15 Abs. 1 des Schweizer IPRG (Bundesgesetz über das Internationale Privatrecht) ausländisches Recht dann zur Anwendung, wenn ein offensichtlich viel engerer Zusammenhang mit einer ausländischen Rechtsordnung als mit derjenigen des Aufenthaltsstaates besteht.[29] Der sogenannte *better law approach* – letztlich eine kollisionsrechtliche Interessenanalyse[30] – legt freilich viel ungeleitete und unstrukturierte Macht in die Hände der Gerichte und wird dem Anspruch nach Rechtssicherheit kaum gerecht.[31]

Schliesslich wird in der Lehre zunehmend die Auffassung vertreten, den Parteien sei die Möglichkeit einzuräumen, selbst zu erklären, welches Recht ihre Beziehung beherrschen soll. Dieses sogenannte Konzept erklärt – in den Grenzen des *Ordre public* – den Willen der Rechtsunterworfenen zum entscheidenden Faktor für die Bestimmung des anwendbaren Rechts.[32] Die Rechtswahl ist allerdings nur in sehr wenigen Rechtsbereichen verwirklicht, zumal sie aufgeklärte Rechtsunterworfene voraussetzt und zudem die Gefahr der Benachteiligung der strukturell schwächeren Partei birgt.

Allgemein ist ein rein internationalprivatrechtlicher Umgang mit auslandsverknüpften Fällen zwingend wenig differenziert, zumal zwischen im Wesentlichen zwei Lösungen – der Anwendung hiesigen oder fremden Rechts – zu entscheiden ist. Jede Entscheidung impliziert den Einschluss in eine und damit verbunden den Ausschluss aus einer anderen rechtskulturellen Gemeinschaft. Den Nachteilen einer möglichen Diskriminierung der Betroffenen, wenn die Entscheidung im anderen Staat nicht anerkannt wird, versucht man zunehmend mit bilateralen Abkommen beizukommen.

III Integration durch Auslegung des Sachrechts

Die Frage, ob und wie kulturelle Identität und fremdes Rechtsverständnis in die Entscheidfindung Eingang finden, stellt sich freilich auch und gerade dann, wenn – was zunehmend der Fall ist – das Recht des Aufenthaltsstaates von Migrantinnen und Migranten zur Anwendung gelangt.[33] Es geht darum, die mögliche Vielfalt kultureller Verknüpfungen im Kontext des hiesigen Rechts zu erfassen. In der internationalprivatrechtlichen Literatur wird in diesem Zusammenhang unter anderem die sogenannte Datum-Theorie diskutiert, das heisst, die Bedeutung «der kollisionsrechtlich verdrängten Rechtsordnung»[34] für die Auslegung von Generalklauseln. Danach wird in besonderen Fällen ausländisches Recht, das durch Kollisionsrecht gerade nicht zur Anwendung berufen ist, als *local data* (Tatsache) oder *moral data* (Bewertungsmassstab) in die für die Entscheidung relevanten Erwägungen miteinbezogen.[35] In der Literatur erwähnte Beispiele sind der Einbezug einer nur im Heimatstaat, nicht aber im Forum anerkannten Adoption bei der Bemessung von Unterhaltspflichten oder Unterhaltsansprüchen[36] oder die Berücksichtigung der islamisch-rechtlichen Morgengabe[37] im Rahmen der Prüfung der Bedürftigkeit der unterhaltsberechtigten Person. Art. 30 des UN-Übereinkommens über die Rechte des Kindes vom 20.11.1989 postuliert zum Beispiel den besonderen Schutz der kulturellen Identität des Kindes,[38] woraus zu folgern ist, dass kulturelle Dispositionen als Teil des Kontinuitätsinteresses[39] bei der Sachrechtsanwendung in die Ermittlung des Kindeswohls einfliessen müssen.[40]

IV Rechtspluralismus als Modell?

Wollte man der kulturellen Identität und Differenz noch stärker Rechnung tragen, so müssten Bereiche bezeichnet werden, in welchen alternative Sachnormen für verschiedene Gemeinschaften geschaffen werden könnten. Für ein breit angelegtes Rechtsangebot im Bereich des Familienrechts gibt es tatsächlich Vorbilder. In aussereuropäischen Gesellschaften mit kolonialer Vergangenheit zeigt sich Rechtspluralismus als Koexistenz verschiedener normativer Systeme in unterschiedlichen Gewändern: in der Koexistenz und Konkurrenz von staatlichem Recht und eigenständigen Rechten der indigenen Bevölkerung, religiösem Recht oder Gewohnheitsrecht.

Multilegalität wird aus einer ethnologischen und soziologischen Perspektive auch in den Migrationskontexten westlich-industrialisierter Staaten beobachtet: Gemeinschaften von Migrantinnen und Migranten bewahren oder rekonstruieren im neuen Umfeld ihre eigenen Sets von Normen und Sanktionsmechanismen, und diese normativen Strukturen sind auf das staatliche Rechtssystem in verschiedenen Graden der Semi-Autonomie bezogen. Zum Beispiel hat in England[41] der Muslim Law (Sharia) Council (MLSC) Rechtsprechungsautorität und gerichtsähnliche

Funktionen innerhalb der muslimischen Gemeinschaft, indem er in familienrechtlichen Angelegenheiten berät, bei der Aushandlung von islamischen Eheverträgen behilflich ist und islamische Scheidungen ausspricht, zumal die zivile Scheidung nach Meinung des MLSC die islamische Ehe grundsätzlich nicht beendet. Die Antragstellenden müssen eine von zwei Zeugen bestätigte Erklärung abgeben, wonach sie die Entscheidungen des MLSC als bindend anerkennen.

Zwar kommt Recht nicht ohne die Garantie durch den Staat aus, doch Staat und Recht sind verschiedene soziale Entitäten.[42] Aus einer eng rechtswissenschaftlichen Perspektive bleibt dennoch die Einheit des Rechts als historisch kontingente dogmatische Konstruktion des modernen Nationalstaates unangetastet. Normen setzen ein «Wir» voraus, das die Fähigkeit besitzt oder besitzen soll, kulturelle und soziale Pluralität zu zentrieren. Eine Gesellschaft ist plural, soziale Kontexte sind vielfältig, Rechtsetzung hingegen ist staatliches Vorrecht, Recht ist, territorial begrenzt, gleichermassen auf alle anwendbar – so jedenfalls das vorherrschende Verständnis.

Doch selbst in Europa sind rechtspluralistische Konzeptionen im eng positivistisch-rechtlichen Sinne nicht inexistent. Ein Beispiel interpersonaler Spaltung der jüngeren Geschichte ist in Art. 20 lit. c der UN-Kinderrechtskonvention angelegt. Dieser sieht für die Betreuung elternloser Kinder neben der Adoption auch die *Kafala* des islamischen Rechts vor. Bei der Wahl zwischen verschiedenen Lösungen ist die ethnische, religiöse, kulturelle und sprachliche Herkunft des Kindes gebührend zu berücksichtigen. Diese Bestimmung nimmt Rücksicht auf die Tatsache, dass das islamische Recht ein Verbot der Adoption kennt. Das Ersatzinstitut, die *Kafala*, ist eine Art der Pflegekindschaft für Minderjährige, die auf einer Schutzzusage der Pflegeeltern beruht und die zwar kein Verwandtschaftsverhältnis, wohl aber eine Unterhalts- und Beistandsverpflichtung begründet. Spanien hat die Vorgabe der UN-Kinderrechtskonvention umgesetzt und mit der Reform des Minderjährigenschutzrechts 1996[43] der *Kafala* entsprechende Möglichkeiten des Kindesschutzes eingeführt.[44] Das spanische Recht kennt sodann auch die Option der islamisch-religiösen Eheschliessung.[45]

Die Einführung von Möglichkeiten einer kulturell bestimmten Auswahl von Rechtsinstituten wird allerdings die Ausnahme bleiben, da parallele, entkoppelte Gesetzgebung für verschiedene religiöse oder ethnische Gemeinschaften ebenso wie das Staatsangehörigkeitsprinzip der Integrationsdialektik entgegensteht.

V Integration durch Verfahren und Kommunikation

Die Suche nach zukunftsfähigen Techniken der Integration fremden Familienrechts ist meines Erachtens neu auszurichten – und dies im Gleichklang mit den Prozessen der Deinstitutionalisierung des Familienrechts und einer postmodernen Konzeption von Rechtspluralismus.[46] An Stelle des ordnungs- und institutsbezogenen Denkens muss eine prozessbezogene Sichtweise treten. Konkret geht es um die Schaffung von Räumen für die Aushandlung von Ergebnissen, die mit der kulturellen Identität – verstanden als ein zwar wirksames, aber keineswegs statisches Element menschlichen Daseins – in Einklang stehen. Es geht also um die Anerkennung «fremder» Rechtsdiskurse und deren Integration in das hiesige Familienrechtsverfahren, um die rechtsstaatliche Legitimation kulturell geprägter Entscheidungsprozesse.

Eine verfahrensfokussierte Perspektive ist in verschiedener Hinsicht attraktiv. Sie reflektiert die systemtheoretische Erkenntnis der Legitimation durch Verfahren:[47] Unterwerfen sich die Parteien bestimmten Verfahrensregeln und folgen sie dem kodifizierten Gang des Verfahrens, so kommt dies einer institutionalisierten Verbindlicherklärung des ungewissen Ausgangs gleich.

In diesem Kontext sind die kanadischen Bemühungen zu sehen, islamische Schiedsgerichte zu institutionalisieren. Die *Sharia*, verstanden als transnationales Recht,[48] sollte Grundlage einer institutionalisierten Form aussergerichtlicher Streitbeilegung sein, womit Musliminnen und Muslimen die Möglichkeit geboten würde, zivilrechtliche Rechtsstreitigkeiten auf ihrer Basis beurteilen zu lassen. Den rechtlichen Rahmen hätte der *Arbitration Act* von Ontario bilden sollen, wonach auch familienrechtliche Fragen der Schiedsgerichtsbarkeit zugeführt werden konnten.[49] Freilich sollte insbesondere zum Schutz der strukturell schwächeren Partei eine gerichtliche Überprüfung der Schiedssprüche stattfinden. Die Regierung des Bundesstaates Ontario hat nun allerdings, als Antwort auf zahlreiche Proteste, den *Arbitration Act* revidiert:[50] Entscheidungen von Schiedsgerichten in Anwendung religiösen Rechts haben nur noch unverbindlichen Charakter.

Verschiedene Aspekte islamischen Rechts begünstigen dessen Integration. Zum einen kommt im islamischen Recht dem Ehevertrag eine überragende Bedeutung zu, zumal Ehewirkungen und Scheidungsfolgen weitgehend der individuellen Vereinbarung überlassen sind.[51] Weiter unterliegen im islamischen Recht eheliche Auseinandersetzungen zunächst einem spezifischen Konfliktlösungsmodell. Die islamische Rechtswissenschaft hat ein differenziertes Stufenkonzept zur Konfliktbereinigung entwickelt, an welchem neben den Parteien zwei Schiedsrichter partizipieren, die bevorzugt aus den beiden Familien stammen. In modernen Rechtsordnungen hat auch das Scheidungsgericht eine spezifisch mediative Funktion.[52] Zahlreiche empirische Untersuchungen belegen, dass migrierte Musliminnen und Muslime dieses Schlichtungsverfahren auch im Zielland zur Anwendung bringen. Weil die Gemeinschaft die Autorität der Entscheidung älterer Familienmitglieder garantiert, kann auf eine Formalisierung, das heisst auf die staatliche Anerkennung, verzichtet werden.[53] Einerseits offenbaren sich hierin die Grenzen der Steuerungsfähigkeit des Rechts. Andererseits sind mit solchen, das staatliche Recht konkurrenzierenden normativen Ordnungen freilich zahlreiche Probleme verbunden, insbesondere solche der Rechtssicherheit. Die rechtliche Einbindung kultureller Praktiken, die Integration des sozial wirksamen islamischen Rechtsverständnisses in den europäischen Rechtskontext, ist auch unter integrationspolitischen Gesichtspunkten der Existenz parastaatlicher Strukturen vorzuziehen. Empirisch gibt es Belege dafür, dass insbesondere Frauen keine offizielle Anerkennung der Scharia in westlichen Ländern wünschen, es jedoch befürworten, wenn Familienkonflikte unter Beizug muslimischer Mediatoren angegangen werden, zumal ihre Position dadurch eine Stärkung erfährt.[54]

Die Integration fremder Rechtserwartungen und selbstbestimmter Konfliktlösungsverfahren ist familienrechtstheoretisch ohne weiteres zu fassen. Das Familienrecht der westlich-industrialisierten Länder erfährt seit Jahrzehnten einen Prozess der Deinstitutionalisierung beziehungsweise der Vertraglichung. Öffentliche Interessen vermögen heute kaum mehr gesetzliche Einschränkungen der Eheschliessung, Vorgaben zur Binnenstruktur der Beziehung und die Sanktionierung der Eheauflösung zu rechtfertigen. Das Familienrecht ist insbesondere um den Prozess der Trennung besorgt und idealerweise bestrebt, den Parteien dabei behilflich zu sein, den Gestaltungsspielraum kreativ und verantwortungsvoll zu nutzen.

Die Formalisierung aussergerichtlicher Konfliktbeilegung, die von handlungskompetenten Personen und anerkennungswürdigen pluralen normativen Erwartungen ausgeht, kann auch in einem weiteren Wandel verortet werden. GUNTHER TEUBNER beschreibt mit der linguistischen

Wende einen konzeptuellen Wandel von Struktur zu Prozess, von Norm zu Aktion, von Einheit zu Differenz, von Funktion zu Code; einen neuen Rechtspluralismus, der «nicht mehr als eine Menge konfligierender gesellschaftlicher Normen in einem gegebenen Feld definiert [ist], sondern als eine Vielfalt kommunikativer Prozesse, die gesellschaftliches Handeln über den Code Recht/Unrecht beobachten».[55] Damit erfolgt eine Orientierung an verschiedenen gleichgeordneten Rechtsdiskursen und an der transnationalen und transgenerationellen Kommunikation, die als dynamischer Prozess zu begreifen ist. Soziale Phänomene und Kommunikationspraktiken nehmen so teil an der Rechtsproduktion.

VI Grenzen kultureller Freiheit

Es ist allgemeine Erkenntnis, dass kulturelle Freiheit dort ihre Grenze findet, wo andere Menschenrechte tangiert sind. Im europäischen Kontext wird auf das Konzept des *Ordre public* zurückgegriffen,[56] um dem grundsätzlich anwendbaren fremden Recht oder einer ausländischen Entscheidung im Einzelfall und bei gegebenem Inlandsbezug die Legitimation zu versagen. Das zur Anwendung berufene ausländische Recht wird an den tragenden Prinzipien des hiesigen Rechts gemessen. Wenn die Rechtsfolgen einem unantastbaren Kernbereich der eigenen Rechtsordnung eklatant zuwiderlaufen, soll die Anwendung unterbleiben. Im Kontext des islamischen Familienrechts stellt sich also insbesondere die Frage, inwiefern die fremden kulturellen und religiösen Vorstellungen des Geschlechterverhältnisses[57] zu berücksichtigen sind. Das höchste Gericht der Schweiz hat beispielsweise entschieden, die Zuteilung der elterlichen Sorge allein nach Kriterien des Geschlechts der Eltern und des Alters des Kindes – und nicht nach der Kindeswohlmaxime – sei mit dem *Ordre public* nicht zu vereinbaren. Dies auch dann nicht, wenn keinerlei Anhaltspunkte dafür bestehen, dass im konkreten Fall durch die Zuteilung des Sorgerechts an den Vater – wie es das iranische Recht verlangt – das Kind gefährdet wäre.[58] Andererseits hat jüngst ein zweitinstanzliches Gericht die Anerkennungsfähigkeit eines marokkanischen Scheidungsurteils, das auf einer Verstossung beruht, bejaht, zumal die Ehefrau im konkreten Fall der Scheidung zugestimmt hatte.[59][60] Diese Beispiele machen zum einen deutlich, dass der anerkennungsrechtliche *Ordre public*[61] enger ist als derjenige, der zum Tragen kommt, wenn es um die Anwendung fremden

Rechts geht. Auch wenn die Polygamie[62] oder die Verstossungsscheidung[63] mit «unseren» Rechtsvorstellungen nicht vereinbar sind, so wurden sie im Heimatland wirksam vorgenommen. Und wenn zum Zeitpunkt der Vornahme keine Beziehung zum europäischen Aufenthaltsland bestand, käme die Nichtanerkennung der Sanktionierung der fremden Rechtsordnung gleich. Zudem entstünde ein unter dem Aspekt der Rechtssicherheit und Voraussehbarkeit sehr problematisches sogenanntes hinkendes Rechtsverhältnis. Damit ist auch die Einzelfallbezogenheit des *Ordre public* angesprochen: Nicht das ausländische Recht als solches bildet den Gegenstand der Prüfung, sondern das Ergebnis der Anwendung ausländischen Rechts im konkreten Einzelfall. Allerdings kann – wie der Entscheid über die Anwendung iranischen Sorgerechts zeigt – eine abstrakte Durchsetzung des Diskriminierungsverbots aufgrund des Geschlechts die Ergebnisbestimmtheit des *Ordre public* konkurrieren.[64, 65]

Dennoch ist das Konzept des *Ordre public* nationalstaatlicher Prägung aus mehreren Gründen ein schwieriges. Zwar will es vordergründig insbesondere die grundrechtlichen Positionen der benachteiligten Partei – das heisst der Frau – auch gegen die Wertungen des massgeblichen ausländischen Rechts schützen.[66] Doch zum einen bleibt die zunehmend begründungsbedürftige Fokussierung auf den Nationalstaat bestehen, und zum andern suggeriert es eine insbesondere im multikulturellen Kontext gerade nicht existierende Leitkultur. Die Nationalkultur kann nicht die Kultur einer dominanten Bevölkerungsgruppe sein, es muss vielmehr einen von allen geteilten Gehalt der Kultur geben, der als Ergebnis eines Dialogs zu betrachten ist.[67]

Es bleibt die Frage nach anderen Grenzziehungskonzepten kultureller Freiheit. Ein jenseits nationaler Grenzen liegender gesellschaftlicher Konsens ist insbesondere in völkerrechtlichen Vereinbarungen zu erblicken, welche im Zuge der Internationalisierung des Familienrechts an Bedeutung gewinnen. Zwar garantieren auch internationale Konventionen keinen überkulturellen Standpunkt, doch sie sind Ausdruck des Strebens nach einem geteilten Einvernehmen in verschiedenen menschenrechtsrelevanten Bereichen.[68] Die völkerrechtlichen Instrumente des Menschenrechtsschutzes können als internationaler Ordre public verstanden werden. Sie sind aber insbesondere genuin emanzipatorisch und garantieren die gleiche Würde jedes Menschen in einem multikulturellen Kontext.[69]

VII Thesen

Im Folgenden sollen die verschiedenen Gedankenstränge zu sechs Thesen zusammengeführt werden:

1. Im Kontext der Einwanderungsgesellschaft treffen divergierende rechtliche Konzepte und Vorstellungen von Familie und Gemeinschaft aufeinander, woraus sich für die familienrechtliche Theorie und Praxis Normen- und Kulturkonflikte ergeben können. Der positive Umgang mit Diversität unter gleichzeitiger Beachtung integrationspolitischer Ziele ist die eigentliche Herausforderung moderner Gesellschaften. Kulturelle Pluralität muss eine rechtliche Entsprechung finden, im Einzelfall auch als Anerkennung kultureller Differenz, mithin als integrative Ungleichbehandlung.[70] Dies ist allerdings nur möglich, wenn an Stelle unbestimmter Ängste und Abwehrmechanismen eine sachliche Diskussion um das Integrationspotenzial des Rechts tritt. Ein Rechtsangebot, das den pluralen Rechtsverständnissen ein Stück weit Rechnung trägt, aber wichtige Errungenschaften nicht zur Disposition stellt, setzt die Offenlegung der den Entscheiden zugrunde liegenden Wertungen voraus, die Auseinandersetzung mit kulturellen Imperativen und eine Zurückhaltung, wenn es darum geht, uns in ihrer Dynamik fremde Institutionen zu bewerten.
2. Das traditionelle Internationale Privatrecht nimmt eine räumliche Ordnungsvorstellung des Rechts als Ausgangspunkt. Eine solche vermag dem Anspruch auf kulturelle Identität allerdings nur ungenügend Rechnung zu tragen. Man muss nicht so weit gehen, den Postnationalismus als Identität der Zukunft zu sehen, um in Zeiten, in welchen die Vorstellung «in geschlossenen und gegeneinander abgrenzbaren Räumen von Nationalstaaten [...] zu leben und zu handeln»,[71] nicht mehr aufrecht zu erhalten ist, die Unzulänglichkeit kollisionsrechtlicher Verweisungen zu erkennen. Das Internationale Privatrecht suggeriert erratische Rechtsvorstellungen und wird transnationalen Prozessen nicht gerecht. Insbesondere der transnationale Charakter religiösen Rechts bleibt unberücksichtigt. Wenn die Spannungslage auf der kollisionsrechtlichen Ebene aber nicht zu lösen ist, bleibt nur eine sachrechtliche Integration fremder Rechtsvorstellungen, die zugleich zu einer einzelfallbezogenen Beurteilung führt.[72]
3. Eine rechtsethnologische Perspektive konstatiert eine Vielfalt gegeneinander abgegrenzter normativer Ordnungen, aber auch eine dyna-

mische Vielfalt von Operationen, in denen, um AMSTUTZ zu zitieren, «parallele Normsysteme unterschiedlicher Herkunft sich wechselseitig anregen, gegenseitig verbinden, ineinandergreifen und durchdringen, ohne zu einheitlichen Super-Ordnungen zu verschmelzen, die ihre Teile absorbieren, sondern in ihrem Nebeneinander als heterarchische Gebilde dauerhaft bestehen, kurzum: dass Rechtspluralismus eine Realität ist [...]»[73] Die Aufgabe der Rechtswissenschaft ist heute weniger darin zu sehen, durch Anerkennung oder Ablehnung uns fremde familienrechtliche Institute zu sanktionieren; vielmehr muss sie dazu beitragen, Regeln zu finden, die das Zusammenspiel rechtlicher Kulturen in einem pluralen Kontext erleichtern. Rechtspluralismus meint demnach im europäischen Kontext weniger die Koexistenz verschiedener rechtlicher Entitäten. Ausgangspunkt sind vielmehr die inneren Differenzierungen und Segmentierungen einer Gesellschaft: *Innerhalb und nicht dazwischen.*

4. Ein integrationsfähiges Recht ist ein offenes und multikulturelles Recht. Denn ein geschlossenes Mehrheitsrecht bewirkt den Rückzug der Minderheit. Zukunftsweisende Vorgehen liegen vor allem auf der Ebene des Verfahrens. Interkulturell und transgenerationell vermittelnde Verfahrensarten oder Interventionsformen, welche auf Autonomie, Kommunikation und Interaktion setzen, vermögen eher die Integrationsleistung zu vollbringen; eine Integrationsleistung, die im Zuge der Erosion von Staatlichkeit immer weniger über nationalstaatliche Bezüge zu leisten ist. Jedenfalls ist das Paradigma der von der Idee des Nationalstaates dominierten Rechtswelt[74] stark ins Wanken geraten. Rechtspluralismus in seiner normativen Dimension und seiner Offenheit ist ein zentrales Konzept, um das Verhältnis Recht und Gesellschaft neu zu bestimmen.

5. Gleichheit und kulturelle Vielfalt bedingen gleichermassen die rechtsstaatlich verfasste Struktur moderner Gesellschaften; sie sind im rechtlichen Entscheidungsgefüge im Wege praktischer Konkordanz zum Ausgleich zu bringen. Die Spannungsfelder im interkulturellen Familienrecht dürften aber durch die Konvergenz der rechtlichen Entwicklungen an Brisanz verlieren. Diese konvergenten Entwicklungen sind auf Familienrechtsharmonisierungen zurückzuführen, welche ihrerseits ein Ergebnis zum einen der Internationalisierung des Familienrechts und zum andern der gleichförmigen soziodemographischen Entwicklungen sind. So sind in zahlreichen islamischen Ländern trotz

der seit den 1970er-Jahren festgestellten Reislamisierungstendenzen Veränderungen hin zu einem sogenannten modernen Familienrecht eingeleitet worden.

6. Schliesslich weist die Auseinandersetzung um die rechtliche Anerkennung kultureller Identität weit über ihren Gegenstand hinaus. Identitäten werden durch Abgrenzung und Ausgrenzung konstituiert. Identität bedingt Alterität. Setzt man das Recht im Namen der Gerechtigkeit der Alterität aus, so bedeutet dies letztlich die Dekonstruktion positivistischen Rechtsdenkens.[75]

Anmerkungen

[1] Schriftliche, durch Fussnoten ergänzte Fassung eines an der Tagung der Volkswagen-Stiftung «Grenzen. Differenzen. Übergänge. Spannungsfelder inter- und transkultureller Kommunikation» in Dresden vom 14.–16. Juni 2006 gehaltenen Vortrages. Ich danke ganz herzlich meinen Assistenten cand. iur. Stefan Fink und cand. iur. Marco Frei für ihre Unterstützung.

[2] Eine Auseinandersetzung mit dem Begriff der Kultur kann und soll hier nicht geleistet werden. Kultur wird in diesem Zusammenhang verstanden als «ein komplexes Ganzes, welches Wissen und seine Anwendung, Glaubensvorstellungen, Kunst, Moral, Gesetze und Bräuche sowie all jene Fähigkeiten und Eigenschaften einschliesst, die sich Menschen als Mitglieder einer bestimmten Gesellschaft aneignen und wodurch sie sich von anderen Gruppierungen unterscheiden», so Kälin (2000, S. 21f.).

[3] Auf die Wirrungen rund um den Begriff der Globalisierung kann hier nicht eingegangen werden. Hinzuweisen ist aber auf die wichtige Präzisierung von Teubner (1996, S. 258f.), wonach die heute zu beobachtende Globalisierung «nicht die von der internationalen Politik allmählich gestaltete Weltgesellschaft [ist], sondern ein höchst widersprüchlicher, durch und durch fragmentierter Vorgang der Globalisierung, der von einzelnen Teilsystemen der Gesellschaft in unterschiedlicher Geschwindigkeit vorangetrieben wird».

[4] Die kulturelle Identität ist zunächst dem völkerrechtlichen Minderheitenschutz zuzurechnen.

[5] Vgl. Art. 8 Abs. 1 EMRK; Art. 29 Abs. 1 lit. c und 30 UN-KRK (20.11.1989); Art. 5 Abs. 1 Rahmenkonvention des Europarates zum Schutz nationaler Minderheiten (01.11.1995). Weitere Anhaltspunkte enthalten Art. 7, 8 und 21 lit. b UN-KRK; Art. 22 Charta der Grundrechte der EU (07.12.2000); mittelbar auch Art. 9 Abs. 1 EMRK; vgl. zu all diesen Grundlagen Mankowski (2004, S. 283); weitere Ausführungen zu kultureller Identität als (Menschen-)Recht enthalten auch Jayme (2003, S. 6f.); Ende (1998, S. 244f.); Looschelders (2001, S. 469); von Hoffmann/Thorn (2005, § 2 N 57) und Henrich (2004, S. 321). Auch der englische Children Act (1989) ist der kulturellen Identität verpflichtet, vgl. Art. 22 (5) (c).

[6] «Allgemeine Erklärung zur kulturellen Vielfalt» der UNESCO-Generalversammlung vom 02.11.2001, insbesondere Art. 4ff.

[7] Vgl. zu diesem Sachverhalt und der Situation in Europa Nielsen (1995).

[8] Man spricht in diesem Zusammenhang auch von Reethnisierung. Vgl. auch Foblets (2000, S. 11ff.).

[9] Wie die internationalen Gerichtshöfe oder die Welthandelsorganisation. Vgl. zur Transnationalisierung des Rechts Röhl (1996, S. 7ff.); Randeria (2005, S. 161ff.).

[10] Teubner (2000, S. 247).

[11] Vgl. dazu D`Onofrio (2005, S. 373ff.).
[12] Haltern (2003, S.15).
[13] Jayme (1996, S. 237); Jayme (2003, S. 6f.); Looschelders (2001, S. 468f.); von Hoffmann/Thorn (2005, § 1 N 14).
[14] Vgl. Jayme (2003, S. 9f.).
[15] Nach wie vor für das Staatsangehörigkeitsprinzip plädierend Jayme (2003, S. 11), welcher aber neuerdings festhält, dass das Staatsangehörigkeitsprinzip in den «Geruch der Diskriminierung» gerät; vgl. Jayme (2003a, S. 224); Kegel/Schurig (2004, S. 446 f.). Differenzierend insbesondere Mansel (2003, S. 119ff.). Kritisch insbesondere Basedow (2001, S. 414f.); Siehr (2001, S. 91); Henrich (2001, S. 443 ff); Henrich (2004, S. 323). Ablehnend insbesondere Kropholler (2004, S. 267 ff.). Allgemein in Bezug auf Europa vgl. auch Foblets (1999, S. 32ff.). In Bezug auf die Schweiz vgl. Botschaft zum Bundesgesetz über das Internationale Privatrecht vom 10.11.1982, BBl 1983 I 312, 315ff.
[16] Niederlassungsabkommen zwischen der Schweizerischen Eidgenossenschaft und dem Kaiserreich Persien vom 25.04.1934 (SR 0.142.114.362). Ein entsprechendes Abkommen gibt es auch zwischen dem Iran und Deutschland: Niederlassungsabkommen zwischen dem Deutschen Reich und dem Kaiserreich Persien vom 17.02.1929; vgl. dazu auch Jones (1996, S. 322).
[17] Art. 8 Abs. 3 des Niederlassungsabkommens lautet: «In Bezug auf das Personen-, Familien- und Erbrecht bleiben die Angehörigen jedes der hohen vertragsschliessenden Teile im Gebiete des andern Teils den Vorschriften ihrer Heimatgesetzgebung unterworfen. Es kann von der Anwendung dieser Gesetze durch den andern Teil nur in besonderen Fällen und insofern abgewichen werden, als dies allgemein gegenüber jedem andern fremden Staat geschieht.»
[18] Vgl. ausführlich zur Entwicklung in Deutschland Henrich (2001, S. 437ff.). Zur Entwicklung in anderen europäischen Ländern unter dem Stichwort *«choice of better law»* Foblets (2000, S. 11ff.). Insbesondere das neuere staatsvertragliche Kollisionsrecht verzichtet weitgehend auf die Staatsangehörigkeit als Anknüpfungspunkt. Internationale Übereinkommen greifen überwiegend auf den gewöhnlichen Aufenthalt als Anknüpfungspunkt zurück; vgl. Henrich (2001, S. 444 und 449). Grund dafür ist nicht zuletzt die Europäisierung des Rechts. Die Rechte der Mitgliedstaaten der Europäischen Union gleichen sich auch im Bereich des Personen- und Familienrechts an, weshalb die identitätsstiftende Bindung an die heimische Rechtsordnung immer schwächer wird.
[19] Vgl. von Hoffmann/Thorn (2005, § 5 N 10ff.); zum Demokratieargument Mansel (2003, S. 135ff.).
[20] Vgl. Mankowski (2004, S. 284).
[21] Die in verschiedenen Konventionen besonders geschützt werden, vgl. Art. 30 UN-KRK und Art. 5 Abs. 1 der Europarats-Rahmenkonvention über den Wert des Kulturerbes für die Gesellschaft (27.10.2005).
[22] Vgl. Mankowski (2004, S. 286).
[23] Foblets (2000, S. 17ff.) hat in einer empirischen Untersuchung marokkanische Frauen in Belgien befragt. Die grosse Mehrheit von ihnen reklamiert Schutz ihrer Position unter belgischem Recht.
[24] Vgl. Mankowski (2004, S. 285).
[25] Vgl. Looschelders (2001, S. 470f.). Das ist mithin ein Grund, weshalb das Eltern-Kind-Verhältnis dem Recht am gewöhnlichen Aufenthalt des Kindes unterstellt ist; Art. 1 und 2 MSA (05.10.1961).
[26] Vgl. auch Foblets (2000, S. 19).
[27] Zum Beispiel kennt die Schweiz ein strenges, durch lange Fristen gekennzeichnetes Einbürgerungsrecht; vgl. dazu z.B. Jaag (2005, S. 113ff.). Deshalb sagt die fehlende Schweizer Staatsangehörigkeit nicht zwingend etwas über die Integration bzw. kulturelle Prägung eines Menschen aus.

28 In dieser Hinsicht entspricht die Rechtslage in der Schweiz derjenigen des anglo-amerikanischen Rechtskreises. Vgl. Schwander (2002, S. 409). Danach ist in der Schweiz ausländisches Recht seltener anwendbar als in anderen europäischen Staaten. Nach Art. 61 Abs. 2 IPRG wird für den Fall, dass beide Ehepartner Ausländer von gleicher Nationalität sind und nur einer seinen Wohnsitz in der Schweiz hat, das gemeinsame Heimatrecht bei Trennung und Scheidung angewandt. Diese alternative Staatsangehörigkeitsanknüpfung wird aber nur selten vorgenommen.

29 Diese Bestimmung kommt nur selten zum Zug; vgl. Girsberger/Heini/Keller u.a. (Hrsg.), Zürcher Kommentar, Girsberger/Keller, Art. 15 IPRG, N 16e; Honsell/Vogt/Schnyder (Hrsg.), Kommentar, Mächler-Erne, Art. 15 IPRG, N 16.

30 Vgl. zum österreichischen Recht Schmied (1999, S. 94ff.); vgl. auch Foblets (2000, S. 21ff.); von Hoffmann/Thorn (2005, § 2 N 47f.); von Bar/Mankowski (2003, § 6 N 86f.); zur Geschichte des *better law approach* vgl. auch Kegel/Schurig (2004, S. 200).

31 Vgl. auch Foblets (1999, S. 37).

32 Vgl. Foblets (2000, S. 24f.). Ein Plädoyer für die Rechtswahl hält Basedow (2001, S. 413).

33 Man spricht von der sogenannten zweistufigen Theorie des Internationalen Privatrechts; vgl. zum Beispiel Jayme (2003b, S. 84f.); Schulze (2003, S. 161f.); von Hoffmann/Thorn (2005, § 1 N 129).

34 Vgl. das Urteil des BGH (Bundesgerichtshofs) vom 26.05.1982, IPRax 1983, S. 180 und 184, in welchem das Gericht entschied, dass im Rahmen eines Versorgungsausgleichsanspruchs in Folge einer Scheidung zwischen einem französischen Ehemann und einer deutschen Ehefrau (zuvor Französin) berücksichtigt werden kann (im Rahmen von § 1587 c Nr. 1 BGB – Bürgerliches Gesetzbuch), dass der ausgleichsberechtigte Ehegatte die deutsche Staatsangehörigkeit, welche ihm den Ausgleichsanspruch zugesteht, erst kurze Zeit vor der Entscheidung über den Anspruch erhalten hat. Dabei kann auch eine wichtige Rolle spielen, inwiefern nach der kollisionsrechtlich verdrängten Rechtsordnung (im konkreten Fall das französische Recht) ebenfalls ein Unterhalts- oder Versorgungsanspruch bestanden hätte.

35 Vgl. Schulze (2003, S. 157); von Hoffmann/Thorn (2005, § 1 N 129 und § 2 N 44); Henrich (2004, S. 325); von Bar/Mankowski (2003, § 6 N 89f.); Kegel/Schurig (2004, S. 59f.); kritisch Veit (2002, S. 411f.).

36 Vgl. Schulze (2003, S. 159), mit Verweis auf des Beschluss des OGH (Obersten Gerichtshofes) vom 08.02.1995, IPRax 1997, S. 266.

37 Vgl. zur Bedeutung der Morgengabe nach islamischem Recht Büchler (2003, S. 31f.); Wurmnest (2005, S. 1878ff.); Scholz (2002, S. 330ff.); Rohe (2000, S. 167); Rieck (2000, S. 75ff.); Siehr (2001, S. 434); von Hoffmann/Thorn (2005, § 6 N 9).

38 Dies kann auch aus anderen Bestimmungen gefolgert werden; vgl. Art. 7 und 8 UN-KRK (UN-Kinderrechtskonvention). Auch Art. 20 lit. c UN-KRK, welcher bei elternlosen islamischen Kindern dem Grundsatz nach nicht die Adoption, sondern die *Kafala* als Rechtsinstitut anwendbar erklärt; vgl. m.w.H. Jayme (2003a, S. 217f.); bzgl. der *Kafala* vgl. auch Menhofer (1997, S. 168ff.); Jayme (1997, S. 234); Jayme (1996, S. 242f.); Henrich (2004, S. 326).

39 Vgl. Jayme (1996, S. 238).

40 Vgl. Ende (1998, S. 246f.). Weitergehend können mithin ausländische Rechtsinstitute in innerstaatliches Sachrecht transformiert werden; das heisst, dass das ausländische Recht zwar keine unmittelbare Anwendung, die entsprechenden Rechtswirkungen eines Rechtsinstituts aber aufgrund funktionaler Gleichheit in einem solchen des Aufenthaltsstaates eine Parallele finden.

41 In England, wo Migrantinnen und Migranten dem Recht des Aufenthaltsstaates unterworfen sind, existiert das islamische Recht als inoffizielles Recht mit entsprechenden Gerichten weiter und bestimmt das Familienleben der muslimischen Eingewanderten weitgehend,

wobei das Islamische Recht im neuen Umfeld unter Berücksichtigung der spezifischen Bedürfnisse rekonstruiert wird (durch *Ijtihad*, die Auslegung nach freiem Ermessen). Vgl. Yilmaz (2003, S. 117ff.); Pearl (1999, S. 111ff.); Project Group Legal Pluralism, Max Planck Institute for Social Anthropology, Outline of Research Programme Project Group «Legal Pluralism», Halle/Saale, April 2002.

[42] Krawietz (1993, S. 83).

[43] Art. 173bis Código Civil: «Die Aufnahme in eine Familie kann, je nach ihrem Zweck, auf folgende Art und Weise erfolgen:
1. Einfache Aufnahme in die Familie. Diese hat nur vorübergehenden Charakter; sei es, dass angesichts der Situation des Minderjährigen die Wiedereingliederung in seine eigene Familie abzusehen ist, sei es, bis eine dauerhafte Schutzmassnahme getroffen wird.
2. Aufnahme in eine Familie auf Dauer, wenn dies das Alter oder andere Umstände des Minderjährigen und seiner Familie nahelegen und sich die Jugendschutzbehörden hierfür aussprechen. In diesem Fall kann die Verwaltungsbehörde beim Richter beantragen, den Aufnehmenden diejenigen vormundschaftlichen Befugnisse zu übertragen, die die Erfüllung ihrer Verpflichtung erleichtern, wobei stets das Interesse des Minderjährigen Vorrang haben soll.
3. Aufnahme in eine Familie zur Vorbereitung der Adoption. Diese wird durch die Verwaltungsbehörde vorgenommen, wenn sie auf Vorschlag der Jugendschutzbehörde die Adoption des Minderjährigen beim Gericht beantragt und die Aufnehmenden die Voraussetzungen für eine Adoption erfüllen, hierfür ausgewählt worden sind, bei der Verwaltungsbehörde ihr Einverständnis mit einer Adoption erklärt haben und sich der Minderjährige in einer für die Adoption geeigneten rechtlichen Lage befindet.

Ferner kann die Verwaltungsbehörde die Aufnahme in eine Familie zur Vorbereitung der Adoption vornehmen, wenn sie es vor Stellung des Antrags auf Adoption für erforderlich hält, einen Zeitraum für die Anpassung des Minderjährigen an die Familie festzusetzen. Dieser Zeitraum soll möglichst kurz sein und darf ein Jahr nicht überschreiten.» Vgl. dazu Bergmann/Ferid/Henrich, Teil: Spanien, S. 27 und 55.

[44] Nach dem Übereinkommen über die Zuständigkeit der Behörden und das anzuwendende Recht auf dem Gebiet des Schutzes von Minderjährigen (MSA) können Kindesschutzmassnahmen nur nach dem Recht des Aufenthaltsstaates begründet werden. Vgl. zur Bedeutung des Art. 20 UN-KRK auch Jayme (2003, S. 7ff.); zur *Kafala* vgl. auch Menhofer (1997, S. 168ff.); Jayme (1997, S. 234); Jayme (1996, S. 242f.); Henrich (2004, S. 326).

[45] Art. 59 Código Civil, vgl. dazu Bergmann/Ferid/Henrich, Teil: Spanien, S. 24 und 37, wobei die religiöse Eheschliessung, sofern sie zugelassen ist, bürgerlich-rechtliche Wirkungen entfaltet.

[46] Teubner beschreibt den neuen Pluralismus wie folgt: «Dieser neue Rechtspluralismus [...] stellt einen beachtlichen Fortschritt dar, wenn man ihn mit der älteren legalistischen Sicht des Rechtspluralismus vergleicht, die das Problem mehrerer Normenordnungen bloss in der Anerkennung untergeordneter regionaler oder korporativer Ordnungen durch das offizielle Recht sieht. In der Tat, man überwindet damit hierarchische Konzeptionen des Rechtspluralismus, die dahin tendieren, Rechtsebenen mit der Gesellschaftsstratifikation zu identifizieren und dabei Rechtsphänomene ausserhalb dieser Hierarchie zu ignorieren. Gleichzeitig befreit er sich vom Erbe des traditionellen Institutionalismus, der den sozialen Ort des Rechtspluralismus in formal strukturierten Institutionen, Unternehmen und Organisationen reifizierte. Der ‹neue› Rechtspluralismus ist nicht-legalistisch, nicht-hierarchisch und nicht-institutionell. Sein Thema heisst: dynamische Wechselwirkungen in einer Vielzahl von Normordnungen innerhalb eines gesellschaftlichen Feldes.» Teubner (1995, S. 198).

[47] Luhmann (1969).

48 Vgl. zu dieser Einordnung Schroeder (2006, S. 77f.). Die *Sharia* ist rechtsordnungsübergreifend. Es ist eher eine Methode der Entscheidfindung, weil kein abgeschlossenes Rechtssystem vorliegt. Die *Sharia* beruft sich auf einen religiösen Geltungsgrund und will in allen Lebensbereichen angewendet werden. Die Ausprägungen sind aber dennoch sehr national.

49 Ziel ist es, die organisatorischen und rechtlichen Rahmenbedingungen zu schaffen, um unter dem *Arbitration Act* von Ontario ein religiöses Gericht nach dem traditionell-islamischen Vorbild einzurichten; vgl. dazu Schroeder (2006, S. 78ff.).

50 Mit dem *Family Statute Law Amendment Act* 2005; vgl. dazu Schroeder (2006, S. 80).

51 Vgl. ausführlich Rieck (2000, S. 69ff.).

52 Vgl. ausführlich Schmied (1999, S. 147ff.).

53 Schmied (1999, S. 155ff.).

54 Vgl. Shah-Kazemi (2001).

55 Teubner (1995, S. 200f.).

56 Schweiz: Art. 17 IPRG; vgl. dazu unter anderem Girsberger/Heini/Keller u.a. (Hrsg.), Zürcher Kommentar, Vischer, Art. 17 IPRG, N 1 ff.; Honsell/Vogt/Schnyder (Hrsg.), Kommentar, Mächler-Erne, Art. 17 IPRG, N 1 ff.; Deutschland: Art. 6 EGBGB (Einführungsgesetz zum Bürgerlichen Gesetzbuch); vgl. dazu unter anderem Frick (2005); Scholz (2002, S. 323ff.).

57 Dabei darf allerdings nicht vergessen werden, dass die hiesigen aktuellen, verfassungsrechtlich verankerten Gleichheitsvorstellungen jüngeren Datums sind und insbesondere die Rechtswirklichkeit noch stark geschlechterspezifische Funktionszuweisungen kennt.

58 BGE (Bundesgerichtsentscheid) 129 III 250ff.

59 Cour suprême du Canton BE, FamPra.ch 2006, 410ff. Anders noch BGE 88 I 48 und BGE 102 Ia 574.

60 Zur Anwendung des *Ordre public* in Deutschland vgl. Rohe (2000, S. 164 ff.); Scholz (2002, S. 326ff.).

61 Art. 27 IPRG.

62 Vgl. Scholz (2002, S. 332f.); Rohe (2000, S. 166); vgl. auch Frick (2005, S. 98ff.). Selbst wenn islamisches Recht die Polygamie über Art. 44 Abs. 2 IPRG in der Schweiz zuliesse, muss diese jedoch aufgrund von Art. 96 ZGB (Zivilgesetzbuch) als *loi d'application immédiate* i.S.v. Art. 18 IPRG verweigert werden; Schwander (2002, S. 415).

63 Vgl. zum Begriff der Verstossung Abu-Sahlieh (1983, S. 195); Frick (2005, S. 118ff.).

64 Vgl. Schwander (2002, S. 412); Looschelders (2001, S. 487); Henrich (2004, S. 322); Grimm (2001, S. 24).

65 Der *Ordre public* ist nicht nur sachlich, sondern auch örtlich und zeitlich relativ. Örtliche Relativität meint, je geringer der Inlandbezug ist, desto bedeutender müssen die verletzten inländischen Rechtsgrundsätze sein. In zeitlicher Hinsicht wird hingegen der Gegenwartsbezug verlangt; vgl. dazu Frick (2005, S. 33ff.). Henrich hält fest, dass stets abzuwägen ist zwischen dem Respekt vor fremder kultureller Identität gegenüber staatlichen Ordnungsinteressen und anderen als höherrangig empfundenen Werten; Henrich (2004, S. 324).

66 Looschelders (2001, S. 472f.).

67 Vgl. dazu auch Randeria (2004, S. 155ff.).

68 Die Konvention zum Schutze der Menschenrechte und Grundfreiheiten vom 04.11.1950; die Konvention über die Beseitigung jeder Form von Diskriminierung der Frau vom 18.12.1979; International Covenant on Civil and Political Rights of 16 December 1966.

69 Vgl. Helbling (2001, S. 327).

70 Vgl. Schulze (2003, S. 174f.). Vgl. seinen Vorschlag für eine Norm, S. 177: «Das kulturelle Selbstverständnis, die Sprache, Herkunft, Religion und Weltanschauung der Beteiligten sind im Rechtsverkehr angemessen zu berücksichtigen.»

71 Beck (2001, S. 44).

[72] So Schulze (2003, S. 162).

[73] Amstutz (2003, S. 213).

[74] Gemäss Teubner ein Tabu, vgl. Teubner (1996, S. 266); vgl. dazu auch Röhl (2005, S.1164 f.).

[75] Vgl. Teubner (2000, S. 256): «Das Recht der Alterität auszusetzen scheint heute der befreiende Ausweg aus den Lähmungserscheinungen der dekonstruktiven Bewegung zu sein, den – mit den Direktiven von Jacques Derrida und Emmanuel Lévinas ausgerüstet – in der Tat eine Reihe postmoderner Rechtstheoretiker beschreiten. Die unmittelbare Erfahrung der Forderungen des ‹Anderen›, die nicht sprachlich vermittelte, nicht kommunizierte Wahrnehmung seiner Existenz, die Erfahrung der unendlichen Einzigartigkeit der Alterität ist der Ausgangspunkt für ein Doppeltes: für die Dekonstruktion des positiven Rechts, das diesen Anforderungen nicht genügen kann, und für das Insistieren auf Gerechtigkeit, die das positive Recht mit diesen Anforderungen auf Dauer herausfordert.»

Literatur

ALDEEB ABU-SAHLIEH, SAMI (1983): Heirat zwischen Schweizern und Angehörigen islamischer Staaten. *Zeitschrift für Zivilstandswesen, Bd.51*: S. 193.

AMSTUTZ, MARC (2003): Zwischenwelten. Zur Emergenz einer interlegalen Rechtsmethodik im europäischen Privatrecht. In: TEUBNER/JOERGES (Hrsg.): Rechtsverfassungsrecht, Recht-Fertigung zwischen Sozialtheorie und Privatrechtsdogmatik. Baden-Baden, S. 213.

VON BAR, CHRISTIAN / MANKOWSKI, PETER (2003): Internationales Privatrecht. 2. Aufl., München.

BASEDOW, JÜRGEN (2001): Das Internationale Privatrecht in den Zeiten der Globalisierung. In: FS Stoll, Tübingen, S. 405.

BECK, ULRICH (2001): Was ist Globalisierung? Irrtümer des Globalismus, Antworten auf Globalisierung. 6. Aufl., Frankfurt a.M.

BERGMANN, ALEXANDER / FERID, MURAD / HENRICH (1983FF): Internationales Ehe- und Kindschaftsrecht. Loseblattsammlung. Frankfurt a. M./Berlin.

BÜCHLER, ANDREA (2003): Das islamische Familienrecht. Eine Annäherung: unter besonderer Berücksichtigung des Verhältnisses des klassischen islamischen Rechts zum geltenden ägyptischen Recht. Bern.

D'ONOFRIO, EVE (2005): Child Brides, Inegalitarism, and the fundamentalist polygamous family in the United States. *International Journal of Law, Policy and the Family* 2005, Bd.19, S. 373.

ENDE, MONIKA (1998): Kulturelle Identität als notwendige Ergänzung des gemein-schaftsrechtlichen Gleichheitssatzes – Die UN-Kinderrechtskonvention im Kontext der Unionsbürgschaft, *Praxis des Internationalen Privat- und Verfahrensrechts (IPrax)*, 244 f.

FOBLETS, MARIE CLAIRE (1999): Conflicts of Law in Cross-Cultural Family Disputes in Europe Today. Who will Reorient Conflicts Law? In: FOBLETS/STRIJBOSCH (Hrsg.): Relations familiales interculturelles/Cross cultural family relations. Oñati, Vol.8, S. 27.

FOBLETS, MARIE CLAIRE (2000): Migrant Women caught between Islamic Family Law and Women's Rights. The Search for the Appropriate ‹Connecting Factor› in International Family Law, Maastricht. *Journal of European and Comparative Law*, Vol. 7: S. 11.

FRICK, CHRISTINA (2005) : Ordre public und Parteiautonomie. Der Verzicht auf das Eingreifen des ordre public, dargestellt anhand des deutschen Internationalen Familien- und Erbrechts, Diss. Hamburg.

GIRSBERGER, DANIEL / HEINI, ANTON / KELLER, MAX u.a. (Hrsg.) (2004): Zürcher Kommentar zum IPRG: Kommentar zum Bundesgesetz über das Internationale Privatrecht (IPRG) vom 18.12.1987. 2. Aufl. Zürich.

GRIMM, DIETER (2001): Die Verfassung und die Politik: Einsprüche in Störfällen. München.

HALTERN, ULRICH (2003): Recht als kulturelle Existenz, in: JAYME (Hrsg.): Kulturelle Identität und Internationales Privatrecht, Heidelberg, S. 15.

HELBLING, GIANFRANCO (2001): Das völkerrechtliche Verbot der Geschlechterdiskriminierung in einem plurikulturellen Kontext. Das Beispiel des Schutzes der Menschenrechte muslimischer Frauen in westlichen Ländern. Diss. Zürich.

HENRICH, DIETER (2004): Parteiautonomie, Privatautonomie und kulturelle Identität, in: FS Jayme, München. S. 321.

HENRICH, DIETER (2001): Abschied vom Staatsangehörigkeitsprinzip?, in: FS Stoll. Tübingen, S. 437.

VON HOFFMANN, BERND / THORN, KARSTEN (2005): Internationales Privatrecht. 8. Aufl., München.

HONSELL, HEINRICH / VOGT, NEDIM PETER / SCHNYDER, ANTON K. (HRSG.) (1996): Kommentar zum Schweizerischen Privatrecht, Internationales Privatrecht. Basel.

JAAG, TOBIAS (2005): Aktuelle Entwicklung im Einbürgerungsrecht. *Schweizerisches Zentralblatt für Staats- und Verwaltungsrecht (ZBl)*, S. 113.

JAYME, ERIK (1996): Kulturelle Identität und Kindeswohl im internationalen Kindschaftsrecht, *Praxis des Internationalen Privat- und Verfahrensrechts (IPrax)*, S. 237.

JAYME, ERIK (1997): Internationales Privatrecht und postmoderne Kultur. *Zeitschrift für Rechtsvergleichung, internationales Privatrecht und Europarecht (ZfRV)*, S. 230.

JAYME, ERIK (2003): Kulturelle Identität und Internationales Privatrecht, in: JAYME (Hrsg.): Kulturelle Identität und Internationales Privatrecht. Heidelberg, S. 5.

JAYME, ERIK (2003A): Die kulturelle Dimension des Rechts – ihre Bedeutung für das Internationale Privatrecht und die Rechtsvergleichung. *Rabels Zeitschrift für ausländisches und internationales Privatrecht (RabelsZ)*, 67, S. 211.

JAYME, ERIK (2003B): Internationales Privatrecht und Völkerrecht, Studien – Vorträge – Berichte, Heidelberg.

JONES, CHRIS (1996): Die Anwendung des islamischen Rechts in der Bundesrepublik Deutschland, *Deutsche Richterzeitung (DriZ)*, S. 322.

KÄLIN, WALTER (2000): Grundrechte im Kulturkonflikt. Zürich.

KEGEL, GERHARD / SCHURIG, KLAUS (2004): Internationales Privatrecht. 9. Aufl., München.

KRAWIETZ, WERNER (1993): Recht ohne Staat? Spielregeln des Rechts und Rechtssystem in normen- und systemtheoretischer Perspektive. *Rechtstheorie*, S. 81.

KROPHOLLER, JAN (2004): Internationales Privatrecht. 5. Aufl., Tübingen, S. 267 ff.

LOOSCHELDERS, DIRK (2001): Die Ausstrahlung der Grund- und Menschenrechte auf das Internationale Privatrecht. *RabelsZ* 65, S. 463.

LUHMANN, NIKLAS (1983): Legitimation durch Verfahren. Frankfurt a. M. (Erste Auflage 1969).

MANKOWSKI, PETER (2004): Kulturelle Identität und Internationales Privatrecht. *Praxis des Internationalen Privat- und Verfahrensrechts (IPrax)*, S. 282.

MANSEL, HEINZ-PETER (2003): Das Staatsangehörigkeitsprinzip im deutschen und gemeinschaftlichen Internationalen Privatrecht: Schutz der kulturellen Identität oder Diskriminierung der Person? In: JAYME (Hrsg.): Kulturelle Identität und Internationales Privatrecht. Heidelberg, S. 119.

MENHOFER, BRUNO (1997): Zur Kafala des marokkanischen Rechts vor deutschen Gerichten. *Praxis des Internationalen Privat- und Verfahrensrechts (IPrax)*, S. 168 ff.

NIELSEN, JØRGEN S. (1995): Islam in Westeuropa. Hamburg.

PEARL, DAVID (1999): Islamic family law and its reception by the courts in the west: the English experience. In: V. BAR (Hrsg.): Islamic Law and its Reception by the Courts in the West, Congress from 23 to 24 October 1998, Köln/Berlin/Bonn/München, S. 111.

RANDERIA, SHALINI (2004): Verwobene und ungleiche Moderne: Zivilgesellschaft, Kastensolidaritäten und Rechtspluralismus im postkolonialen Indien. In: RANDERIA, SHALINI / FUCHS, MARTIN / LINKENBACH, ANTJE (Hrsg.): Konfigurationen der Moderne: Diskurse zu Indien, Sonderheft der «Sozialen Welt». München, S. 155.

RANDERIA, SHALINI (2005): Transnationalisierung des Rechts. Zur Rolle zivilgesellschaftlicher Akteure. In: Global Marshall Plan Initiative (Hrsg.), Impulse für eine Welt in Balance, Hamburg, S. 161.

RIECK, JÜRGEN (2000): Die Rolle des Islams bei Eheverträgen mit einem nichtmoslemischen Ehepartner. *Leipziger Beiträge zur Orientforschung*, Heft 9: Beiträge zum Islamischen Recht, S. 69.

ROHE, MATHIAS (2000): Rechtsfragen bei Eheschliessungen mit muslimischen Beteiligten. *Das Standesamt (StAZ)*, S. 161.

RÖHL, KLAUS F. (1996): Die Rolle des Rechts im Prozess der Globalisierung. *Zeitschrift für Rechtssoziologie*, S. 1.

RÖHL, KLAUS F. (2005): Auflösung des Rechts, in: FS Heldrich, München, S. 1161.

SCHMIED, MARTINA (1999): Familienkonflikte zwischen Scharia und Bürgerlichem Recht. Frankfurt a.M., S. 94.

SCHOLZ, PETER (2002): Islam-rechtliche Eheschliessungen und deutscher ordre public. *Das Standesamt (StAZ)*, S. 321.

SCHROEDER, HANS-PATRICK (2006): Die Anwendung der Sharia als materielles Recht im kanadischen Schiedsverfahrensrecht. *Praxis des Internationalen Privat- und Verfahrensrechts (IPrax)*, S. 77.

SCHULZE, GÖTZ (2003): Datum-Theorie und narrative Norm – Zu einem Privatrecht für die multikulturelle Gesellschaft, in: JAYME (Hrsg.): Kulturelle Identität und Internationales Privatrecht. Heidelberg, S. 155.

SCHWANDER, IVO (2002): Die Anwendung und Anerkennung islamischen Rechts im Internationalen Privat- und Zivilprozessrecht der Schweiz, in: PAHUD DE MORTANGES (Hrsg.): Muslime und schweizerische Rechtsordnung. Freiburg, S. 403.

SHAH-KAZEMI, SONIA NURIN (2001): Untying the Knot. Muslim Women, Divorce and the Shariah. London.

SIEHR, KURT (2001): Internationales Privatrecht. Heidelberg, S. 91.

TEUBNER, GUNTHER (1995): Die zwei Gesichter des Janus: Rechtspluralismus in der Spätmoderne. In: FS Esser. Karlsruhe, S. 191.

TEUBNER, GUNTHER (1996): Globale Bukowina. Zur Emergenz eines transnationalen Rechtspluralismus. *Rechtshistorisches Journal*, S. 255.

TEUBNER, GUNTHER (2000): Des Königs viele Leiber: Die Selbstdekonstruktion der Hierarchie des Rechts, in: BRUNKHORST (Hrsg.): Globalisierung und Demokratie: Wirtschaft, Recht, Medien. Frankfurt a. M., S. 240.

VEIT, BARBARA (2002): Eltern-Kind-Konflikt in ausländischen Familien. *Recht der Jugend und des Bildungswesens (RdJB)*, S. 405.

WURMNEST, WOLFGANG (2005): Die Brautgabe im Bürgerlichen Recht. *Zeitschrift für das gesamte Familienrecht (FamRZ)*, S. 1878.

YILMAZ, IHSAN (2003): Muslim Alternative Dispute Resolution and Neo-Ijtihad in England, Alternatives. *Turkish Journal of International Relations*, S. 117.

Autorinnen und Autoren

Sadik Al-Azm ist Professor Emeritus für Moderne Europäische Philosophie an der Universität Damaskus. Zu seinen Spezialgebieten zählt unter anderem die Philosophie von Immanuel Kant. Der Schwerpunkt späterer Arbeiten liegt vor allem aber auf der islamischen Welt und ihrer Beziehung zum Westen. Sadik Al-Azm leistete einen bedeutenden kritischen Beitrag zum Diskurs des «Orientalismus».
Veröffentlichungen u.a.: *The Origins of Kant's Arguments in the Antinomies*, Oxford: Clarendon/Oxford University Press, 1972; *Unbehagen in der Moderne – Aufklärung im Islam*, Frankfurt a.M.: Fischer, 1993; *Islam und säkularer Humanismus*, Tübingen: Mohr Siebeck, 2005.

Gadi Algazi ist Professor für Geschichte an der Universität Tel Aviv. Er verweigerte 1979 (als erster «Refusnik») den Wehrdienst in den besetzten Gebieten und ist Mitbegründer der jüdisch-arabischen Initiative Taayush.
Veröffentlichungen u.a.: *Herrengewalt und Gewalt der Herren im späten Mittelalter: Herrschaft, Gegenseitigkeit und Sprachgebrauch*, Frankfurt a.M./New York: Campus, 1996; *Negotiating the Gift: Pre-Modern Figurations of Exchange*, Göttingen: Vandenhoeck & Ruprecht, 2003 (Hg. mit Valentin Groebner und Bernhard Jussen).

Johann Arnason ist Professor Emeritus für Soziologie an der Latrobe Universität, Australien. Er ist Autor mehrerer Studien, die die Frage nach der Vergleichbarkeit von Zivilisationen und deren je unterschiedliche Wege in die Moderne problematisieren. Er gilt als führender Protagonist der Schule, die mit dem Theorem der «multiple modernities» weltweit Beachtung gefunden hat.
Veröffentlichungen u.a.: *The future that failed: Origins and Destinies of the Soviet Model*, London: Routledge, 1993; *The Peripheral Centre: Essays on Japanese History and Civilization*, Melbourne: Trans Pacific Press, 2002; *Civilizations in Dispute: Historical Questions and Theoretical Traditions*, Leiden: Brill, 2003.

Andrea Büchler ist Professorin für Privatrecht an der Universität Zürich. Ihre Forschungsinteressen liegen in den Bereichen des Schweizer Privatrechts, der Rechtsvergleichung, des ausländischen und internationalen Privatrechts einschliesslich des islamischen Rechts sowie im Bereich der Legal Studies als Cultural Studies und Legal Gender Studies.
Veröffentlichungen u.a.: *Das islamische Familienrecht: Eine Annäherung*, Bern: Stämpfli Verlag, 2003; *Pluralistische Gesellschaften und Internationales Recht*, C.F. Müller: Heidelberg, 2008 (Hg. mit Armin von Bogdandy, Helen Keller, Heinz-Peter Mansel, Georg Nolte und Christian Walter); *Herausgeberschaft: Vierte Schweizer Familienrecht§Tage*, Bern: Stämpfli Verlag, 2008 (Hg. mit Ingeborg Schwenzer).

Jean Comaroff ist Alfred North Whitehead Professor of African and African American Studies und Anthropology sowie Oppenheimer Fellow in African Studies an der Harvard Universität.
John Comaroff ist Hugh K. Foster Professor of African and African American Studies und Anthropology sowie Oppenheimer Fellow in African Studies an der Harvard Universität.
Beide beschäftigen sich mitunter mit Fragen der Moderne und Macht, der Kommerzialisierung ethnischer Identitäten, der Gewalt und öffentlichen Ordnung sowie Überwachung und Souveränität des Staates aus postkolonialer Sicht.

Veröffentlichungen u.a. von Jean Comaroff: *Body of Power, Spirit of Resistance: The Culture and History of a South African People*, Chicago: Chicago University Press, 1985; von John L. Comaroff: *Rules and Processes: The Cultural Logic of Dispute in an African Context*, Chicago: Chicago University Press, 1981 (Hg. mit Simon A. Roberts);
von Jean and John L. Comaroff: *Of Revelation and Revolution*, Vol. II, *The Dialectics of Modernity on a South African Frontier*, Chicago: Chicago University Press, 1997; *Millenial Capitalism and the Culture of Neoliberalism*, Durham: Duke University Press, 2001; *Law and Disorder in the Postcolony*, Chicago: Chicago University Press, 2006; *Theory from the South: Or How Euro-America is Evolving towards Africa*, London/New York: Routledge, 2011.

Rainer Forst ist Professor für Politische Theorie und Philosophie an der Johann Wolfgang Goethe-Universität Frankfurt am Main. In seinen Werken befasst er sich mit Grundfragen der politischen Philosophie, insbesondere mit den Begriffen Gerechtigkeit, Demokratie und Toleranz.
Veröffentlichungen u.a.: *Kontexte der Gerechtigkeit: Politische Philosophie jenseits von Liberalismus und Kommunitarismus*, Frankfurt a.M.: Suhrkamp Verlag, 1994, 1996 und 2004; *Toleranz im Konflikt: Geschichte, Gehalt und Gegenwart eines umstrittenen Begriffs*, Frankfurt a.M.: Suhrkamp Verlag, 2003 und 2004; *Das Recht auf Rechtfertigung: Elemente einer konstruktivistischen Theorie der Gerechtigkeit*, Frankfurt a.M.: Suhrkamp Verlag, 2007.

Signe Howell ist Professorin für Ethnologie an der Universität Oslo. Ihre Publikationen beschäftigen sich unter anderem mit Themen der sozialen Organisation, Religion, Ritual, Verwandtschaft sowie der transnationalen Adaption.
Veröffentlichungen u.a.: *The Ethnography of Moralities*, London: Routledge, 1997; *The House in Southeast Asia: A Changing Social, Economic and Political Domain*, London: RoutledgeCurzon Press, 2002 (Hg. mit Stephen Sparkes); *The Kinning of Foreigners: Transnational Adoption in a Global Perspective*, New York/Oxford: Berghahn Books, 2006.

Johannes Jütting ist Senior Economist am OECD Development Centre Paris und leitet die Poverty Reduction und Social Development Unit. Zu seinen Spezialgebieten zählen mitunter die Bereiche Arbeitsmarkt, Gender, sozialer Schutz und Migration.
Veröffentlichungen u.a.: *Changing Social Institutions to Improve the Status of Women in Developing Countries*, Policy Brief No. 27, Paris: OECD Development Centre, 2005 (Hg. mit Christian Morrisson); *Health Insurance for the Poor in Developing Countries*, Aldershot: Ashgate Publishers, 2005; *Gender, Globalisation and Economic Development in Asia*, Paris: OECD Development Centre, 2007 (Hg. mit Carina Lindberg).

Ingrid Kummels ist Professorin für Altamerikanistik am Lateinamerika-Institut (LAI) der Freien Universität Berlin. Ihre inhaltlichen Schwerpunkte umfassen die Bereiche der sozialen Identität und kulturellen Hybridisierung, Religions- und Verwandtschaftsethnologie sowie visuelle Anthropologie und Medienethnologie.
Veröffentlichungen u.a.: *Land, Nahrung und Peyote: Soziale Identität von Rarámuri und Mestizen nahe der Grenze USA-Mexiko*, Berlin: Reimer, 2006; *Queens of Havana*, New York: Grove Press, 2007 (Hg. mit Alicia Castro und Manfred Schäfer); *Anacaona: The Amazing Adventures of Cuba's First All-Girl Dance Band*, London: Atlantic, 2007 (Hg. mit Alicia Castro und Manfred Schäfer).

Carina Lindberg ist Policy Analyst im Policy Coherence for Development, am Office of the Secretary General, OECD, Paris. Zu ihren Spezialgebieten zählen mitunter die Bereiche Geschlechtergleichheit, Armutsbekämpfung und sozialer Schutz.
Veröffentlichungen u.a.: *Gender, Globalisation and Economic Development in Asia*, Paris: OECD Development Centre, 2007 (Hg. mit Johannes Jütting).

Shalini Randeria ist Rektorin des Instituts für die Wissenschaften von Menschen, IWM, Wien und Professorin für Soziologie und Ethnologie am Graduate Institute of International and Development Studies, IHEID, Genf. Ihre Forschungsschwerpunkte umfassen Transnationalisierung von Recht und Staatlichkeit, Multiple Modernen, Soziale Bewegungen und Fragen der Entrechtung sowie Gemeinschaftsgüter aus postkolonialer Perspektive.
Veröffentlichungen u.a.: *Politics of the Urban Poor,* Special Issue *Current Anthropology,* 2015 (Hg. Mit Veena Das); *Anthropology: Now and Next,* London/NY: Berghahn Publishers 2014 (Hg. mit Thomas Hylland Erikson und Christina Garsten); *Jenseits des Eurozentrismus: Postkoloniale Perspektiven in den Geschichts- und Kulturwissenschaften,* Frankfurt/M.: Campus Verlag 2014 (extended second edition) (Hg. mit Sebastian Conrad und Regina Römhild); *Critical Mobilities,* London: Routledge *2013* (Hg. mit Ola Söderstom et al); *Vom Imperialismus zum Empire: Nicht-westliche Perspektiven auf Globalisierung,* Frankfurt/M.: Suhrkamp 2009 (Hg. mit Andreas Eckert); *Konfigurationen der Moderne: Diskurse zu Indien,* Soziale Welt Sonderband, 15, Baden-Baden: Nomos Verlag 2004 (Hg. mit Martin Fuchs und Antje Linkenbach); *Worlds on the Move: Globalisation, Migration and Cultural Security,* London: I.B. Tauris 2004 (Hg. Jonathan Friedman).

Judith Schlehe ist Professorin für Ethnologie und Direktorin des Instituts für Völkerkunde an der Albert-Ludwigs-Universität Freiburg. Zu ihren thematischen Schwerpunkten zählen unter anderem Repräsentationsformen und Popularisierung von Kultur, Gender, Religion sowie Interkulturalität und kulturelle Globalisierung.
Veröffentlichungen u.a.: *Zwischen den Kulturen – Zwischen den Geschlechtern: Kulturkontakte und Genderkonstrukte*. Reihe: Münchener Beiträge zur interkulturellen Kommunikation, Bd. 8. Münster/New York u.a.: Waxmann, 2000; *Interkulturelle Geschlechterforschung: Identitäten – Imaginationen – Repräsentationen,* Frankfurt: Campus Verlag, 2001; *Religion und die Modernität von Tradition in Asien: Neukonfigurationen von Götter-, Geister- und Menschenwelten*, Reihe: Southeast Asien Modernities, Bd. 9, Münster: Lit Verlag, 2008 (Hg. mit Boike Rehbein).

Brigitte Young ist Professorin für Politikwissenschaft und Internationale/Vergleichende Politische Ökonomie (unter Berücksichtigung von Feministischer Ökonomie) an der Westfälischen Wilhelms-Universität Münster. Ihre Arbeitsschwerpunkte liegen mitunter in den Bereichen Globalisierung, Internationale Politische Ökonomie, Global Governance und Feministische Makroökonomie.
Veröffentlichungen u.a.: *Gender, Globalization and Democratization*, Lanham/MD: Rowman and Littlefield Publ., 2001 (Hg. mit Rita Mae Kelly, Jane H. Bayes und Mary Hawkesworth); *Global Governance: Gewerkschaften und NGOs – Akteure für Gerechtigkeit und Solidarität*, Hamburg: VSA, 2002 (Hg. mit Christopher Flavin, Christoph Scherrer und Klaus Zwickel); *Die Politische Ökonomie des Dienstleistungsabkommens (GATS): Gender in EU und China*, Baden-Baden: Nomos, 2007.